손자병법
(孫子兵法)으로 보는
전략적 노사관계

들어가며

손자병법은 동서고금을 막론하고 사람들이 많이 읽는 책이다. 우리는 일상생활에서 손자병법의 내용을 많이 인용하면서 사용하고 있다. 그러나 우리는 손자병법에 대해 많이 아는 것 같지만 의외로 제대로 알고 있지 못하다.

우리는 손자병법의 핵심 내용 중 하나로 알고 있는 '상대방을 알고 나를 알면 항상 승리한다(지피지기 백전백승, 知彼知己 百戰百勝)'는 말을 일상생활에서 자주 사용한다. 그러나 손자병법에는 이런 표현이 없다.

손자병법에는 '상대방을 알고 나를 알면 항상 승리하는 것이 아니라 어떤 상황도 대비할 수 있으니 승패와 관계없이 다만 위태롭지 않을 뿐(지피지기 백전불태, 知彼知己 百戰不殆)'이라고 표현되어 있다.

손자는 싸워서 이기는 것(싸우게 되면 반드시 피해를 입게 된다)보다는 '싸우지 않고 손실없이 온전하게 이기는 것(부전이전승, 不戰而全勝)'이 가장 중요하다고 강조한다. 즉, 손자는 '싸우지 않고 상대방을 굴복시키는 것이 최상(부전이굴인지병 선지선자, 不戰而屈人之兵 善之善者)'이라는 것이다.

반면에 우리는 일상생활에서 부전승(不戰勝)이라는 말을 '단순히 대진운이 좋아 한번 경기를 하지 않고 힘을 비축할 수 있는 기회를 얻은 행운'이라는 의미로 사용한다.

또한 사람들은 손자병법에서 마지막 수단은 '36계 줄행랑[1]'이라면서 이 말을 일상생활에서 많이 사용한다. 그러나 손자병법 어디에도 이런 말은 없다.

---

1. 삼십육계(三十六計)는 병법서로서 중국에서 옛날부터 전해져 오는 병법을 명나라 말에서 청나라 초기에 수집하여 정리한 책.

이 말은 손자병법과는 다른 삼십육계(三十六計) 병법 중 마지막인 36번째 방법이 도망가는 것이 최고라는 '주위상책(走爲上策)'에서 연유한다.

이렇듯 손자병법의 내용은 우리가 생활하면서 흔히 사용하는 의미와는 다르다. 따라서 우리가 손자병법을 현대생활에 적용하고 활용하기 위해서는 손자병법 원문에 근거한 올바른 내용 파악과 맥락적 이해를 높여야 한다.

우리가 손자병법을 읽는 것은 싸움의 기술, 궤(詭, deception)라는 전술적 차원의 대응 방안만을 배우려는 것이 아니다. 손자병법은 사람을 기본으로 놓고 철학과 원리, 전략 수립과 사람을 얻어가는 지혜를 제시한다.

손자병법은 철학과 원리에 근거한 사람 중심의 조직 운영과 발전 방향에 대한 전략적 함의를 보여준다.
손자병법은 철학과 원리, 전략 수립, 전략에 맞는 조직 구성과 운용, 싸우지 않고 손실없이 이기는 방법, 주객관적 역량과 조건에 따른 다양한 전술, 정보의 중요성 강조 등에 대해 설명한다.

이 책은 기업과 노동조합이 손자병법에 근거하여 전략적 노사관계를 구축하고 강화 발전시키는데 도움을 주기 위한 안내서라고 할 수 있다. 특히 기업과 노동조합의 간부들에게 노사가 공존하면서 협력적 미래를 만들어 나가는 방안 모색에 대한 디딤돌을 놓아주는 것이라고 할 수 있다.

모두 아는 것처럼 노사관계는 기술이 아니다. 노사관계는 각 조직이 처한 문제 단계별로 법리(法理), 현안 대응 방법(skills) 등을 잘 알고 대응한다고 해서 문제와 그 원인이 해결되지 않는다.
노사관계는 기업과 노동조합의 역사와 조건에 맞는 노사관계 철학과 원리를 확립하고 그에 맞는 사람을 준비해서 전략과 전술에 따른 실행을 해야 근본적인 문제를 해결할 수 있는 것이다.

국가적 차원의 노사정관계, 기업 차원의 노사관계를 대립과 갈등없이 조화롭게 유지 발전시킬 수 있는 비책(祕策)이 있을까?

결론부터 말하면 비책이 있기도 하고 없기도 하다. 사람이 준비되면 문제는 해결된다. 사람 준비. 이것이 비책이다.

손자병법을 관통하는 핵심은 모든 것이 사람으로부터 출발한다는 점이다. 무슨 일을 하든지 사람이 준비되지 않으면 아무리 좋은 주객관적인 역량과 조건이 존재한다 하더라도 좋은 결과를 얻지 못한다.

기업 경영에서 경영전략 수립도 중요하지만 기업의 철학과 경영전략을 실행하는 것은 사람이다. 노동조합 활동에서 조직과 투쟁전략 수립도 중요하지만 이를 실행하는 것은 역시 사람이다.

기업이든 노동조합이든 사람이 준비되어 있지 않으면 그 어떤 것도 실행할 수 없다. 결국 노사관계의 핵심은 사람의 문제라고 볼 수 있다. 따라서 노사 모두 사람의 중요성을 강조한 손자의 지혜를 차용하여 현실과 조건에 맞게 활용한다면 유익할 것이다.

손자병법은 노사관계를 조망할 수 있는 큰 그림(big picture)을 제공한다. 또한 손자병법은 노사 모두가 철학에 근거한 원리. 주객관적인 역량과 조건을 고려한 사람 중심의 전략 전술 수립과 실행을 하는데 도움을 준다. 따라서 노사 모두 조직 운영의 철학과 원리, 사람을 준비하고 실행하는 전략적 과정과 방법에 대한 지혜를 손자병법 속에서 찾기를 소망한다.

공존과 미래 연구원[2]

---

2. 공존과 미래 연구원은 노사문제를 연구하고, 교육하는 곳이다.
  이 책은 프로젝트별로 해당 전문가들이 모여 토론하여 정리한 결과물이다. 이 책 완성을 위해 토론과 내용 정리에 참여한 전문가들에게 고마움을 표한다.

차 례

〈손자병법 이해를 위한 개요도〉

기본전략 수준 (전략결정+판단)	1.시계(始計) + 13. 용간(用間)

⬇

전략 수준	2. 작전(作戰) 3. 모공(謀攻)

⬇

전술 수준

형태, 기세, 주도권	➡	4.군형 (軍形)	5.병세 (兵勢)	6.허실 (虛實)

전투수행 방법	➡	7.군쟁(軍爭)

객관적 조건, 상황 활용과 리더십	➡	8.구변(九變)	9.행군(行軍)
		10.지형(地形)	11.구지(九地)

⬆

보조공격방법	12.화공(火攻)

〈1~3편 개요〉

1편 시계(始計)는 기본 역량 강화와 주요 역량 비교를 통한 전략 수립에 대해 설명한다. 이를 위해서는 상대방의 상황에 대한 정확한 정보 파악 방안을 설명하는 13편용간(用間)이 필요하다.

2편 작전(作戰)은 최소 비용으로 최대 효과를 내는 승리하는 전략적 원칙 방안에 대해 설명한다

3편 모공(謀攻)은 승리하는 전략적 방법에 대해 설명한다.

---

1. 시계(始計) + 13. 용간(用間)
철학, 원리, 전략수립 ← 정확한 정보수집

2. 작전(作戰)	**3. 모공(謀攻)**
전략에 근거한 승리하는 원칙 방안 - 졸속: 신속한 승리 쟁취 - 조직 강화 방법	승리하는 전략적 방법 - 부전이전승 - 지승유오 - 주객관적 역량·조건에 따른 비교 분석 전략 판단

제1편
시 계
(始計, Laying Plans)

기본을
굳건히 하고
일을 시작하라

始計

제1편 시계(始計, Laying Plans[3])
기본을 굳건히 하고 일을 시작하라

□ **핵심 사항**

　○ 주객관적인 역량과 조건[4]에 대한 종합적인 점검과 분석을 하라

　○ 일을 수행할 때는 항상 비교 분석하고 그에 맞는 전략을 수립하라

□ **주요 내용**

　○ 오사(五事): 나의 주객관적 조건과 수준을 점검

　　- 도(道, The Moral Law): 군주가 철학과 원리가 있고 이를 바탕으로 백성들과 소통하며 백성들의 편안함과 생활의 만족감을 보장해주는 것

　　- 천(天, Heaven): 자연현상과 만물의 소생 법칙 등

　　- 지(地, Earth): 거리의 멀고 가까움 여부(원근, 遠近), 지세의 험하고 평탄함 여부(험이, 險易), 넓음과 좁음 여부(광협, 廣狹), 장병들이 살 수 있는 곳인가 죽을 수밖에 없는 곳인가 여부(사생, 死生)

　　- 장(將, The Commander): 장수의 5가지 능력

　　　▷ 지혜와 전략적 마인드 (智, the virtues of wisdom), 믿음과 덕(신, 信, sincerity), 어질고 자비로움(인, 仁, benevolence), 용기(용, 勇, courage), 나와 남에게 엄격(엄, 嚴, strictness)

---

3. 손자병법 원문 출처 : Chinese Text Project : https://ctext.org/art-of-war
　Lionel Giles, The art of war, 1910. : https://www.gutenberg.org/ebooks/132 에서 이하 영문 표현 인용
4. 이하 주객관적 조건이라 함은 주체적 조건(나의 역량과 장단점)과 객관적 조건(경쟁 대상의 역량과 장단점 및 외부 환경요인)을 말한다.

- 법(法, Method and discipline): 조직의 운영 시스템(조직편제, 지휘명령 체계, 용품 조달체계)

○ 칠계(七計, seven deliberations): 준비된 역량의 비교우위 분석
 - 주숙유도(主孰有道, Which of the two sovereigns is imbued with the Moral law): 군주가 나라의 운영 철학이 있는지 여부
 - 장숙유능(將孰有能, Which of the two generals has most ability): 어느 군대의 장수가 유능한가 여부
 - 천지숙득(天地孰得, With whom lie the advantages derived from Heaven and Earth): 외부요인이 어느 쪽에게 유리한가 여부
 - 법령숙행(法令孰行, On which side is discipline most rigorously enforced): 조직운영 시스템이 어느 편에서 더 잘 운영되고 있는가 여부
 - 병중숙강(兵衆孰強, Which army is stronger): 어느 쪽의 군대가 강한 지 여부
 - 사졸숙련(士卒孰鍊, On which side are officers and men more highly trained): 병사의 교육 훈련 여부
 - 상벌숙명(賞罰孰明, In which army is there the greater constancy both in reward and punishment): 과업 수행에 따른 보상과 책임을 명확히 하는 지 여부

○ 십사궤도(十四詭道, fourteen deception): 유리한 환경 조성을 위한 전술 활용
 - 능이시지불능(能而示之不能, when able to attack, we must seem unable): 능력이 있어도 능력이 없는 것처럼 보이게 하라 (허허실실)
 - 용이시지불용 用而示之不用, when using our forces, we must seem inactive): 할 수 있으면서도 할 수 없는 것처럼 보이게 하라. 즉 어떤 일에 대한 의도가 없는 것처럼 보이게 하라는 것이다 (허허실실)

- 근이시지원(近而視之遠, when we are near, we must make the enemy believe we are far away): 가까이 있으면 멀리 있는 것처럼 보이게 하라 (성동격서)
- 원이시지근(遠而示之近, when far away, we must make him believe we are near) 멀리 있으면 가까이 있는 것처럼 보이게 하라 (성동격서)
- 리이유지(利而誘之, Hold out baits to entice the enemy): 상대방에게 이익을 줄 듯이 하여 유인하라
- 난이취지(亂而取之, Feign disorder, and crush him): 상대방을 혼란하게 해놓고 나의 이익을 취하라
- 노이요지(怒而撓之, If your opponent is of choleric temper, seek to irritate him): 상대방을 화나게 하여 동요하게 만들어라
- 비이교지(卑而驕之, Pretend to be weak, that he may grow arrogant): 상대방에게 저자세를 보여서 교만함이 일어나게 만들어라
- 일이로지(佚而勞之, If he is taking his ease, give him no rest): 상대방이 안정을 취하고 있으면 힘들게 하라
- 친이리지(親而離之, If his forces are united, separate them): 상대방이 서로 친하면 이간시켜라
- 실이비지(實而備之, If he is secure at all points, be prepared for him): 상대방의 세력이 건실하면 대비하라
- 강이피지(强而避之, If he is in superior strength, evade him): 상대방이 강하면 피해가라
- 공기무비(攻其無備, Attack him where he is unprepared): 상대방의 허술한 곳을 공격하라
- 출기불의(出其不意, Attack him where you are not expected): 상대방이 전혀 생각하지 못한 때를 노려라

손자는 이 편에서 주객관적 조건을 파악하고 이를 종합적으로 판단하여 전략 수립과 실행 방법에 대한 결정을 내리는 과정을 설명한다.

첫째, 손자는 전쟁을 하기 위한 기본이 되는 5가지 요인으로 나의 주객관적 조건을 확인하고 역량을 비교하여 준비 정도와 수준을 점검해야 한다고 강조한다.

손자는 5가지 확인 요인(五事, five constant factors)으로 도(道, The Moral Law), 천(天, Heaven), 지(地, Earth), 장(將, The Commander), 법(法, Method and discipline)을 들고 있다.

둘째, 손자는 5가지 요인에 대한 역량과 수준을 점검한 후 7가지 차원(칠계, 七計, seven deliberations)에서 상대방과 비교해야 한다고 강조한다. 전쟁 수행 여부는 이러한 상대방과의 비교우위 점검 결과를 보고 결정해야 한다고 한다.

셋째, 전쟁을 수행하기로 결정했다면 14가지의 방안(십사궤도, 十四詭道, fourteen deception)을 활용하여 유리한 여건을 조성하면서 전쟁에서 우위를 점하라는 것이다.

요약하면 손자는 이 편에서 주체적 조건(도, 장, 법, 주숙유도, 장숙유능, 법령숙행, 병중숙강, 사졸숙련, 상벌숙명)과 객관적 조건(천, 지, 천지숙득)에 대한 준비 정도 점검과 분석의 필요성을 지적한 것이다. 그리고 이에 맞는 철저한 준비와 나의 역량을 파악한 후 상대방과 비교하여 전략을 수립하고 전쟁을 시작해야 한다는 것이다.

이와 같은 손자의 주객관적 조건과 수준에 대한 과학적인 분석에 근거한 전략 수립과 실행 방안은 21세기에 존재하는 모든 조직에 적용해도 지나침이 없다고 판단된다.

일반적으로 조직은 경쟁에서 승리하기 위해서 나와 경쟁 상대의 장단점을 파악하고 외부 환경의 유불리를 고려하여 전략을 수립한다. 그리고 전략에 근거한 단계별 전술과 실천 계획(action plan)을 세워 대응한다.

이러한 전략 수립과 실행 방법을 결정하는데 고려해야 할 중요한 요인 중 하나는 상대방에 대한 정확한 정보 취득과 이에 따른 분석과 판단이다. (상대방의 역량과 장단점을 파악하기 위한 정보 취득 방법은 13편 용간〈用間〉 참조).

따라서 독자들이 전략 수립과 실행 방법을 결정하는 과정을 중심으로 손자병법을 풍부하게 이해하기 위해서는 1편과 13편을 먼저 읽는 것이 도움이 될 것이다.

당신이 속한 조직의 수준과 역량은
어느 정도인가요

모든 조직에는 조직을 운영하는 철학이나 기본 원리가 있고 이에 근거하여 전략을 수립하고 조직이 운영된다. 이러한 조직 운영은 기업이나 노동조합도 동일하다.

노사관계에서 전략이란 무엇인가

기업은 경영전략을 수립한다. 기업의 경영전략은 그 기업의 경영철학이나 원리를 바탕으로 그 기업의 존재 이유인 미션(mission)[5]과 목표인 비전(vision)[6]에 근거하여 수립된다.

기업의 경영전략은 조직이 장기적으로 생존할 수 있게 하며 변화하는 환경에 적응을 촉진시키는 기본 틀이다. 따라서 기업의 경영전략은 가장 상위의 포괄적인 개념으로 조직의 목표 달성을 위하여 기업 내외부 환경을 분석하여 자원 활용을 극대화하는 것이다.

기업은 수립한 경영전략에 기반하여 기업전략(사업영역)을 결정하고, 이에 근거하여 사업전략(경쟁 방법)과 경쟁전략(경쟁우위 방안)을 마련한다.

또한 경영전략에 기반하여 리스트럭쳐링전략(조직구조 개선), 기능전략(사업부문별 효율 극대화)을 수립하고 마켓팅전략(영업), R&D전략(연구개발), 생산전략(생산방법) 등 각 부문을 향상시키기 위한 다양한 하위

---

5. 어떤 사업을 하더라도 절대 변하지 않는 최고의 목표나 가치
6. 언제까지 어떤 기업이 되겠다는 것

전략을 결정한다[7].

기업의 노사관계도 이러한 경영전략을 반영한다. 그 기업의 최고경영자가 갖고 있는 기업 경영의 철학, 원리에 근거한 가치(value)와 태도는 그 기업의 노사관계를 결정하는 근본적 요인이다. 따라서 이러한 가치와 태도가 반영된 기업의 기능전략(functional strategy)에 따라 비용절감과 생산성, 효율성을 중시하며 노동은 중요하게 생각하지 않는 원가우위전략(cost leadership strategy)을 사용하는 경우 대립적 노사관계로 나타난다. 반면에 노동을 동반자(partnership)로 파악하고 경쟁력의 원천으로 인정하는 차별화전략(differentiation strategy)을 사용하는 경우 협력적 노사관계로 나타난다.

한편, 일부 기업들은 직원들과 공유되지 않는 최고경영자만의 경영원리, 철학을 유지하거나 아니면 그것조차도 없는 것이 현실이다. 이런 기업은 대부분 원가우위전략(cost leadership strategy)을 사용한다. 그러다 보니 노사문화는 대결전략(confrontational strategy)을 사용하여 대립적 노사문화, 가부장적 노사문화 등으로 나타난다[8].

노동조합도 마찬가지이다. 노동조합은 자신이 설정한 이론과 강령[9]에 근거하여 활동 전략을 수립하며 조직 형태를 구축한다.

노동조합이 자기의 존재 이유와 기본 입장을 밝힌 것을 기본 강령〈그림 1〉이라고 하며 변화하는 상황에 따른 강령을 당면 강령이라고 한다.

기본 강령은 노동조합의 존재 이유가 유지되는 한 지속되는 것이다[10]. 노동조합 활동은 노동운동 이론에 의해서 기본 방향이 제시되고 강령에

7. 김언수, TOP을 위한 전략경영5.0 (박영사, 2018)
8. 김동원, 이규용, 권순식, 현대고용관계론 (박영사, 2019)
9. 정당·노동조합 등 단체의 기본적 정책과 방침, 운동의 순서나 전략·전술 등을 요약하여 열거한 것(출처: 두산백과)
10. 김창순, 북한학기초 상하, (북한연구소, 2007)

따라 목표가 정해진다, 노동조합은 이렇게 정해진 목표 달성을 위해 전략을 수립한다. 즉, 전략은 이론과 강령에 따른 노선(line)[11]에 입각하는 것이고 강령을 실현하기 위하여 존재하는 것이다. 기업의 노동조합 활동도 이러한 전략과 강령을 반영한다.

〈그림1〉 민주노총, 한국노총 강령

〈민주노총 강령〉

1. 우리는 자주적이고 민주적인 노동조합운동의 역사와 전통을 계승하고, 인간의 존엄성과 평등을 보장하는 참된 민주 사회를 건설한다.

2. 우리는 노동자의 정치세력화를 실현하고 제민주세력과 연대를 강화하며, 민족의 자주성과 건강한 민족문화를 확립하고 민주적 제권리를 쟁취하며 분단된 조국의 평화적 동일을 실현한다.

3. 우리는 미조직 노동자의 조직화 등 조직역량을 확대 강화하고, 산업별 공동교섭, 공동투쟁체제를 확립하여 산업별 노동조합을 건설하고 전체 노동조합운동을 통일한다.

4. 우리는 권력과 자본의 탄압과 통제를 분쇄하고 노동기본권을 완전 쟁취하여, 공동결정에 기초한 경영 참가를 확대하고 노동현장의 비민주적 요소를 척결한다.

5. 우리는 생활임금 확보, 고용안정 보장, 노동시간 단축, 산업재해 추방, 모성보호 확대 등 노동조건을 개선하고, 남녀평등 실현 등 모든 형태의 차별을 철폐하고 안전하고 쾌적한 노동환경을 쟁취한다.

6. 우리는 독점자본에 대한 규제를 강화하고 중소기업과 농업을 보호하며, 사회보장, 주택, 교육, 의료, 세제, 재정, 물가, 금융, 토지, 환경 등과 관련한 정책과 제도를 개혁한다.

7. 우리는 전세계 노동자와 연대하여 국제노동운동 역량을 강화하고 인권을 신장하며, 전쟁과 핵무기의 위협에 맞서 항구적인 세계평화를 실현한다.

〈출처 :민주노총 홈페이지〉

〈한국노총 강령〉

1. 우리는 조합민주주의를 관철하고 자본과 권력으로부터 노동운동의 자주성을 견지한다.

2. 우리는 노동기본권의 완전한 보장을 통하여 노동자의 인간적인 삶을 확보한다.

3. 우리는 완전고용과 생활임금의 확보, 노동시간의 단축을 지속적으로 추진한다.

4. 우리는 산업재해 없는 안전하고 쾌적한 작업환경과 공해없는 맑은 생활환경을 실현해 나간다.

5. 우리는 경제 투쟁과 정치 투쟁을 결합하여 노동자의 경제, 사회, 정치적 지위를 개선한다.

6. 우리는 자율, 대응, 참여에 입각한 생산 민주화와 산업민주화를 실현한다.

7. 우리는 형평과 효율이 조화되는 균형된 경제 발전을 통하여 민주 복지사회를 실현한다.

8. 우리는 노동운동의 생명인 단결과 노동조직의 통일을 기원한다.

9. 우리는 노동자가 주체가 되는 민족의 자주적, 평화적 통일을 실현한다.

10. 우리는 국내외의 모든 민주적 운동세력과 연대를 강화하고, 세계 평화에 기여한다.

〈출처 :한국노총 홈페이지〉

노동조합의 기본 전략 또는 총노선은 노동자의 정치, 경제, 사회적 지위 향상과 영향력 확대, 민주 사회 건설, 조국의 평화적 통일을 추구하고 달

---

11. '노선'은 일정한 정치적 강령을 실현하기 위한 행동이나 투쟁의 원칙적 방향으로 (주로 사회적 문제에서) 어떤 목적을 실현하기 위한 행동이나 견해의 방향을 의미한다. 〈출처: 김일기, 이수석, INSS전략보고, 국가안보전략연구원, 2020〉

성하는 것이라고 할 수 있다.

이러한 '전략노선(strategy line)'은 중장기적으로 추진해야 하는 것으로 종합적이고 체계적인 계획에 따른 방향과 행동방침 등을 의미한다고 할 수 있다. 이는 대원칙이고 기본 전략이다.

노동조합은 이를 실현할 하위 전략으로 정치전략(노선), 조직전략(노선), 투쟁전략(노선) 등을 수립한다.

정치전략(노선)은 노동자의 정치적 지위 향상과 노동자의 이익을 대변하는 정당의 집권을 목표로 한다. 이를 위해 노동조합이 노동자를 대표하는 지위를 갖고 시민사회의 지지와 동의를 얻기 위한 사회연대 전략을 구사한다.

조직전략(노선)은 노동자의 단결력과 조직력 확대를 위해 하나의 단일한 노동조합인 산업별 노동조합 건설을 지향한다. 이를 위해 노동조합은 산업구조에 따른 불평등을 해소하고 노동계급의 연대 강화를 위한 연대임금전략을 추구한다.

투쟁전략(노선)은 노동자의 임금, 근로조건 향상과 정치 사회적 영향력 확대를 위하여 정부와 사용자에 대해 압박전략과 대화 및 타협전략을 사용한다.

노동조합의 이론과 강령은 시대 상황과 그 나라의 산업 발전 수준을 반영한다.

우리나라의 경우 해방 이후 노동조합은 노동자의 자주적 권리 확보와 인민 중심의 새로운 국가 건설을 지향하는 혁명적 노동조합주의(조선전국노동조합평의회, 이하 전평)와 공산주의 반대, 노사협조, 전평 타도를 추구하는 반공적 노동조합주의(대한독립촉성노동총동맹)에 기반하여 활동하였다.

이후 노동조합은 정부의 요구에 부응하거나 경제발전의 동반자 역할을 중심으로 하는 노사협조주의에 기반하여 활동하였다.

한편으로는 1970년 전태일 분신 항거 이후 노동자의 기본권과 생존적 권리를 보장하려는 인간적 노동조합주의가 등장하였다.

1980년 대 이후 노동조합의 이념은 인간적 노동조합주의를 발전시켜 새로운 사회를 건설하려는 변혁적 노동조합주의, 노동자의 경제적 지위 향상을 위한 실리적 노동조합주의로 분화 발전되었다.

그리고 1987년 노동자 대투쟁 이후 노동조합 이념은 새로운 사회 건설과 자본주의 체제 개혁을 추구하는 변혁적 노동조합주의, 선거 등 정치적 수단을 활용하고, 단체교섭만이 아니라 법제도 개혁 등을 통하여 사회체제의 점진적 개혁을 추구하는 사회개혁적 노동조합주의, 조합원의 임금과 근로조건 개선 등에 집중하는 경제적 노동조합주의로 정립되었다.

기업의 노사관계에서 노동조합이 어떠한 이론과 강령에 근서하여 활동하는 가에 따라 노동조합의 전략이 다르며 노동조합 활동에서 대화와 투쟁 중 어느 것을 우선하는지 여부가 결정된다.

조직은 철학과 원리가 있어야 한다

손자가 말한 오사(五事, five constant factors)를 자세히 살펴보면서 우리 조직의 노사관계 현실과 이에 맞는 교훈을 찾아보자.

손자는 도(道, The Moral Law)란 '백성들이 군주와 한 뜻이 되게 하고 (령민여상동의, 令民與上同意), 군주와 삶과 죽음을 함께 나눌 수 있고, 나라를 위해서는 어떠한 위험도 두려워하지 않게 되는 것(가여지사, 가여지생 이민불외위, 可與之死, 可與之生 而民不畏危)'이라고 말한다.

이는 군주가 나라를 운영하는 철학과 원리가 있고 이를 바탕으로 백성들과 소통하며 백성들의 편안함과 생활의 만족감을 보장해주기 때문이라고 할 수 있다.

이렇게 나라의 철학과 원리가 백성들과 공유되고 백성들의 이익을 보장하면 어떤 일이라도 백성들이 자발적으로 참여하여 승리를 쟁취할 수 있는 원동력이 된다.

손자가 말하는 도(道)가 기업의 노사관계 측면에서 어떻게 반영되는지 살펴보자.

우리나라 노동조합은 6,153개, 조합원은 조직 대상 근로자수 20,31,000명 중 2,530,000명이다. 조직률은 12.5%이다(2019년 기준). 기업 규모별로 조직 현황을 살펴보면 아래 표〈1〉과 같이 기업의 규모가 작을수록 조직률이 낮고 기업의 규모가 클수록 높은 조직률을 보이고 있다. 특히 300명이상 기업의 경우 임금근로자 수 2,647,908명 중 1,451,438명이 가입하여 54.8%의 조직률을 나타내고 있다[12].

〈표 1〉 기업규모별 조직 현황

(단위: 명, %)

구분	30명 미만	30 ~ 99명	100 ~ 299명	300명 이상
임금근로자수	12,067,739	3,990,581	1,983,521	2,647,908
조합원수	9,402	68,521	176,843	1,451,438
조직률	0.1	1.7	8.9	54.8

〈고용노동부, 2020〉

한편, 노동조합의 상급단체별 조직 현황을 살펴보면 〈표2〉와 같이 민주노총 1,044,672명(41.3%), 한국노총 1,018,358명(40.2%), 상급단체 미가맹 노동조합 386,376명(15.3%) 등이다.

이 중에서 민주노총의 경우는 노동조합 이념을 하나로 특정하기는 어

---

12. 고용노동부, 2019 전국노동조합 조직현황(2020.12), http://www.moel.go.kr

렵고 변혁적 노동조합주의, 사회개혁적 노동조합주의, 경제적 노동조합주의가 병존한다고 할 수 있다. 한국노총의 경우는 노동조합에 따라 사회개혁적 노동조합주의, 경제적 노동조합주의가 병존한다고 할 수 있다.

반면에 상급단체에 소속되지 않은 미가맹 노동조합의 이념은 어떤 것이라고 단정할 수는 없지만 기본적으로 경제적 노동조합주의에 근거하고 있다고 할 수 있다.

<표 2> 상급단체별 조직 현황

구분	민주노총	한국노총	미가맹	공공노총	선진노총	전국노총
조합원수(명)	1,044,672	1,018,358	386,376	47,516	18,816	15,043
노동조합수(개)	407	2,405	3,237	70	23	11

<고용노동부, 2020>

위와 같은 노동조합이 속한 기업은 어떤 노사관계 철학과 원리를 갖고 있을까? 궁금할 것이다.

기업의 규모를 불문하고 최고경영자는 이론적으로 정립되었든 경험적으로 축적되었든 나름대로 설정한 기업 경영철학을 갖고 있다.

노사관계 측면에서 보면 이러한 철학은 그 기업의 노사관계 철학으로 반영되고 실행된다. 기업은 노사관계 철학과 전략에 따라 노사관계 정책도 다양하게 나타난다.

그것은 첫째, 노동조합은 산업민주주의의 한 축이고 기업 경영의 동반자라고 생각하는 유노동조합 철학이다.

둘째, 직원들이 고충과 불만을 느끼기 전에 문제를 사전에 해결하며 직원들의 임금과 복지에 많은 투자를 하며 기업을 경영하는 비노동조합 철학이다.

셋째, 노동조합은 기업 경영에 도움이 되지 않는다고 인식하는 무노동조합 철학이다.

따라서 일반적으로 기업의 노사관계는 각 기업의 노사관계 철학 유무 또는 어떤 철학을 갖고 있는가에 따라 유노동조합 기업 노사관계, 비노동조합(union-free) 기업 노사관계, 무노동조합(non-union) 기업 노사관계 등으로 유형을 나눌 수 있다.

이러한 기업의 노사관계는 그 기업의 경영 환경과 경영전략에 따라 다르게 나타난다. 기업의 노사관계 철학이 유노동조합 철학이라 하더라도 다 같은 것은 아니다. 기업의 경영전략에 따라 노사관계 전략이 대결전략(대립적 노사관계)일 수도 있고 협력전략 또는 포용전략(협력적 노사관계)일 수도 있다.

기업이 비노동조합 철학을 갖는 경우 직원들이 노동조합의 필요성을 느끼기 전에 직원들의 고충과 불만을 해소하고 교육과 소통을 충실히 진행하면서 임금과 기업 복지를 최상으로 유지하려고 노력한다.

반면에 무노동조합 철학을 갖는 기업의 경우는 노동조합은 불필요한 존재라고 인식한다. 이런 기업은 직원들과 소통을 중요하게 생각하지 않고 교육 훈련 등 인적 자원에 대한 투자에 소홀하고 직원들을 경영의 동반자로 인식하지 않는다[13].

한편, 노동조합의 경우도 마찬가지이다. 노동조합이 어떤 이론과 강령에 기반하여 전략을 수립하는가에 따라 첫째, 투쟁을 기반으로 하는 대화노선, 둘째, 대화를 기반으로 하는 투쟁노선 셋째, 대화를 기반으로 하는 협력 노선으로 나타난다. 이러한 구분은 전체 조합원이 그렇다는 것이 아니라 노동조합 집행부의 성향을 중심으로 판단하는 것이다.

---

13. 김동원, 이규용, 권순식, 전게서

따라서 노동조합의 경우 핵심 문제는 노동조합 집행부와 조합원의 인식 차이를 좁히는 것이다. 만약 노동조합 집행부가 자신의 이념적 입장을 조합원들과 공유하지 못하거나 지지를 받지 못하는 경우 조합원들이 조합 활동에 동참하지 않아 교섭력이 약해지게 된다.

이것이 손자가 말하는 도(道, The Moral Law)를 세우는 것이다.

객관적 조건을 잘 살펴야 한다

손자는 천(天, Heaven)이란 만물이 생성되고 변화 발전하여 소멸되는 원리 및 밤과 낮의 변화(음양, 陰陽), 기후의 변화(한서, 寒暑), 시간의 흐름과 계절의 변화(시제, 時制) 등을 나타낸다고 하였다.

손자는 당시의 과학과 기술력으로는 제어할 수 없는 자연현상과 만물의 소생 법칙 등을 잘 살펴야 한다고 주장하였다. 이는 피할 수 없는 주어진 객관적 조건이다. 따라서 손자는 자신을 둘러싼 자연환경과 현상을 잘 분석하고 파악하여 이를 활용하거나 회피할 수 있는 준비를 하기 위하여 객관적 조건에 대한 철저한 파악과 분석을 강조한다.

기업의 노사관계 철학과 노동조합의 이론과 강령이 존재하고 잘 작동된다고 하더라도 기업과 노동조합은 자신이 처한 외부적 요인 즉, 객관적 조건을 잘 파악하여 이를 활용하고 올바르게 대처해야 한다.

기업과 노동조합이 외부적 요인에 어떻게 대처하느냐 여부에 따라 기업경영과 노동조합 활동에 유리하게 활용되거나 불리하게 작용될 수 있다.

예를 들어 기업과 노동조합은 새로운 정부의 등장 또는 의회 권력의 교체에 따른 정치적 환경 변화가 발생할 경우 이에 대한 대응력을 높이려 노력한다. 이것은 노사 모두에게 영향을 미치는 새로운 정부의 변화된 기업정책, 노동정책, 관련 법제도의 변화 흐름 등을 파악하고 대응 방안을 마련하기 위함이다.

또한, 기업과 노동조합은 기술발전에 따른 4차 산업혁명의 도래에 대한 대응과 참여, 코로나19 팬데믹(pandemic)에 따른 소비 패턴의 변화 등에 함께 대처하는 등 외부요인인 객관적 조건을 잘 분석하고 적극 대응하는 것이 필요하다.

당신의 기업은 어떤 업종이고 생산 방식은 무엇인가

손자는 지(地, Earth)란 거리의 멀고 가까움 여부(원근, 遠近), 지세의 험하고 평탄함 여부(험이, 險易), 지형의 넓음과 좁음 여부(광협, 廣狹), 생명의 사지와 생지 여부(사생, 死生)라고 보았다.

이는 당시 중국의 각 나라별 지형의 상이함에 따른 철저한 대비를 해야 원정 전쟁에서 승리를 할 수 있다는 것을 강조한 것이다. 생각해보라. 중국 남부, 북부, 서부, 동부의 지형의 차이를.

여기서 중요한 것은 천(天, Heaven)은 변화무쌍하지만 지(地, Earth)는 이미 정해진 객관적 조건이므로 사전에 이에 대한 파악을 잘하면 유리함을 활용할 수 있고 불리함을 극복할 수 있다는 것이다.

기업은 철학과 원리에 따라 경영전략을 수립하고 이에 맞게 설정한 생산과 기능전략에 따라 원가절감 전략인지, 고생산성 전략인지 여부를 결정하여 각 전략에 따른 노사관계 대응 전략을 수립하고 대응한다.

반면 노동조합은 이론과 강령에 따라 기본 전략을 수립하고 이에 근거한 정치전략, 조직전략, 투쟁전략 등에 따라 기업 차원의 노동조합 활동

전략을 수립하고 실행한다.

우리나라 노사관계에서 그 기업의 업종 즉, 제조업인가 서비스업인가 여부, 제조업 중에서도 자동차 생산과 같은 일관 생산체계인가 다품종 소량생산을 하는 분절적 생산체계인가 여부에 따라 노사의 교섭력은 전혀 다르게 나타난다.

예를 들어 일관 생산체계인 경우에 그 기업은 노동조합의 쟁의행위 중 하나인 파업에 대한 대응은 거의 할 수 없다고 보아야 한다. 그 이유는 생산라인 어느 한 곳이라도 작업이 중지되면 전체적으로 생산이 불가능하기 때문이다. 이는 노동조합 교섭력의 강점인 반면 기업 교섭력의 약점이어서 파업 시 노동조합의 요구를 수용할 수밖에 없게 되는 중요한 요인이 된다.

또한, 기업의 인적구성 중 외주화 비율 정도 등도 노사관계에 많은 영향을 준다. 외주화 비율이 높거나 비정규직이 많은 업종인 경우 직원들에 대한 교육 훈련 등 투자가 부족하고 고용이 불안하게 된다. 이런 경우 현재 주요 노사관계 이슈인 정규직 전환 등 비정규직 문제가 부각되고 사회적으로 이목이 집중되어 정규직 중심의 노사관계를 유지하기가 어렵게 된다.

따라서 기업과 노동조합이 노사관계 전략을 수립할 때 기업의 생산방식은 무엇인가, 제조업의 경우 일관 생산체계인가 아닌가 여부, 서비스업일 경우 외주화 비율은 어느 정도인가, 고객을 직접 대면하는지 아닌지 여부 등 다양한 요인 등을 고려하여야 한다.

사람이 핵심이다. 이는 주체적 조건의 핵심이다

손자는 장(將, The Commander)이란 '장수는 지혜와 전략적 마인드를

소지하고 (지, 智, the virtues of wisdom), 믿음직스럽고 덕이 많아야 하고(신, 信, sincerity), 어질고 자비로워야 하고(인, 仁, benevolence), 용기가 있고(용, 勇, courage), 나와 남에게 엄격해야(엄, 嚴, strictness) 한다'고 하였다.

어찌 보면 손자의 오사(五事)중 가장 핵심은 장(將)이라고 해도 과언이 아니다. 철학이 있어도 전략을 수립하고 이를 실행할 지휘관인 장수(리더, leader)가 없으면 소통도 불가하고 교육도 불가하고 문제를 해결해 나갈 수 없기 때문이다.

이 부분은 손자병법의 마지막 편인 13편 용간(用間)과 연결된다. 장수(리더)는 전쟁에서 이기기 위해 어떤 전략을 세우고 실행 전술을 수립해야 하는 지 여부를 판단해야 한다. 이를 위해서는 정보 수집과 분석이 중요한 요소 중 하나이다. 왜냐하면 전략 수립과 전술 확정은 올바른 정보에 근거하여 할 수 있는 것이지 손자의 말처럼 귀신에 의존할 수 없기 때문이다.

한편, 손자가 지적하는 장수의 5가지 요인은 리더의 중요성과 자질을 단적으로 나타내는 것이다. 아마도 고래(古來)부터 현재까지 아니 앞으로도 리더의 문제는 지속될 것이다.

리더는 말로 되는 것이 아니라 심성과 품성에 근거하여 손자가 말한 5가지 요소의 어울림 속에서 확립되어 갈 것이다. 10편 지형(地形)을 포함한 다른 편에서 계속하여 장수(리더)의 자질과 유형 등을 설명하니 참조하기 바란다.

기업과 노동조합의 운영은 체계적 vs. 주먹구구식으로 작동되나

손자는 법(法, Method and discipline)이란 그 조직의 조직운영 시스템 구축이 잘되어 있는 것이라고 강조한다.

기업이 인적자원을 관리하기 위해서는 조직 내적으로 조직운영 시스템, 조직내부 운영 규율, 상황에 따른 운영 매뉴얼이 존재해야 한다.

예를 들면 기업의 경우 본사-지사-지점-영업소 또는 셀(cell)-파트(part)-그룹(group)-팀(team)과 같은 세밀한 조직의 편성과 각 단위에 맞는 조직편제(곡제, 曲制), 각 조직단위에 맞는 규율 등 지휘명령체계(관도, 官道), 각 조직단위에서 필요한 자재, 공구 용품소날 등(주용, 主用)이라는 것이다.

기업 노사관계에서도 동일하다.

기업의 경우 먼저, 노사관계를 전담하는 전문적인 조직단위를 구성해야 한다. 둘째, 기업 노사관계 전담 조직 또는 기업 조직 차원의 노사문제를 관장하고 운영하는 규칙이 정립되어야 한다. 이는 전사적 대응체계를 구축하기 위함이다. 셋째, 노사문제 전담 조직은 상황에 따른 운영 매뉴얼과 비상시 운영 매뉴얼 등을 마련하고 대비해야 한다. 넷째, 기업에서 노사문제를 전문적으로 전담하는 조직에 모든 지원을 아끼지 말아야 한다(13편 용간 참조).

한편, 노동조합의 경우는 상대적으로 기업 조직과는 다르게 조직운영 시스템이 단일하고 체계적이며 민주적으로 잘 갖춰져 있다.

이는 직업별 노동조합, 일반 노동조합, 산업별 노동조합, 기업별 노동조합 등으로 발전해 온 노동조합 활동의 누적된 역사적 결과물이라고 할 수 있다.

산업별 노동조합인 경우에는 산업별 노동조합-지역본부-지회-분회 식의 조직 체계로 구성되어 있다. 그리고 노동조합의 의사결정 단위는 총회-대의원회의, 집행단위는 상무집행위원회-중앙집행위원회-중앙위원회 등으로 구성되어 있다.

노동조합은 공식적인 활동 단위로 재정총무, 조직, 문화선전홍보, 쟁의, 교육, 법규 부서 등을 두고 일상 활동을 한다. 또한 이와는 별도 비공식 모임인 다양한 소모임 등을 구성하고 운영하면서 조직력을 높이려 노력한다.

준비되었으면 나의 역량을 상대방과 비교 진단해보자

철학과 사람에 근거한 조직 역량 평가 방법

칠계(七計, seven considerations)

우선, 손자는 군주의 국가운영 철학이 있는가(주숙유도, 主孰有道)여부를 비교해야 한다고 한다. 이는 주체적 조건이다.

경쟁력 있는 기업과 노동조합들은 그 나름의 이유가 있다. 그 이유 중 중요한 점은 그 기업 또는 노동조합에 운영 철학과 원리, 이론과 강령이 존재한다는 것이다.

기업의 조직역량을 평가하기 위해서는 기업의 최고경영자가 경영철학과 조직운영 원리(principle)을 갖추고 있느냐 여부를 다른 경쟁 기업과 비교 확인해야 한다.

또한 노동조합이 존재할 경우 그 노동조합의 상급단체(민주노총 또는 한국노총)와 노동조합 위원장(노동조합 집행부)의 입장을 비교 확인하는 것이 필요하다.

기업 최고경영자의 노사관계 철학이 협력적이고 포용적이라고 해도 노동조합 상급단체와 당해 노동조합 위원장이 대화 우선 입장, 대화에 기반한 투쟁 입장, 투쟁에 기반한 대화 입장, 투쟁 중심 입장 인지 여부에 따라 그에 맞는 대응 방안을 마련해야 할 필요성이 있기 때문이다.

노동조합의 경우도 마찬가지이다. 노동조합 집행부의 입장을 경영자의 그것과 비교 확인하는 것이 필요하다.

둘째, 손자는 조직의 리더가 유능한가 여부(장숙유능, 將孰有能)를 비교 분석해야 한다고 한다. 이 또한 주체적 조건이다.

모든 것이 준비되어도 사람이 준비되어 있지 않고 리더가 무능하면 백약이 무효이다. 조직에서 유능한 리더가 존재한다는 것은 큰 경쟁력을 갖는 것이다.

여기서 리더가 유능하다고 하는 것은 다른 능력도 필요하지만 어떤 상황이 발생해도 남의 탓을 하지 않고 조직을 위해 끝까지 책임지고 수습하는 성품을 갖는 것이라고 할 수 있다.

여기서 리더의 성품을 강조하는 것은 막상 상황이 발생하면 모두가 책임을 회피하려 하는 경향성을 갖고 있기 때문이다. 따라서 책임지고 수습하는 성품을 갖는 유능한 리더가 존재하는 조직은 항상 승리를 얻을 수 있는 것이다.

진정한 리더는 명예를 추구하지 않고 모든 책임을 지는 것을 두려워하지 않는다. 다만 조직을 보호하고 발전시키기 위하여 모든 것을 거는 사람이다(10편 지형 참조).

셋째, 손자는 외부요인이 어느 쪽에게 유리한지 여부(천지숙득, 天地孰得)를 비교하라고 한다. 이는 칠계(七計) 중 유일한 객관적 조건에 대한 비교분석이다.

기업과 노동조합에서 아무리 좋은 정책과 대안을 준비해도 정부의 정책과 다르면 시행하기 어려운 것이 현실이다. 또한 기업과 노동조합이 아무리 좋은 임직원 복지 방안을 마련해도 노동조합이 수용하지 않거나 기업의 지불능력이 없으면 어쩔 수 없게 되는 것이다. 따라서 외부 환경 변화에 맞는 준비를 하는 것이 필요하다.

넷째, 손자는 조직운영 시스템이 어느 쪽에서 더 잘 운영되고 있는가 여부(법령숙행, 法令孰行)를 확인하라고 한다. 이 또한 주체적 조건이다.

이는 조직의 지휘명령과 보고 체계, 조직간 협력 체계, 상황 별 대응 매뉴얼과 시나리오 등 조직운영과 지원 시스템 작동 여부를 말하는 것이다.

기업 노사관계에서 어떤 상황이 발생했을 때 신속한 보고, 조직간 협조, 사람간 협력의 효과는 조직운영 시스템에 의해 결정된다.

예를 들어보자. A 기업의 경우 어떤 상황이 발생할 때 마다 노동조합 위원장이 먼저 알고 기업에 알려주거나 통보하여 기업의 대응은 항상 뒷북만 치는 경우가 있었다. 이는 노동조합의 위원장-집행부-대의원-소위원-조합원의 직선 보고체계의 장점이 반영된 것이다. 이런 상황이 반복되면 직원들은 기업보다 노동조합을 더 신뢰하게 된다. 이는 기업과 노동조합의 조직운영 시스템의 차이에서 비롯되는 것이기 때문이다.

다섯째, 손자는 어느 쪽의 조직력이 강한 지 여부(병중숙강, 兵衆孰强)를 점검하라고 한다. 여기서 강하다고 하는 것은 조직 구성원의 개별적 능력을 말하는 것이 아니라 조직 차원의 능력을 말하는 것이다.

하지만 보다 본질적으로는 철학에 기반한 시스템으로 조직이 운영되고 개인이 아니라 조직의 일원으로 일을 수행하는가 여부를 비교 분석하라는 것이다. 뛰어난 개인보다는 조직의 철학에 근거한 신념을 바탕으로 체계적인 활동을 하는 집단이 더 강하고 효율적이기 때문이다.

여섯째, 손자는 조직 구성원 개개인의 교육 훈련여부(사졸숙련, 士卒孰鍊)를 비교 분석하라고 한다. 조직적 차원의 강인함은 어쩌면 규율에 따른 것일 수도 있지만 조직 구성원 개개인의 역량을 높여야 가능하다는 것이다.

기업과 노동조합에서 직원들의 교육 훈련은 개별 조직 구성원의 발전만이 아니라 조직역량 강화와 발전을 위해 매우 중요한 일이다(9편 행군 참조).

일곱째, 손자는 과업 수행에 따른 보상과 책임을 명확히 하는 지 여부를 (상벌숙명, 賞罰孰明) 비교 분석하라고 한다. 일만 시키고 보상이 없으면 조직이 운영 되지 않는다. 마찬가지로 무능함에 대해 질책을 하지 않으면 조직은 발전이 없고 결국 망하게 된다.

조직의 리더는 한마디로 '성과 있는 곳에 보상 있다'라는 명언(名言)과 삼국지에서 나오는 '읍참마속(泣斬馬謖)'이라는 고사성어를 명심하고 이를 실행하는 것이 중요하다.

다양한 상황을 상정해서 준비해보자

십사궤도(十四詭道, fourteen deceptions)

궤도(詭道, deceptions)라는 말은 '상대를 속이기, 기만하는 것'이라고 할 수 있다. 손자가 이런 용어를 사용한 것은 상대방과 모든 것을 걸고 싸우는 전쟁에서는 상황에 따라 대응해야 하는 다양한 임기응변의 전술들이 필요하기 때문이다.

손자가 말하는 십사궤도는 노사가 교섭할 때 사용하는 협상의 기술(skills)로 인식하고 교섭에서 유리한 상황과 조건을 만드는 방안으로 활용하면 좋을 것이다.

이 부분은 기업과 노동조합이 노사의 발전과 직원들의 이익 증대라는 관점에서 기발한 상상력을 발휘하여 자신의 조건과 준비 정도에 맞게 활용해 보는 것이 좋을 것이다. 다만, 잊지 말 것은 노사는 적이 아니고 기업의 노사관계는 전쟁을 하는 것이 아니라는 것이다.

한편 이 십사궤도 방안들은 개인 차원에서도 다양하게 활용할 수 있다. 제대로 활용하면 꾀돌이가 될 수 있을 것이다. 물론 활용하는 목적은 조직의 발전을 위하고 개인 상호간의 발전을 위해서 말이다.

14가지 방안을 크게 4 가지 차원으로 분류해 활용할 수 있다.

1. 어깨에 힘을 빼자. 허허실실과 성동격서
- 능이시지불능(能而示之不能) : 능력이 있어도 능력이 없는 것처럼 보이게 하라.
- 용이시지불용(用而示之不用) : 할 수 있으면서도 할 수 없는 것처럼 보이게 하라. 즉 어떤 일에 대한 의도가 없는 것처럼 보이게 하라는 것이다.

위의 두 가지는 허허실실(虛虛實實) 하라는 것이다.
- 근이시지원(近而視之遠): 가까이 있으면 멀리 있는 것처럼 보이게

하라.

- 원이시지근(遠而示之近): 멀리 있으면 가까이 있는 것처럼 보이게
  하라.

위의 두 가지는 한마디로 성동격서(聲東擊西)하라는 것이고, 상대방이
나의 우선 순위를 파악하지 못하게 해야 한다는 것이다.

2. 다양한 조건을 활용하자. 상대방의 힘을 분산시켜라

- 리이유지(利而誘之): 상대방에게 이익을 줄 듯이 하여 유인하라.
- 난이취지(亂而取之): 상대방을 혼란하게 해놓고 나의 이익을 취하라.
- 노이요지(怒而撓之): 상대방을 화나게 하여 동요하게 만들어라.
- 비이교지(卑而驕之): 상대방에게 서사세를 보어서 교만함이 일어
  나게 만들어라.
- 일이로지(佚而勞之): 상대방이 안정을 취하고 있으면 힘들게 하라.
- 친이리지(親而離之): 상대방이 서로 친하면 이간시켜라.

3. 급하지 말자. 쉬면서 지켜보는 것도 상책이다. 때를 기다리는 (wait & see) 방안이다.

- 실이비지(實而備之): 상대방의 세력이 건실하면 대비하라.
- 강이피지(强而避之): 상대방이 강하면 피해가라.

4. 철저히 분석하라. 타이밍을 놓치지 마라.

- 공기무비(攻其無備): 상대방의 허술한 곳을 공격하라.
- 출기불의(出其不意): 상대방이 전혀 생각하지 못한 때를 노려라.

주체적 역량과 객관적 조건에 대한 과학적 분석이
전략 수립의 출발이다

우리는 일상 생활에서 전략과 전술이라는 용어를 자주 사용한다. 그러나 개념 정립이 안되어 때로는 이 두 가지 단어를 혼동하여 사용하기도 한다.

전략과 전술은 무엇을 말하는 것인가

전략(strategy)이라는 개념은 전쟁을 지휘하는 장군이라는 뜻인 고대 그리스어인 스트라테고스(strategos)에서 유래한 것이다. 이 말은 주어진 인적 물적 자원을 효과적으로 사용하여 적이 패배하도록 만드는 계획을 수립한다는 뜻을 가지고 있다.

전략은 전쟁의 승리를 차지하는 것이 목적으로 이를 위한 종합적, 장기적 계획과 운영에 대한 것이다.

즉, 전략은 하나의 목표를 달성하는 전 기간에 걸쳐 적용되는 기본 대응 방침이고 상대에 대해 결정적 타격을 주는 대상을 결정하고 타격하는 시기 등을 계획하는 방안을 마련하는 것이다.

이러한 전략은 단계, 임무, 계획으로 구분할 수 있다.

전략 단계는 하나의 목표를 달성하는 전 기간을 말한다. 전략 임무는 전쟁 승리 목표를 달성하기 위하여 상대에 대한 주요 타격 방향을 결정하는 것이다. 전략 계획은 가장 신속히 최고의 결과를 가져올 수 있는 방향을 향하여 결정적 타격을 할 수 있는 계획을 말한다[14].

전술(tactics)은 전략 목적 달성을 위하여 개개의 전투에서 승리하기 위

---

14. 김창순, 전게서

한 부분적, 단기적 계획과 운영에 대한 것이다.

다시 말하면 전술은 전쟁 전체가 아니라 개별 전투에서 승리하기 위하여 개개의 활동을 능숙하게 실행하는 것이다. 즉 전술은 행동지침을 결정하고 실행하는 것이다. 전술은 당면한 구체적 상황에 따라 개인별, 집단별로 대응하는 것을 말한다.

종합하면 전쟁을 일관하여 적용하는 것이 전략이고 그때 그때의 전략 목적 수행을 위해 복무하는 것이 전술이다. 전략이 전쟁 승리를 목적으로 두는 데 반하여 전술은 개별 전투에서 승리하면서 전략 목적을 달성하는 데 그 목적이 있는 것이다.

전략 수립은 자신을 둘러싼 주객관적 요소를 분석하고 역량을 점검하며 문제를 해결하는 방도를 찾기 위함이다.

전략 수립을 위해서는 우선 주체적 조건인 자신의 역량 즉, 자신의 상점과 단점을 분석하고 파악해야 한다. 이를 주관적 요소 또는 의식적 요소라고 할 수 있다.

객관적 조건은 문제 해결 주체의 주관적 의지 또는 노력과 관계없이 전개되는 과정이라고 할 수 있다. 예를 들면 코로나19 팬데믹(pandemic) 발생, 정부의 노동정책의 변화, 법제도의 개정과 제정 등이다.

따라서 올바른 전략 수립은 주체적 조건에 대한 과학적 분석과 나의 의지와 상관없이 주어진 객관적 조건에 대한 과학적 판단에 근거하여 그에 맞는 대응방향을 결정하는 것이라고 할 수 있다.

그리고 전략의 실행은 주어진 객관적 조건을 해결하고 활용하기 위하여 이를 명확하게 인식하고 이에 근거한 문제 해결 주체의 의식적, 계획적 행동이라고 할 수 있다[15].

---

15. 김창순, 전게서

한편, 손자가 말한 오사(五事)와 칠계(七計) 중 주체적 조건은 도(道), 장(將), 법(法), 주숙유도(主孰有道), 장숙유능(將孰有能), 법령숙행(法令孰行), 병중숙강(兵衆孰強), 사졸숙련(士卒孰鍊), 상벌숙명(賞罰孰明) 이라고 할 수 있다. 그리고 객관적 조건은 천(天), 지(地), 천지숙득(天地孰得)이라고 할 수 있다.

따라서 어떤 일을 시작하기 전에 손자가 말한 오사(五事)와 칠계(七計)에 근거하여 주객관적 조건과 역량을 분석하고 비교하여 전략을 수립해야 한다. 그리고 십사궤도(十四詭道)의 방식으로 전술적 운용과 실행을 하면 모든 일은 해결될 수 있을 것이다.

* 철학없이 자신의 독특한 방식으로 성공한 사람들은 자신의 성공 방식과 경험을 확신하여 "나때는 말이야(Latte is horse)"를 주장하면서 새로운 변화에 맞는 혁신을 하지 못해 새로운 환경에 적응하지 못하고 결국 실패에 이르게 된다.

〈원문 읽기〉

孫子曰(손자왈) : 兵者(병자), 國之大事(국지대사), 死生之地(사생지지), 存亡之
道(존망지도), 不可不察也(불가불찰야)。：

손자가 다음과 같이 말하였다.

전쟁은 나라의 운명을 결정하는 사활이 걸린 중대한 일이다. 백성의 생사
여부와 나라 존망의 문제이니 신중히 검토해야 한다.

故(고) 經之以五事(경지이오사), 校之以計(교지이계), 而索其情(이색기정), 一曰(일
왈) 道(도), 二曰(이왈) 天(천), 三曰(삼왈) 地(지), 四曰(사왈) 將(장), 五曰(오왈) 法(법)。

그러므로 다섯 가지 요인을 기본으로 일곱 가지 계책을 비교하여 정세와
역량을 정확히 판단하여야 한다.

다섯 가지 기본 요인은 첫째 도, 둘째 천, 셋째 지, 넷째 장, 다섯째 법이다.

道者(도자), 令民與上同意也(령민여상동의야), 故(고) 可與之死(가여지사), 可與
之生(가여지생), 而民不畏危(이민불외위)。天者(천자), 陰陽(음양), 寒暑(한서), 時
制也(시제야)。地者(지자), 遠近(원근), 險易(험이), 廣狹(광협), 死生也(사생야)。將
者(장자), 智(지), 信(신), 仁(인), 勇(용), 嚴也(엄야)。法者(법자), 曲制(곡제), 官道
(관도), 主用也(주용야)[16]。凡此五者(범차오자), 將莫不聞(장막불문), 知之者勝(지
지자승), 不知者不勝(부지자불승)。

도는 백성들이 군주와 한 뜻이 되게 한다. 한 뜻이 되면 백성들은 군주와
같이 죽을 수도 있고 살 수도 있다. 이렇게 되면 백성은 나라를 위해서는 어
떠한 위험도 두려워하지 않게 된다.

천은 밤과 낮의 변화, 추위와 더위의 변화, 계절의 변화를 말한다. 지는 거
리의 멀고 가까움, 지세의 험난함과 평탄함, 지형의 넓음과 좁음, 생명의 사

---

16. 곡제: 조직의 편성과 조직내 지휘통신 ·관도: 조직 운영과 복무 규율 ·주용: 조직운영 품목 지원

지와 생지 여부 등이다. 장은 장수는 지혜, 신망, 인애, 용기, 위엄을 갖추어야 한다는 것이다. 법은 곡제, 관도, 주용 등의 제도이다. 장수들은 이 다섯가지를 알아야 한다. 이것을 아는 자는 승리하고 알지 못하는 자는 승리하지 못한다.

故(고) 校之以計(교지이계), 而索其情(이색기정)。曰(왈) : 主孰有道(주숙유도), 將孰有能(장숙유능), 天地孰得(천지숙득), 法令孰行(법령숙행), 兵衆孰強(병중숙강), 士卒孰練(사졸숙련), 賞罰孰明(상벌숙명), 吾以此知勝負矣(오이차지승부의)。將聽吾計(장청오계), 用之必勝(용지필승), 留之(류지) ; 將不聽吾計(장불청오계), 用之必敗(용지필패), 去之(거지)。

다섯 가지를 기본으로 일곱 가지 계책을 비교하여 정세와 역량을 파악해야 한다. 그것은 다음과 같다. 군주는 누가 더 도에 따라 다스리고 있는가, 장수는 누가 더 유능한가, 누가 더 하늘과 땅의 유리함을 얻었는가, 법령은 누가 더 잘 시행하고 있는가, 어느 쪽 군대가 더 강한가, 어느 쪽 병사들이 더 훈련되어 있는가, 상과 벌은 어느 쪽이 더 명확한가, 이와 같이 나는 일곱 가지 계책을 비교해보면 승부를 안다. 장수가 나의 계책을 듣고 활용하면 반드시 이길 것이니 나는 머물러 있을 것이고, 장수가 나의 계책을 듣지도 않고 활용도 안 하면 반드시 질 것이니 나는 떠날 것이다

計利以聽(계리이청),乃為之勢(내위지세), 以佐其外(이좌기외), 勢者(세자), 因利而制權也(인리이제권야)。

나의 일곱 가지 계책을 듣고 상황에 따라 유리함을 추구하면 이것이 세가 되는 것이다. 이러한 세가 형성되면 돌발 상황이 발생해도 주도권을 가지고 해결할 수 있다. 세란 상황별 유리함을 적극 활용하여 주도권을 잡고 이를 지속적으로 유지하는 것이다.

兵者(병자), 詭道也(궤도야)。故(고) 能而示之不能(능이시지불능), 用而示之不用(용이시지불용), 近而示之遠(근이시지원), 遠而示之近(원이시지근)。利而誘之(리이유지), 亂而取之(난이취지), 實而備之(실이비지), 強而避之(강이피지), 怒而撓之(노이요지), 卑而驕之(비이교지), 佚而勞之(일이로지), 親而離之(친이리지)。攻其無備(공기무비), 出其不意(출기불의),此(차) 兵家之勝(병가지승), 不可先傳也(불가선전야)。

전쟁이란 다양한 방법으로 상대를 기만하는 일이다. 그러므로 능력이 있으면서 능력이 없는 것처럼 하고, 할 수 있으면서 할 수 없는 것처럼 보이게 해야 한다. 가까이 있으면 멀리 있는 것처럼 보이게 하고, 멀리 있으면 가까이 있는 것처럼 보이게 해야 한다.

적을 이롭게 하여 유인하고, 적을 혼란하게 하여 격파한다. 적이 건실하면 대비하고 적이 강하면 회피한다. 적을 분노하게 하여 동요를 일으키고 나를 낮추어 적이 교만하게 만든다. 적이 편안하게 있으면 힘들게 하고 적이 서로 친하면 이간시켜야 한다. 적의 대비가 없는 곳을 공격하고 적이 예측하지 못한 때를 노려야 한다. 이러한 병법은 승리를 이끄는 전략이니 사전에 누설되어서는 안 된다.

夫(부) 未戰而廟算勝者(미전이묘산승자), 得算多也(득산다야) ; 未戰而廟算不勝者(미전이묘산불승자), 得算少也(득산소야) ; 多算勝(다산승), 少算不勝(소산불승),而況於無算乎(이황어무산호)？吾以此觀之(오이차관지),勝負見矣(승부견의)。

무릇 전쟁을 시작하기 전에 조정(전략결정 회의)에서 승리할 수 있다고 판단이 되면 승산이 높은 것이고, 승리할 수 없다고 판단이 되면 승산이 낮은 것이다. 승산이 높으면 승리하고 승산이 낮으면 승리하지 못하는데 하물며 승리를 미리 예측하지 않은 경우는 어떠하겠는가? 나는 이것으로 살펴보면 전쟁의 승부를 미리 알 수 있다.

작 전
(作戰, Waging War)

항상 문제의 본질을 인식하고
경쟁력 강화를 위해
신속하게 해결하라

제2편 작전(作戰, Waging War)

항상 문제의 본질을 인식하고 경쟁력 강화를 위해 신속하게 해결하라

□ **핵심 사항**

　　○ 설정한 목표에 도달하면 기회를 놓치지 말고 신속하게 끝내라

　　○ 승리하며 강해지는 조직의 원리와 특성을 강화하고 발전시켜야 한다

　　○ 문제의 본질에 맞는 대응을 해야 한다

□ **주요 내용**

　　○ 졸속(拙速, stupid haste): 전쟁은 빠르게 끝내야 한다. 설정한 목표에 도달하
　　면 기회를 놓치지 말고 끝내라. 갈등해결은 빠를수록 좋다

　　○ 승적이익강(勝敵而益強, using the conquered foe to augment one's
　　own strength): 이기면서 강해지는 조직을 만드는 것이 중요하다. 잘하는 사
　　람에게 상을 주며 반대하는 세력은 설득하여 우군화하고, 갈등 발생의 근거를
　　개선하기 위해 노력하라

　　○ 병귀승(兵貴勝, In war let your great object be victory): 항상 문제의 본질
　　을 직시하라. 무한 경쟁에서 살아남는 방향을 선택해야 한다. 승리는 소중한 것
　　이다

손자는 이 편에서 수립된 전략에 근거하여 전쟁을 수행하되 전쟁을 오래 끌면 많은 비용이 소모되어 결정적 타격을 입을 수 있으니 신속하게 승리를 쟁취하는 방안을 설명한다.

손자는 이를 위해 3가지를 강조한다.

첫째, 전쟁을 할 경우 오래 끌면 나라의 경쟁력이 저하되니 나라를 유지하기 위해서는 신속하게 승리를 쟁취해야 한다는 것이다.

즉, 장수가 올바른 정보(13편 용간 참조)에 근거하여 전략을 수립하고 실행 방안을 결정했으면(1편 시계 참조) 그 목표 달성을 위해 불필요한 요소를 과감히 줄이고 신속한 실행(졸속, 拙速)으로 마무리 하라는 것이다.

둘째, 승리하면서 강해지는 조직의 원리와 특성을 강화하고 발전시켜야 한다는 것이다.

셋째, 문제가 발생하면 그 본질을 인식하고 그에 맞는 문제 해결방안을 모색하는 것이 중요하다는 것이다. 전쟁의 본질은 승리이다.

전쟁에서는 반드시 이겨야 한다

이 편을 이해하기 위해서는 손자가 살았던 시대의 상황과 조건[17]을 이해해야 한다.

손자는 작전(作戰)[18]편에서 전쟁 준비의 어려움과 전쟁의 근본적인 문제점을 제기한다. 손자는 전쟁에서 이기기 위해서는 주변 나라들이 호시탐탐 침략의 기회를 노리고 있는 외부 상황을 면밀히 주시해야 한다고 강조한다. 또한 손자는 전쟁 수행을 위한 물류 조달의 어려움, 전쟁 물자 생산을 담당하는 백성들의 상태, 군대에 동원된 백성들의 사기나 여론 등 나라 내부 상황도 종합적으로 고려하여야 한다고 지적한다.

손자는 이러한 내외부 상황을 고려하여 전쟁에서 이기는 3가지 방안을 설명한다.

첫째는 '설정한 목표[19]에 맞는 조건이 되면 국가 경쟁력 유지 또는 국력 강화를 위해 졸속(拙速) 즉, 속전속결로 전쟁을 마무리할 것'을 제시한다.

둘째는 '적을 이기면서 더욱 강해지는 승적이익강(勝敵而益强)'이다.

즉, 명확한 성과보상으로 내부 조직의 단결력을 높이고, 반대 세력을 설득하여 나의 편으로 만들어 전투력을 확대 강화하는 등 '이기면서 강해지는 조직을 만드는 것'의 중요성을 설명한다.

셋째는 병귀승(兵貴勝)이다. 어떤 사안이 발생하는 경우 그 문제를 해결하기 위해서는 문제의 본질이 무엇이고 그것이 적대적인가 비적대적인가

---

17. 기원전 6세기에서 기원전 5세기에 이르는 중국의 춘추전국시대
18. 사전적 정의는 "어떤 일을 이루기 위하여 필요한 조치나 방법을 강구"하거나 "군사적 목적을 이루기 위하여 행하는 전투, 수색, 행군, 보급 따위의 조치나 방법 또는 그것을 짜는 일"이다.
19. 일반적으로 목표를 설정할 때는 주어진 역량과 주변 환경 등을 고려하여 최대 목표(maximum ends)와 최소 목표(minimum ends)로 나누어 정한다.

를 판단해야 한다. 문제의 본질이 적대적 사안일 경우는 살고 죽는 문제이기 때문에 반드시 이겨야 한다. 손자는 전쟁의 본질은 적대적 사안으로 어느 일방이 죽느냐 사느냐 문제이기 때문에 전쟁을 하면 반드시 이겨야 한다고 판단했던 것이다.

반면에 문제의 본질이 비적대적 사안일 경우에는 이기고 지는 문제가 아니기 때문에 양보를 통한 합의 또는 협의로 문제를 해결할 수 있다.

예를 들어 기업과 노동조합은 노사갈등이 발생하면 이는 비적대적 사안임을 인식하고 시장 경쟁에서 살아남는 방법이 무엇인지를 기본으로 두고 노사가 대화로 문제를 해결하는 것이 필요하다.

효율적이고 신속하게 실행하여 목표를 달성하라

설령 적대적 관계이고 적대적 사안이라 할지라도 예나 지금이나 싸우지 않고 피해없이 설정한 목표를 달성하는 것이 최상의 방안이다.

손자는 전쟁에서 '싸우지 않고 이기면 최상'이지만 불가피하게 싸우게 될 경우 '최단 시간에 피해를 최소화하면서 승리하는 것이 중요하다'는 점을 강조한다.

이것이 손자가 말하는 '졸속(拙速)'이다. 이는 모든 일을 대충 마무리 하라는 것이 아니다. 손자가 제시한 이 방안은 주어진 환경과 조건 속에서 무한정 전쟁을 수행할 수 없는 당시의 시대 상황을 반영한 것으로 이해하면 된다.

한편, 일반적으로 사람들이 '졸속(拙速)'이라는 단어에 대해 부정적인 의미로 인식하고 사용하는 것은 손자가 강조한 전쟁의 본질과 이에 대한 신속한 대응의 필요성을 간과했기 때문이라고 판단된다. 따라서 독자들이 '졸속(拙速)'의 사전적 의미[20]에 얽매이지 말고 이 용어의 상황적 개념과 맥락적 의미를 이해하고 현실에서 적용해보면 유익할 것이다.

손자는 전쟁을 하기 위해서는 백성들의 전쟁 지원을 위한 경제 활동 및 생산력 유지, 백성의 여론, 상대 나라의 준비 및 대응 정도, 주변 나라들의 동향 등을 종합적으로 고려한 철저한 준비가 필요하다고 한다.

손자는 철저한 준비를 하여 전쟁을 하더라도 가능하면 신속하게 마무리해야 한다고 강조한다. 이는 손자가 전쟁을 시작한 후 설정한 목표에 따라 최단 시간내에 전쟁을 마무리하지 못하면 나라에 치명적인 문제가 발생할 가능성이 크다는 점을 우려했기 때문이다.

즉, 내적으로는 전쟁 지원을 위한 활동으로 국가 재정의 파탄 초래, 피로도가 누적된 백성들의 민심이반 등으로 전쟁에서 패배하게 되거나, 외적으로는 다른 나라의 침략 등으로 궁극적으로는 나라가 망할 수 있기 때문이다.

그래서 손자는 전쟁을 할 경우 목표를 설정하고 피해를 최소화하면서 이를 달성하기 위하여 '졸속(拙速)'으로 마무리하는 방안이 필요하다는 것을 강조한 것이다.

전략적 대응과 전술적 대응

노사관계에서 싸우지 않고 이긴다는 것은 노사가 갈등이 발생하기 전에 충분한 소통을 통하여 직원들의 고충과 불만을 해소하고 일 할 수 있는 분위기를 마련해주는 것이라고 할 수 있다. 그리고 기업과 노동조합의

---

20. 어설프고 빠름. 또는 그런 태도(표준국어대사전)

다양한 차원의 의사결정 등에 직원과 조합원들이 참여하게 만들어 이들 스스로 주인의식을 갖게 만드는 것이 필요하다.

노사관계에서 전략적 대응은 노사 당사자들이 상호작용할 수 있는 우호적인 환경을 만드는 것이다. 즉, 노사 갈등의 근원을 해소하거나 노사 갈등으로 인한 피해를 최소화하거나 덜 피해보는 방안을 모색하는 등 노사 모두에게 우호적인 상황을 만들어 파괴적이고 적대적인 노사분쟁을 최소화하고 관리하는 것을 말한다.

한편, 노사관계에서 전술적 대응은 문제의 근본적 또는 사전적 해결이 아니라 이미 일어난 갈등을 감소시키는 것이다. 이는 계획 과정에서 예방적인 노력을 통해 문제를 최소화하는 것이 아니라 진행되고 있거나 또는 이미 발생한 일에 대한 사후적 대응 또는 개입하는 것을 말한다.

노사관계의 전략적 대응을 잘하는 기업과 노동조합은 노사간 상호 교감하고 소통하면서 긍정적으로 상호작용하는 체계와 다양한 우호적인 환경을 잘 만들고 운영한다. 이런 기업과 노동조합은 노사간에 우호적인 상황 창출을 통해 공격적인 노사분쟁과 갈등을 최소화하고 조직 관리를 잘하는 노사관계 경쟁력이 높은 조직들이다.

반면 노사관계의 전술적 대응을 하는 기업과 노동조합은 노사갈등을 사전에 해소하지 못하고 갈등 발생 후 문제를 해결하려 하거나 단지 갈등을 감소시키려 노력하는 조직이다. 안타깝게도 한국 노사관계 현실은 이런 유형의 기업과 노동조합이 다수라는 것이다.

결국 노사가 사전에 갈등을 해소하지 못하고 노동조합이 쟁의행위에 돌입하게 되면 노사 모두 피해자가 된다. 이런 경우 갈등 예방을 위한 전략적 노력보다 더 많은 시간과 비용이 들게 된다. 따라서 이런 조직의 경우는 특히 사전적 소통과 문제 해결을 위한 노력을 집중하는 것이 필요하다.

노사관계에서도 졸속이 필요하다

기업과 노동조합은 노사갈등이 발생하면 신속하게 해결하는 것이 중요하다. 노사갈등이 해결되지 않고 누적되어 임계점에 도달하면 불만이 폭발적으로 분출되어 수습이 어려울 수도 있고 해결 비용이 많이 들 수도 있다. 이와 같은 노사갈등의 분출은 파업의 형태로 나타나기도 하고 생산성 저하 형태로 나타나기도 하는 등 다양하게 나타난다.

이러한 갈등 분출로 인한 피해는 물적으로 나타나 재무제표상 손실로 나타나기도 하지만 재무제표에 나타나지 않는 무형적인 기업문화적 측면으로 반영되기도 한다. 이는 직원과 조합원들의 소속감 저하, 애사심 하락 등으로 표출되어 결과적으로 기업과 노동조합의 경쟁력을 잃게 만드는 원인이 된다.

일반적으로 갈등을 최소화하면서 문제를 해결하는 방안은 무엇일까?

그것은 주객관적인 역량과 환경 등을 고려하여 전략을 수립하고 이에 근거하여 최대 목표와 최소 목표를 설정한 후 최소의 비용으로 최대 효과를 추구하면서 신속히 마무리하는 것이라고 할 수 있다.

노사가 교섭(bargaining)을 하는 경우 치열한 시장 경쟁상황 등을 고려할 때 적정한 선에서 상호 지혜를 모아 교섭을 최대한 신속하게 마무리하는 것이 최상이다.

기업은 산업적 특성, 시장 상황 등 처지와 조건에 따라 노사교섭에서 발생하는 교섭비용(bargaining cost)을 고려하여 교섭을 신속하게 마무리할 지 여부를 결정하는 것이 중요하다.

기업은 교섭비용을 판단할 때 첫째, 기업의 생산 제품이나 생산 방식과 유형은 어떠한 지를 고려해야 한다. 둘째, 직원 또는 조합원이 어떤 특성을 갖고 있는지를 판단해야 한다. 기업의 핵심 인력은 어떤 상태인지, 정규직과 비정규직은 어떤 분포이고 어떤 관계인지 등을 종합적으로 고려하고 이를 반영해야 한다. 셋째, 기업의 생산이 자본집약적 산업인지 노동집약적 산업인지 또는 시장 지배적 인지 아니면 정부 지원을 받는지 여부 등을 종합적으로 고려하여 반영해야 한다. 넷째, 기업을 둘러싼 국내외적인 경제적 상황이 어떠한 지 여부 등을 파악하여 반영하여야 한다.

노사 모두 이러한 사항 등을 종합적으로 고려하여 교섭비용을 산출하고 그 비용을 최소화하는 선에서 교섭을 신속하게 마무리하면 기업의 경쟁력을 높이고 노사가 상호 이익(mutual gains)을 얻는 상생(win-win)의 노사관계를 구축할 수 있다.

반면에 교섭 기간이 길어지고 노사 갈등이 심화되면 교섭비용이 증가하게 되고 그 만큼 기업의 경쟁력은 떨어지게 된다. 동시에 노동조합은 조직 피로도가 증가되어 조직 활동에 어려움이 발생할 가능성이 높아진다.

예를 들어 교섭에서 노사가 서로 최대 목표로 설정한 100을 얻기 위해 시간을 끌면서 노사갈등이 증폭되면 내부적으로 직원과 조합원들의 피로도 증가, 기업에 대한 소속감 저하, 생산성 하락 등이 나타난다. 그리고 외부적으로는 고객들의 불만 증가, 경쟁기업의 시장 점유율 확대 등에 따라 결과적으로 비용이 증가된다.

그러나 노사가 최대 목표인 100이 아니라 최소 목표인 50을 얻기 위해 전략적 차원에서 속전속결로 마무리하면 내외부의 부정적인 문제들이 발생되지 않고 비용 손실도 없게 된다.

일반적으로 노사문제는 신속하게 마무리하는 것이 노사 모두에게 도움을 주는 경향성이 있다.

그러나 빠르게 해결하는 것만이 능사는 아니다

기업과 노동조합은 주어진 상황과 조건을 고려한 전략적 선택 여부에 따라 상호간 교섭 전략과 대응 방안이 달라지게 되는 경우도 있다.

기업 입장에서 갈등이 지속될 경우 문제를 임시방편으로 덮어버리거나 은폐하는 것이 아니라 그 원인을 찾고 잘못된 노사문제의 본질을 드러내어 노사 모두가 공감하는 방향으로 이를 해결하는 것이 중요하다고 판단할 때가 있다. 노동조합도 조직의 사활적 문제라고 판단되는 사안일 경우 마찬가지이다.

이렇듯 때로는 노사가 문제를 근본적으로 해결하고 노사관계의 패러다임을 변화시키려 할 경우에는 노사 모두 단기적 피해를 감수하는 '전략적 손실 감수'도 필요하다. 노사가 이런 전략적 입장을 취하는 경우에는 신속성보다는 근본적 해결을 위한 역량과 시간, 비용 손실을 감수해야한다.

따라서 상황과 조건에 따라서는 노사관계에서 교섭비용만을 고려하여 모든 일을 속전속결 하는 것이 반드시 좋은 것은 아니다. 노사관계에서 때로는 반복적이고 지속적으로 제기되는 노사 문제의 근원을 해결하기 위하여 다소 시간이 필요한 경우도 존재한다.

갈등을 해소하면서 경쟁력이 강화되는 조직문화를 구축하라

손자는 '이기면서 더욱 강해지는 방안 (승적이익강, 勝敵而益强)'이 매우 중요하다고 설명한다. 이는 현대 조직이론에서 보더라도 매우 유익한 조직 강화 방안 중 하나이다.

손자는 '성과 있는 곳에 반드시 보상이 있어야 한다'고 강조한다. 이는 내부 조직력을 강화하고 조직에 대한 헌신과 신뢰를 높이는 방안이기 때문이다.

현재 대부분의 기업들은 성과에 따른 보상을 제도화하여 시행하고 있다. 보상은 성과급, 발탁 승진 등으로 제도화된 물질적인 것이 대다수이다.

그러나 물질적인 보상만이 아니라 정신적인 보상도 매우 중요하다. 물질적 성과보상은 아니더라도 직원을 부하가 아닌 동료로 인식하고 과업을 끝냈을 경우 진심을 담은 "수고했다"라는 격려 한마디는 조직 구성원에게 감명을 주고 조직 문화를 바꿀 수 있다.

다음 사례를 생각해보자.

동종업계와 비교하여 물질적인 성과보상 제도가 미흡하고 노사관계는 불안정한 B 기업의 임원(기업 회장의 동생)을 만날 때의 일이었다.

당시 B 기업은 회장 출근시 조합원이 피켓 시위를 하는 문제가 현안이었다. 이를 노사문제 담당 직원이 일주일 동안 노동조합과 다양한 채널로 대화를 하여 문제를 원만히 해결하였다.

필자는 그 임원에게 노사문제 담당자를 불러 "고생했다"는 말이라도 하면서 격려해주었냐고 물었다. 그러자 그 임원은 칭찬은 고사하고 "저 일하라고 월급주는 건데요?"라는 답을 하였다.

필자는 그 임원이 이런 인식을 갖고 있는 것을 보고 당황스럽고 황당했다. 이러한 인식을 갖는 경영자 또는 리더는 조직을 이끌기 어렵고 이들이 존재하는 조직의 미래는 암울하고 합리적 노사관계 구축이 어렵다고 말할 수 있다.

손자의 말과 반대로 이러한 사람이 존재하는 기업 조직은 반드시 약해지고 망하게 된다.

한편, 손자는 '이기면서 강해지는 조직'을 강조한다. 이를 위해서는 설령 갈등을 일으킨 사람이라도 설득하여 같은 편으로 만들거나 최소한 동조하는 방향으로 이끄는 것이 필요하다는 것이다.

이는 기업의 노사관계에서 매우 중요한 요소이다. 노사관계에서 직원과 조합원들이 기업의 경영상태를 이해하고 기업의 진정한 의도를 알게 되면 스스로 어떻게 판단하고 행동하는 것이 좋은 건지를 알게 된다.

기업이 노동조합 및 직원들과 솔직한 소통과 공유로 고충과 불만이 없어지거나 그 이유를 이해하게 되면 갈등도 사라지게 된다. 결국 이러한 과정이 누적되면 안정적이고 원만한 노사관계가 유지되고 시장에서도 경쟁력을 갖는 노사의 조직문화를 구축하게 되는 것이다.

노사관계는 이기고 지는 문제가 아니다

손자는 모든 관계에서 이기는 것이 중요하다고만 하지 않는다.

손자는 제기된 문제의 본질이 무엇인지를 파악하고 이에 따른 대응이 필요하다고 강조한다.

예를 들어 손자는 전쟁을 하면 이기는 것이 중요하다(병귀승, 兵貴勝)고 말한다. 이는 전쟁의 본질이 적대적 대립이고 죽느냐 사느냐가 결정되는 문제이기 때문이다.

반면에 노사관계는 기업이 유지되는 한 지속되는 관계이므로 단기적 대응도 중요하지만 기본적으로 장기적 관점과 대응을 해야 한다. 여기서 놓치지 말아야 할 기본 관점은 노사관계의 본질은 적대적 대립이 아니라는 것이다.

노사관계는 비적대적 대립의 문제이다. '누가 살고 죽는 문제'인 적대적 대립과 달리 비적대적 대립의 해결은 '같이 함께 사는 방안'을 모색하는 것이다.

만약 노사 갈등이 발생하는 경우 노사가 시장경쟁에서 살아남는 방향성을 정하고 이에 근거하여 갈등 해결 방안을 마련하는 것이 중요하다.

갈등 해결 방안은 노사 상호 대화와 설득을 통해 노사간 이익을 증대하는 것이다. 결국 노사 갈등은 소통에 기반한 상호 설득을 통해서 노사간 이익 증대의 방향이 무엇인지를 공유하면서 때로는 시간을 갖고 문제를 해결하는 것이 좋다는 의미인 것이다. 이것이 비적대적 대립을 풀어가는 방식인 것이다.

따라서 노사갈등을 사전에 해결하면 최상이지만 만약 갈등이 발생할 경우 본질이 무엇인지를 정확히 인식한 후 빠른 해결에만 집착하지 말고 노사간 상호 상생(win-win)하는 방안을 만드는 소통을 기본으로 문제를 해결하는 것이 중요하다.

〈원문 읽기〉

孫子曰(손자왈) : 凡(범) 用兵之法(용병지법), 馳車[21] 千駟(치거천사), 革車千乘(혁거천승)[22], 帶甲十萬(대갑십만) ; 千里饋糧(천리궤량), 則(즉) 內外之費(내외지비) 賓客之用(빈객지용), 膠漆之材(교칠지재), 車甲之奉(거갑지봉), 日費千金(일비천금), 然後(연후)十萬之師(십만지사) 擧矣(거의)。

손자가 다음과 같이 말하였다.

전쟁을 하려면 전차 천대, 무기와 보급품 실은 수레 천대, 갑옷입은 병사 십만, 천리 길의 군량을 수송해야 한다. 그러니 국내외에서 사용하는 비용, 외교에 필요한 비용, 무기와 장비를 만들고 유지 보수하는 비용, 수레와 갑옷에 들어가는 비용 등이 하루에 천금이 들어간다. 이러한 모든 것을 준비한 후 십만의 군사를 이끌 수 있는 것이다.

其用戰也勝(기용전야승), 久則鈍兵挫銳(구즉둔병좌예), 攻城則力屈(공성즉력굴), 久暴師則國用(구폭사즉국용) 不足(부족)。夫(부) 鈍兵(둔병), 挫銳(좌예), 屈力(굴력), 殫貨(탄화), 則諸侯(즉제후) 乘其弊而起(승기폐이기), 雖有智者(수유지자), 不能善其後矣(불능선기후의)！故(고) 兵聞拙速(병문졸속), 未睹巧之久也(미도교지구야) ; 夫(부) 兵久而國利者(병구이국리자), 未之有也(미지유야)。

전쟁을 할 때에는 승리가 가장 귀한 것이다. 그러나 전쟁이 오래 지속되면 병사들이 둔해지고 예리함도 없어지게 된다. 성을 공격하면 전력이 소진되고 군대가 전선에 오래 있으면 국고가 고갈된다. 이렇게 군대가 둔해지고 예리함이 없어지고, 군대의 힘이 소진되고, 국고가 고갈되면 제3국이 이 어려움을 노려 침략하려 들 것이다. 이렇게 되면 아무리 지혜로운 자가 있다 할지라도 그 뒷감당을 잘 할 수 없게 될 것이다. 따라서 전쟁에서 다소 미흡해도 빨

---

21. 치거(馳車): 공격용 수레로 장(將)2인 졸(卒) 72인이 따름. 혁거(革車): 치거 뒤에 따라 가죽 덮개를 하고 무기와 양식을 나르는 수레로 치중(輜重)이라고도 함. 졸(卒) 25인이 따름(출처: 무경십서, 전북도민일보);
22. 사(駟)나 승(乘)은 말 네 마리가 끄는 수레의 단위

리 끝내야 한다는 말은 들었으나, 완벽하게 하기 위해 오래 끈다는 것을 들어
본 적이 없다. 일반적으로 전쟁을 오래 끌어 그 나라가 이익을 보았다는 예는
지금까지 없었다.

故(고) 不盡知用兵之害者(부진지용병지해자), 則不能盡知用兵之利也(즉불능진
지용병지리야). 善用兵者(선용병자), 役不再籍(역불재적), 糧不三載(량불삼재), 取
用於國(취용어국), 因糧於敵(인량어적), 故(고) 軍食可足也(군식가족야).

그러므로 전쟁의 유해함을 충분히 알지 못하는 사람은 전쟁의 유익함도 충
분히 알지 못하는 것이다. 전쟁을 잘하는 사람은 병사를 두 번 징집하지 않
고, 군량을 세 번 실어 나르지 않는다. 병사와 전쟁 물품은 자기 나라에서 가
져오지만 군량은 적국에서 조달한다. 그래서 군대에는 군량이 풍족하게 될
것이다.

國之貧於師者(국지빈어사자) 遠輸(원수), 遠輸則百姓貧(원수즉백성빈), 近於師
者(근어사자) 貴賣(귀매), 貴賣則百姓財竭(귀매즉백성재갈), 財竭則急於丘役(재갈
즉급어구역), 力屈財殫(력굴재탄), 中原內虛於家(중원내허어가), 百姓之費(백성지
비), 十去其七(십거기칠), 公家之費(공가지비), 破軍罷馬(파군파마), 甲冑矢弩(갑
주시노), 戟楯蔽櫓(극순폐로), 丘牛大車(구우대거), 十去其六(십거기륙).

나라가 전쟁으로 인해 빈곤해지는 것은 군수품을 전쟁터까지 멀리 수송하기
때문이다. 멀리 수송하면 백성이 가난해진다. 한편, 군대의 주둔지 인근은 물가
가 폭등한다. 물가가 폭등하면 백성의 재산이 고갈된다. 재산이 고갈되면 백성
들은 부역에 나갈 수밖에 없다. 전쟁을 오래하여 나라의 힘이 약화되고 재물이
고갈되면, 나라 안 집집마다 곳간이 텅 비게 되고, 백성들의 소득 70%가 사라
지게 된다. 나라의 재정은 수레와 말의 복구비용, 갑옷과 투구, 화살과 활, 창과
방패, 수송 수레 보충 비용 등으로 60%가 소진되어 버릴 것이다.

故(고) 智將(지장) 務食於敵(무식어적), 食敵一鍾(식적일종), 當吾二十鍾(당오이십종), 萁稈一石(기간일석), 當吾二十石(당오이십석)。故(고) 殺敵者(살적자) 怒也(노야), 取敵之利者(취적지리자) 貨也(화야)。故(고) 車戰(거전), 得車十乘以上(득거십승이상), 賞其先得者(상기선득자), 而更其旌旗(이경기정기), 車雜而乘之(거잡이승지), 卒善而養之(졸선이양지), 是謂(시위) 勝敵而益強(승적이익강)。

그러므로 지혜로운 장수는 가급적 적에게서 군량을 확보하려 힘쓴다. 적한테서 탈취한 곡식 1종(10섬)은 자국에서 수송한 20종에 해당하며, 적에게 탈취한 사료 1석은 자국에서 수송한 20석과 맞먹는 것이다. 적을 무찌르기 위해서는 병사들이 적개심을 갖게 하고, 적의 무기나 군량, 군수품을 탈취하려면 포상을 해야 한다. 따라서 전차전에서 적의 전차를 10대 이상 노획한 병사가 있으면 먼저 노획한 병사에게 상을 주고, 그 전차의 기를 바꾸어 달아 아군의 전차에 편입하여 사용하게 하며, 또 포로는 설득하여 우리 편으로 만든다. 이것을 적을 이기고 더욱 강해지는 것이라고 말한다.

故(고) 兵貴勝(병귀승), 不貴久(불귀구) ; 故(고) 知兵之將(지병지장), 民之司命(민지사명), 國家安危之主也(국가안위지주야)。

전쟁은 승리를 귀하게 여기지 결코 오래 하는 것을 귀하게 여기지 않는다. 그러므로 전쟁의 본질을 인식하고 있는 장수만이 백성의 생명을 맡을 만하고 나라의 안위를 지킬 만한 인물이다.

제3편
모 공
(謀攻, Attack by Stratagem)

손실없이 이기고
흠결없이
목표를 획득하는 것이
최고의 전략이다

謀
攻

제3편 모공(謀攻, Attack by Stratagem)
손실없이 이기고 흠결없이 목표를 획득하는 것이 최고의 전략이다

□ **핵심 사항**

○ 싸우면 모두 손해다. 싸우지 않고 이기는 것이 최고의 방책이다

○ 나와 상대방에 대한 객관적이고 과학적인 역량 분석이 중요하다

□ **주요 내용**

○ 모공지법(謀攻之法, the method of attacking by stratagem)

 - 부전이전승(不戰而全勝): 싸우지 않고 상대방을 굴복시키는 것이 최상(부전이 굴인지병, 不戰而 屈人之兵, breaking the enemy's resistance without fighting)[23]

 - 반드시 자신의 힘을 온전케 한 채로 천하를 다투므로 사람의 손실이 없고, 그 이익을 온전히 할 수 있는 것이다(필이전 쟁어천하, 必以全 爭於天下, 병부둔 리가전, 兵不頓 利可全)

○ 지혜롭게 이기는 4가지 방법

 - 벌모(伐謀, to balk the enemy's plans): 상대방의 의도를 분석하고 그 계책을 사전에 봉쇄하여 싸움이 일어나지 않도록 하는 방법

---

23. 이의 반대 개념을 피로스의 승리(Pyrrhus victory)라고 한다. 이는 많은 희생이나 비용을 지불하고 얻은 패전이나 다름없는 무의미하고 실속 없는 승리를 지칭한다. 피로스는 고대 그리스 에피로스 지방의 왕이었다.

– 벌교(伐交, to prevent the junction of the enemy's forces): 상대방의 네트워크 즉, 동맹관계를 차단해버리거나 무력화시켜 싸움이 일어나지 않도록 하는 방법

– 벌병(伐兵, to attack the enemy's army in the field): 병력을 동원하여 상대방과 직접 싸움을 벌이는 방법

– 공성(攻城, to besiege walled cities): 잘 준비된 상대방의 근거지를 직접 공격하는 방법

○ 조직의 수장인 군주가 하지 말아야 할 3가지

– 조직의 리더를 속박하지 마라(미군, 縻軍[24], hobbling the army): 상황을 구체적으로 모르면서 공세와 방어를 함부로 지시하지 말라는 것이다.

– 조직의 행정에 개입하지 마라(군사혹, 軍士惑, causes restlessness in the soldier's minds): 조직의 일을 알지도 못하면서 조직의 일에 관여하는 것을 금하라는 것이다. 잘 알지도 못하면서 구체적으로 지시를 하면 조직 구성원들은 헷갈리게 된다.

– 조직의 지휘계통과 보직에 개입하지 마라(군사의, 軍士疑, shakes the confidence of the soldiers): 조직 리더의 의사와 무관하게 임의로 사람을 임명하거나 리더의 유연한 대응 등에 대해 개입하지 말라는 것이다. 개입하면 리더와 조직 구성원들은 조직을 믿지 못하고 불신하게 된다.

○ 승리를 보장하는 5가지 요소(지승유오, 知勝有五, five essentials for victory)

---

24. 군대의 발목을 잡는 것

- 지가이전 여불가이전자(知可以戰 與不可以戰者 who knows when to fight and when not to fight): 싸울 때와 싸우지 않을 때를 아는 것. 즉 정세와 역량 판단 능력
- 식중과지용자(識衆寡之用者, who knows how to handle both superior and inferior forces): 우세할 때와 열세할 때의 인력 운영 방법을 아는 것. 즉 사람의 역량과 준비 정도에 따른 상황별 맞춤형 인력운영 능력
- 상하동욕자(上下同欲者 whose army is animated by the same spirit throughout all its ranks): 모든 조직 구성원을 한마음 한 뜻이 된 일심동체로 만들고 조직에 헌신할 수 있게 만드는 원활한 상하소통(communication) 능력 즉, 조직 구성원과 조직의 철학, 원리 및 목표달성을 위한 전략적 방향성 등을 공유하여 조직 구성원들이 조직의 일이 나의 일이라고 생각하며 행동하게 만드는 허심탄회한 소통 능력
- 이우대불우자(以虞待不虞者, who, prepared himself, waits to take the enemy unprepared): 목표에 맞는 준비를 철저히 하고 대비하는 것. 즉, 세밀한 상황 판단과 상황에 맞는 철저한 사전 준비 능력
- 장능이군불어자(將能而君不御者, who has military capacity and is not interfered with by the sovereign): 장수가 유능하고 군주는 간섭하지 않는 것. 즉 유능한 리더에게 믿고 맡기는 권한 위임(empowerment)

○ 철저한 과학적 분석이 전략 수립의 출발점
- 지피지기 백전불태(知彼知己百戰不殆): 객관적이고 철저한 역량 판단을 해야 대응 전략을 수립할 수 있고 위태롭지 않게 된다.

손자는 이 편에서 수립된 전략에 기반하여(1편 시계) 신속한 방법으로(2편 작전) 승리하는 방안에 대해 설명한다.

첫째, 싸우지 않고 이기는 방안인 모공지법(謀攻之法)에 대해 설명한다. 핵심은 나의 힘을 온전히 보존하면서 목표를 획득하는 것이 최상이라는 것이다.

둘째, 승리하는 4가지 방법을 제시한다. 벌모(伐謀), 벌교(伐交), 벌병(伐兵), 공성(攻城)의 방안이다.

셋째, 장수의 승리를 저해하는 군주가 하지 말아야 할 3가지를 설명한다. 그것은 조직의 리더를 속박하는 미군(縻軍), 조직의 행정에 개입하는 군사혹(軍士惑), 조직의 지휘계통과 보직에 개입하는 군사의(軍士疑)이다.

넷째, 승리를 보장하는 5가지 요소인 지승유오(知勝有五)에 대해 설명한다.

다섯째, 나와 상대방의 역량 파악과 비교에 근거한 대응 전략 수립의 중요성을 설명한다. '지피지기 백전불태(知彼知己 百戰不殆)'가 그것이다.

싸우지 않고 이기는 모공지법(謀攻之法)

우리는 손자병법의 핵심 내용 중 하나로 알고 있는"상대방을 알고 나를 알면 항상 승리한다(지피지기 백전백승, 知彼知己 百戰百勝)"는 말을 일상 생활에서 자주 사용한다. 그러나 손자병법에는 이런 표현이 없다.

그럼에도 우리가 위와 같은 말을 자연스럽게 사용하는 것은 무엇 때문일까?

그것은 아마도 시간이 흐르면서 손자병법의 내용이 전파되는 과정에서 변형되어 생활용어화 되었기 때문이 아닐까 한다. 그러나 이렇게 변형되어 일상 생활에서 사용하는 용어는 손자병법의 본질을 왜곡하게 된다.

손자는 싸워서 이기는 것이 중요한 것이 아니라 '싸우지 않고 이기는 것이 최상'이라고 항상 강조하기 때문이다.

모(謀)라는 단어는 지략(智略), 계략(計略), 계책(計策)이라는 의미로 사용된다. 우리말로 하면 '꾀[25]'라 이해할 수도 있고 '지혜'라 할 수도 있다. 여기서는 모(謀)라는 단어를 지혜라고 이해하면 더 도움이 될 것이다.

손자는 '사전에 문제의 근원을 없애고 싸우지 않고 손실없이 이기거나, 싸우더라도 피해를 최소화하면서 이길 수 있는 지혜로운 방안'을 모공지법(謀攻之法)이라고 설명한다. 이는 수립된 전략에 근거하여 싸우지 않고 이기거나 싸우더라도 최소 비용으로 최대 효과를 얻는 방안이라고 할 수 있다.

손자의 기본 철학은 '싸우지 않고 나를 온전하게 지키거나 나의 손실을

---

25. 꾀의 사전적 의미는 일을 잘 꾸며 내거나 해결해내거나 하는 묘한 생각이나 수단이다. (https://ko.dict.naver.com/)

최소화하면서 상대방의 흠결없이 이기는 방안이 최고'라는 것이다. 즉 손자는 이유야 어쨌든지 싸우면 당사자 모두 손해라는 것이다. 그러나 부득이 싸우게 될 경우는 2편 작전(作戰)에서 말한 속전속결(졸속, 拙速)로 끝내라는 것이다.

따라서 이 편에서는 싸우지 않고 손실을 최소화하는 방안은 무엇이고 이를 기반으로 온전하게 목표를 획득하는 전략 실행방안에 대해 중점적으로 살펴볼 것이다.

싸우지 않고 상대방을 이겨서 흠결없이 얻는 것이 최고이다

손자는 기본적으로 힘을 기반으로 다양한 대응 방안을 활용하여 상대방이 두려움에 떨게 하고 스스로 충돌을 피하게 만드는 것이 온전(全)한 것이고 최상의 방안이라고 강조한다

전(全)이라는 한자는 모공편에서 매우 중요한 의미를 갖는다. 손자는 '상대방을 흠결없이 내 것으로 만드는 것'을 최고의 방안으로 삼았다.

한자 전(全)자의 어원을 살펴보면 "온전하다, 갖추어지다, 흠이 없다 라는 뜻을 가진 글자이다. (중략) 전(全)자에서 말하는 '온전하다'는 것은 '흠이 없다'는 뜻이다. 전(全)자는 옥에 흠집이 전혀 없다는 의미에서 '완전하다'는 뜻을 갖게 되었다"[26]고 사전에서 설명하고 있다.

따라서 손자가 이 편에서 말하는 '온전히 이기는 것'의 의미가 무엇이고 그 방안은 어떤 것인지를 살펴보는 것이 핵심이라고 할 수 있다.

일반적으로 부전승이라는 말은 운이 좋다는 의미로 자주 쓰인다. 우리

---

26. https://hanja.dict.naver.com/hanja

는 종종 스포츠를 직접 하거나 관전할 때 경기를 하지 않고 다음 라운드로 올라가면 부전승(不戰勝)이라고 하면서 대진운이 좋다고 말한다. 부전승을 한 팀은 경기력 손실이 없어 다음 라운드 경기에서 상대방보다 좋은 경기력을 보일 수 있고 승리의 가능성도 높아진다.

그러나 부전승이라는 말이 단순히 운이 좋다는 것을 강조하는 것이 아니다.

손자는 싸우지 않고 손실없이 이기는 것이 최고의 병법이라고 역설한다.

이를 위해 손자는 싸우지 않고 이기기 위한 방안을 모색하는 것으로 첫째, 상대방과 나의 역량 비교 둘째, 각자의 역량에 근거한 전략 수립 셋째, 전략에 근거한 대응방안 마련의 중요성을 강조한다. 이는 단순히 평화를 유지하기 위한 현상유지(現狀維持, maintain the status quo)방안이나 힘이 없어서 싸움을 회피하기 위한 방안이 아니다.

손자는 분쟁과 갈등이 있으면 힘으로 해결해야 하지만 물리적 충돌 이전에 문제를 해결하는 것이 피해를 최소화할 수 있다는 것이다.

이런 의미에서 보면 손자는 싸움을 전제로 힘을 기르고 그 힘을 압도적으로 강화하여 상대방이 물리적 충돌 전에 스스로 싸움을 포기하게 만들어 이기는 것이 최상이라는 것이다.

이것이 바로 우리가 단순히 운이 좋다는 의미로 잘못 사용하고 있는 부전승(不戰勝)의 본질인 '싸우지 않고 적을 굴복시키는 것(부전이 굴인지병, 不戰而 屈人之兵)'이다.

노사관계의 시작은 사전 갈등관리로부터

독일 사회학자인 다렌도르프(Ralf Gustav Dahrendorf)는 투쟁의 일반이론을 설명하면서 '사회 발전과정의 기초에 투쟁이 있다고 보고, 산업 사회에서 투쟁의 특색을 투쟁의 제도화로 파악하였으며, 이를 건설적인 사회조직의 새로운 패턴을 형성하는 에너지원' 이라 하였다.[27]

다렌도르프는 이러한 갈등의 순기능적 측면을 설명하면서 모든 사회의 상 하위 관계에서 갈등이 존재하지만 노사가 상호 의존할 경우 또는 노사가 공동으로 목표를 공유하는 경우에는 예외적으로 갈등이 존재하지 않는다고 주장하였다.

그러나 이러한 조건이 성립되지 않을 경우 노사간의 갈등은 필연적이라고 본다. 따라서 적절한 갈등관리는 노사관계에서 중요한 요소라는 것이다.

일반적으로 노사관계에 대한 당사자들의 입장은 다양하게 나타난다.

우선 효율성(efficiency)을 중시하는 입장이다. 이러한 입장은 기본적으로 기업의 입장을 반영한다.

둘째는 공정성(equity)을 중시하는 입장이다. 이는 노동조합의 입장을 대변한다.

이 두 가지 입장은 노와 사의 입장을 반영하는 극단으로 이념화 되어 충돌이 발생하기도 한다. 이처럼 효율성 또는 공정성이라는 어느 일방의 의견만을 존중하고 반영하는 입장을 일원주의(unitarism)와 혁명주의(revolutionism)라고 한다.

셋째는 이 두 가지 입장을 조화시켜서 갈등을 해결하자는 입장인 다원주의(pluralism)이다[28].

이 세 가지는 한국의 노사관계에 그대로 반영되어 나타나고 있다. 이를 〈표3〉으로 나타내면 다음과 같다.

---

27. https://terms.naver.com/entry.nhn?docId=1079002&cid=40942&categoryId=40107
28. 김동원, 이규용, 권순식, 전게서

〈표 3〉 노사관계에 대한 입장

구분	일원주의(unitarism)	혁명주의(revolutionism)	다원주의(pluralism)
성향	우파	좌파	중도 합리
노사갈등에 대한 입장	갈등 없음, 갈등 발생하면 경영자 책임	갈등은 필연적, 항상 존재	갈등은 항상 존재, 주기적으로 해결 가능
갈등해결방안	성실한 경영	투쟁, 혁명	갈등축적 → 교섭/파업 → 타결 → 갈등해소
우리 조직은			

노사관계는 노사간의 갈등을 방지하거나 해소하는 과정이라고 볼 수 있다. 따라서 기업의 노사관계는 갈등의 유무 여부, 갈등을 해결하는 방식에 따라 그 유형을 나눌 수 있다.

첫째, 비노동조합 노사관계는 노사간의 갈등은 없다고 본다.

만약 갈등이 발생할 경우 그 책임은 경영자의 문제라는 것이다. 경영자가 노사간 갈등 발생 요인을 사전에 파악하여 고충과 불만을 해소하면 갈등은 발생하지 않는다는 입장이다.

둘째, 협력적 노사관계는 노사간에 갈등이 일정 부분 존재하지만 노사간 대화와 협력을 통한 노력으로 해결할 수 있다고 보는 입장이다.

셋째, 적대적 또는 갈등적 노사관계는 노사간의 갈등은 대화로 해결될 수 없고 갈등을 유발하는 근본 요인을 투쟁을 통해 해결해야 한다는 입장이다.

이러한 노사관계의 유형은 기업이 갖고 있는 노사관계 철학이나 노동조합이 갖고 있는 노동운동의 이론과 강령에 근거한 근원적인 관점에서 비롯된다고 볼 수 있다. 〈1편 시계(始計) 오사(五事) 중 도(道)가 바로 이러한 기업의 노사관계 철학과 노동조합의 이론과 강령을 나타내는 것이라고 할 수 있다〉.

기업의 노사관계에서 노사가 갈등없이 상생하는 것이 가장 좋은 방법이라고 할 수 있다.

기업에서 노사간 충분한 소통을 통해 경영상황과 노사 공동의 이해를 공유하고 갈등없이 문제를 해결하면 기업의 경쟁력 강화만이 아니라 노동조합의 발전에도 도움이 된다. 이를 위해서는 노사가 갈등 발생 요인을 사전에 파악하고 해결하는 것이 필수적인 사안이라고 할 수 있다.

일반적으로 노사 갈등 발생은 첫째, 노사간 정보비대칭으로 인한 오해와 불신에서 발생한다. 따라서 먼저 기업에서는 경영설명회 등을 통해 기업의 경영 상황을 정기적으로 노동조합 및 직원들과 공유하는 것이 필요하다. 이는 기업의 다음 해 사업목표 설정때부터 직원들이 각자의 역할과 수준에 맞게 참여하여 나의 목표와 팀의 목표, 기업의 목표를 명확히 인식하고 공유하는 것이다.

둘째, 갈등은 일상적으로 제기되는 문제를 방치할 때 발생한다. 일상적으로 직원들의 고충과 불만을 사전에 파악하여 이를 해결하는 방안을 제도화하는 것이 필요하다(예, 고충처리제도). 이러한 제도 시행은 물론 비용이 들어가고 직원들의 의사를 수렴하는데 일정한 시간이 소요된다.

그러나 이러한 과정을 제도화하고 노동조합의 참여를 보장하면 노사간 허심탄회한 소통을 통하여 신뢰가 형성되어 하나의 목표를 향해 전력을 집중할 수 있게 된다. 이는 사전적 갈등 해소 또는 예방 방안이다.

반면 노사간 갈등이 사전적으로 해소되지 않을 경우 어떻게 해야 할까?

갈등 발생 후 해결 방안은 노동조합 또는 직원들과 허심탄회한 대화를 통하여 문제 발생 원인을 공유하고 해결 방안을 모색하는 노력을 지속하는 것이 필요하다.

결국 노사관계에서 싸우지 않고 이기는 것은 어느 일방이 이기고 지는 것이 아니라 노사가 상생하는 방안을 찾는 것이라고 할 수 있다. 이것이 싸우지 않고 이기는 모공지법(謀攻之法)인 것이다.

지혜롭게 이기는 4가지 방법

지혜롭게 이기는 4가지 방법 중 벌모(伐謀)와 벌교(伐交)는 직접 싸우지 않고 이기는 방법이다. 벌병(伐兵)과 공성(攻城)은 직접 충돌하여 상호 피해를 감수하면서 싸워서 이기는 방법이다. 앞의 2가지는 상책(上策)이고 뒤의 2가지는 하책(下策)이라고 할 수 있다.

지혜롭게 이기는 방법 중 첫째는 상대방의 의도를 분석하고 그 계책을 사전에 봉쇄하여 충돌이 발생하지 않도록 하는 방법인 벌모(伐謀)이다. 손자는 이를 가장 지혜로운 방법이라고 한다.

이 방안을 사용하기 위해서는 기본적으로 나의 역량(주체적 조건)이 강해야 한다. 이를 위해서는 정확한 정보 취득(13편 용간)과 이에 근거한 조직적이고 전략적인 의사결정이 전제되어야 한다. 이를 바탕으로 물리적 힘을 키우고 이에 근거하여 상대의 책략을 파악 분석하고 대응 방안을 만들어 싸움하기 전에 상대방이 스스로 포기하거나 상대방의 의도를 무력화시키는 것이다. 이 방법이 성공하면 바로 싸우지 않고 이기는 것이다.

둘째는 상대방의 네트워크(network) 즉, 상대방의 동맹관계를 차단해버리거나 고립시켜 외부 지원을 받지 못하게 하는 벌교(伐交)이다.

이 방법은 상대방의 지원 또는 지지 세력이 최소한 중립 역할을 하거나 나의 편으로 돌아설 수 있도록 하는 외교방법이다. 이 방법을 사용할 수 있는 전제 조건은 나의 준비된 역량에 근거한 강력한 외교력이다. 이 방안도 나의 역량이 강해야 가능하다. 그것은 상대방과 연계된 세력이 중립적 입장을 취하거나 나를 지지하도록 만들기 위해서는 그들에게 명분이나 실리를 줄 수 있는 힘이 있어야 가능하기 때문이다.

셋째는 어쩔 수 없이 우리의 병력을 동원하여 상대방을 제압하여 승리하려고 직접 싸움을 벌이는 벌병(伐兵)이다.

이를 위해서는 싸움의 목표를 병사들과 명확히 공유하고 각 단계에 맞는 전술들을 마련하여 직접 싸움에 나서는 것이다. 이 방안은 상대방과 나의 피해를 전제로 한다. 이 방법은 우리가 현실에서 일반적으로 사용하는 문제 해결 방식 중 하나라고 할 수 있다.

넷째는 상대방이 자신의 근거지를 기반으로 방어할 때 직접 상대방의 근거지를 공격하는 공성(攻城)이다.

이 방법은 어쩔 수 없는 상황일 때 선택하는 물적으로나 인적으로 가장 피해가 큰 최악의 방법이다. 손자는 상대방의 근거지를 공격하기 위해서는 공격 준비에 많은 시간과 물자가 소요되며 목적을 달성하지 못할 경우 심각한 낭패를 볼 수 있다고 설명한다.

지혜로운 노사관계는 어떻게 구축할 수 있는가

노사관계는 비적대적 관계이고 함께 살고 같이 이기는 관계이다. 즉, 노사관계는 노와 사가 상호 처지와 입장을 이해하고 같이 발을 딛고 있는 토대인 기업을 성장시키기 위하여 상호 노력하는 관계라고 할 수 있다.

따라서 노와 사는 서로 역지사지(易地思之) 입장으로 접근하는 것이 필요하다. 이런 접근 방법은 오해와 갈등을 미연에 방지할 수 있고 상호 이익을 도모하는데 유용하다.

손자가 말하는 지혜롭게 이기는 벌모(伐謀)와 벌교(伐交)를 노사관계에 적용할 때 전제되어야 할 것은 노사가 상호 적대적 관계가 아닌 비적대적 관계라는 점을 명확히 인식하는 것이다.

통상 단체교섭에서 노동조합은 교섭 요구안을 기업 측에 제출하기 전에 3-4개월 전부터 요구안을 준비한다.

노동조합은 민주성을 기반으로 집중성을 추구한다. 따라서 노동조합의 경우 위원장, 집행부, 대의원회의, 중앙위원회, 중앙집행위원회 등 각급 집행단위와 회의체의 운영은 민주적 토론을 기반으로 의사결정을 한다. 노동조합은 토론 후 결정사항에 대해서는 전체 조합원이 존중하고 그 집행에 대해 전적으로 집행부에게 권한을 부여하는 집중적 조직 체계에 따라 운영된다.

노동조합의 교섭 요구안 작성 과정은 상당히 민주적이고 전 조합원의 자발적 참여를 통하여 의견을 모으는 체계적인 과정이다. 노동조합은 최고의결기관인 총회(또는 대의원회의)에서 요구안을 민주적 방식인 투표로 확정한다.

이러한 절차를 거쳐 확정된 요구안은 노동조합 위원장이라도 독단적으로 변경할 수는 없다. 물론 노동조합은 내용적으로 최대 요구안과 이번 교섭에서 반드시 얻어내야 할 최소 요구안을 마련하여 협상에 직접 나서는 노동조합 대표에게 일정한 재량권을 준다. 그러나 만약 요구안을 변경하려면 다시 민주적 절차를 거쳐 결정하는 것이 노동조합의 일반적인 의사결정 관행이다.

노사관계에서 손자가 말하는 벌모(伐謀)는 노사가 사전에 충분한 소통을 하는 것이라고 할 수 있다.

기업은 노동조합이 요구안을 확정하기 전에 잘못된 정보나 오해에 근거하여 무리한 요구안이 확정되지 않도록 노력하는 것이 필요하다. 반면 노동조합은 기업의 정확한 경영상황을 파악하려는 노력을 해야 한다.

이를 위해 기업은 노동조합과 경영상황을 공유하고 이번 교섭에서 수용할 수 있는 것과 수용할 수 없는 것을 명확히 설명하여야 한다. 이는 노동조합의 교섭 요구안을 사전에 봉쇄하는 것이 아니라 기업의 사정을 사전에 충분히 설명하고 공유하여 노동조합의 합리적 의사결정에 도움을 주는 것이라고 할 수 있다.

한편, 노사관계에서 벌교(伐交)는 손자가 말하듯이 상대방의 네트워크를 차단하여 고립시키는 것이 아니다.

노동조합은 다양한 이해관계를 갖는 집단으로 구성된다. 퇴직을 앞둔 고령층, 공정과 개인의 행복에 관심이 많은 젊은 세대(특히 MZ세대[29]), 일과 삶의 균형에 가치를 두는 세대, 여성, 생산직, 사무직, 계약직 등 다양하다.

따라서 노사관계에서 벌교(伐交)는 노농조합이 다양한 이해십단의 의사를 대변하는데 기업의 현실과 다르게 판단하지 않도록 객관적인 도움을 주는 과정이라고 이해해야 한다.

이렇게 하면 노동조합과 기업은 상호 오해 없이 상호 발전을 위한 교섭을 진행할 수 있게 된다. 이런 과정을 잘하는 기업과 노동조합은 협력적이고 원만한 노사관계를 유지할 수 있게 된다.

이것이 노사관계에서 손자가 말하는 싸우지 않고 이기는 노사상생의 벌모(伐謀)와 벌교(伐交)라고 할 수 있다.

반면에 노사관계가 안정적이지 않은 기업과 노동조합은 노사간의 갈등이 자주 발생한다. 노사관계에서 손자가 말하는 병력을 동원하여 상대방

---

29. 1980년대초 ~ 2000년대 초에 출생한 밀레니얼(M)세대와 1990년대 중반~ 2000년대초반에 출생한 Z세대를 통칭하는 말이다. 디지털 환경에 익숙한 이들은 집단보다는 개인의 행복, 소유보다는 공유를 중시한다. 또한 단순히 물건을 구매하는 것이 아니라 사회적 가치나 특별한 메세지를 담은 물건을 구매함으로써 자신의 신념을 표출하기도 한다(출처: 시사상식사전). 이들은 기성세대와는 다르게 당장의 보상을 중시하며 상명하복, 연공서열, 집단주의적인 기업 문화에 저항하며 새로운 기업 문화를 창출하려고 있다. 기업이나 노동조합에서는 기존 세대와는 다른 이들에 대한 새로운 방식의 대안을 제시하지 않으면 여러 문제에 봉착할 가능성이 높다.

과 직접 맞붙어 싸우는 벌병(伐兵)과 노동조합 활동 또는 기업 자체를 공격하는 공성(攻城)은 노사 모두에게 피해를 주는 것으로 서로 지양해야 할 방안이다.

싸움에서 이기기 위한 내부 역량 강화 방안

조직의 수장이 하지 말아야 하는 3 가지

손자는 군주가 전쟁의 승리를 위해 장수를 임명하고 권한 위임을 한 후에는 다음 3 가지를 하지 말고 결과를 지켜봐야 한다고 강조한다.

첫째. 장수를 속박(束縛)[30] 하지 말라는 것이다.

군주가 전쟁의 구체적인 상황을 잘 모르는 상태에서 군사들의 공세와 방어를 함부로 지시하지 말라는 것이다. 그 상황을 잘 아는 사람은 지휘관인 장수이다. 그러나 아무리 상황을 잘 아는 장수도 군주의 지휘명령이 내려오면 고민하게 된다. 손자는 이를 군주가 군대를 속박(미군, 縻軍)하는 것 즉, 군의 발목을 잡는 것이라고 지적한다.

둘째, 군사행정에 개입하지 말라는 것이다.

군대의 사정을 잘 알지도 못하면서 군사조직의 운영과 내용에 관여하는 것을 금하라는 것이다. 만약 군주가 군사행정에 관여하게 되면 장수와 군사는 헷갈리게 되어 갈팡질팡하게 된다. 손자는 이를 조직을 흔드는 것(군사혹, 軍士惑)이 된다고 말한다.

셋째, 조직의 지휘계통과 보직에 개입하지 말라는 것이다.

군주가 장수의 의사와 무관하게 군사를 임명하거나 전투 상황에 따른 유연한 임기응변 대응 등에 대해 군주의 생각을 지시하거나 강요하지 말

---

30. 어떤 행위나 권리의 행사를 자유로이 하지 못하도록 강압적으로 얽어 메거나 제한함

라는 것이다. 손자는 이렇게 되면 장수와 군사들이 군주를 믿지 못하고 불신(군사의, 軍士疑)이 깊어지게 된다고 지적한다.

기업의 경우에는 이런 일이 자주 일어난다. 기업에서 최고경영자는 당해 년도의 교섭에 대한 대응 전략을 결정하면(1편 시계 참조) 그 일의 진행과 마무리를 담당 임원에게 전적으로 맡기는 것이 일반적인 관행이다.

그러나 그렇지 않은 경우가 종종 있다.

예를 들어 이런 일들은 자수성가한 1세대 경영자가 있는 기업에서 많이 발생한다. 그 유형은 최고경영자가 애초에 내린 전략 결정과는 상관없이 교섭과 관련하여 매사에 보고받고 새로운 지시를 내리면서 아예 담당 임원의 역할을 한다. 또한 주변 (지인, 정치권 등 비공식 라인)의 조언을 듣고 이미 결정된 전략적 입장을 바꾸기도 한다.

이런 방식으로 최고경영자가 담당 임원의 역할을 대행하거나 내부 의사결정 구조를 무시하고 혼자서 결정하면 교섭 목표를 달성할 수도 없고 노사관계도 불안정해지며 그 조직은 미래가 없게 된다.

노사관계에서 최고경영자는 구체적인 사안에 대해 알 필요도 없고 잘 알지도 못한다. 예를 들어 노사담당 임원이 노사팀 교섭인원, 고충처리방안 등등에 대해 해결 방법 등을 보고할 때 현실과는 다른 대안을 구체적으로 지시를 하면 담당 임원의 지휘를 받던 조직 구성원들은 헷갈리게 된다. 결국 조직의 경쟁력이 떨어지게 된다.

반면, 기업조직과 달리 노동조합은 의사결정구조가 투명하고 공개적이어서 이러한 일은 일어나지 않는다.

노동조합의 조직 구성은 의결기관과 집행기관으로 명확히 분리되어 있다. 노동조합은 의결기관으로 총회(또는 대의원회의)를 두고 규약, 임원 선출, 재정사항, 쟁의행위, 단체협약 체결 등을 결정한다. 그리고 집행 기관으로 중앙위원회, 운영위원회, 상무집행위원회 등을 두고 의결기관의 결정 사항을 집행한다. 노동조합은 만약 총회(또는 대의원회의)에서 선출된 사람이나 결정된 사항을 노동조합 위원장 또는 노동조합 집행부가 자의적으로 변경하면 불신임을 받게 되는 민주적 조직 운영구조를 갖고 있기 때문이다.

승리를 보장하는 5가지 요소: 지승유오(知勝有五, five essentials for victory)

승리를 보장하는 5가지 요소인 지승유오(知勝有五)는 장수의 4가지 능력과 군주의 1가지 역할로 구분할 수 있다.

그러나 현실에서 이 5가지를 모두 갖추고 있는 경우는 찾아보기 힘들다. 특히, 노사관계 측면에서 기업이나 노동조합이 5가지 요소를 모두 갖춘다는 것은 이상적인 것이다.

따라서 이러한 요소를 갖추지 못했다고 하여 능력이 미흡하거나 부족하다고 실망하지 않는 것이 중요하다. 핵심은 기업과 노동조합이 이러한 요소들을 갖추기 위한 조직적인 노력을 게을리하지 않는 것이다.

승리를 보장하는 첫째 요소는 싸울 때와 싸우지 않을 때를 아는 것이다 (지 가이전 여불가이전자, 知 可以戰 與不可以戰者). 즉, 주객관적인 역량 판단과 정세분석 능력이다.

이는 개인 차원의 판단과 분석 능력을 말하는 것만은 아니다. 싸울 때와 싸우지 않을 때를 판단하는 것은 조직적으로 과학적이고 종합적인 분석을 통해 어떤 대응전략을 수립했는지에 따라 달라지게 된다.

일반적으로 노사관계에서는 우선 정치, 경제, 사회, 법제도적 변화 상황, 경쟁사의 상태, 종업원 상태, 상대방의 준비 역량 등 외부 환경분석을 한다. 또한 기업과 노동조합의 핵심역량(core competence), 조직문화, 조직구조, 생산구조, 노사 대응역량 등 내부 환경분석을 한다.

노사는 이러한 내외부 환경분석 즉, 주객관적인 역량과 조건을 판단하고 향후 상황을 예측한 후 기업과 노동조합의 강점과 약점 등을 반영하여 대응 전략을 수립한다. 노사는 이러한 과학적인 과정을 거쳐 수립된 전략에 따라 싸울 때와 그렇지 않을 때를 판단하는 것이다.

이러한 역량 분석과 예측 능력 배양은 조직내에서 집단적으로 부단히 노력하여야 가능하며 이를 가능하게 하는 것이 리더의 역할이라고 할 수 있다(여기서 구체적인 능력 배양방법은 별도로 언급하지 않을 것이다. 각 기업과 노동조합의 상황과 조건에 맞게 능력 배양 방안을 찾아보는 것이 중요하다).

여기서 지적하고 싶은 것은 상황분석 기법 중 하나인 SWOT분석[31]은 한편으로 유용한 분석이기는 하지만 매우 주관적인 분석이니 제한적으로 사용하기를 바란다. SWOT분석은 장점도 존재하지만 다양한 요소에 대한 주관적인 판단[32]으로 구체적인 전략을 수립할 수 없는 한계가 존재한다. 따라서 노사관계에서 전략 수립 시 이는 보조적으로 참조하면 도움이 될 것이다.

한편 노동조합은 코로나19 팬데믹(pandemic)이후 변화된 환경에 맞게 노동운동의 방향성에 대해 깊은 고민을 하고 있다. 노동조합은 코로나

---

31. 강점(Strength), 약점(Weakness), 기회(Opportunity), 위협(Threat)의 머리글자를 따서 만든 것으로 외부의 기회와 내부의 강점 사이의 전략적 적합성을 찾아내면서 외부적인 위협에 대처하고 내부적인 약점을 보완하는 방안을 찾는 분석 기법
32. 경영자의 강점, 약점에 대한 판단에 따라 기회와 위협요소가 달라지는 경우가 존재한다. 또한 어느 요소는 동시에 기회와 위협요소가 될 수도 있다.

19 팬데믹 이후 일부 기업 및 업종에서 나타나고 있는 경영상 어려움으로 인한 무급휴직 증가, 임금감소, 구조조정 등에 대해 심각한 위기감을 느끼고 있는 상황이다.

노동조합은 활동 목표와 역할을 코로나19 팬데믹 이전에는 '고용된 노동자의 처우개선과 고용불안에 처한 노동자의 고용안정'을 위해 역할과 목표를 추구해왔다.

그러나 코로나19 팬데믹 이후에는 새로운 노동환경에 따른 근로조건을 강화하는 것으로 역할과 목표를 전환하고 있다. 또한 향후 노동조합 조직화 방향성의 변화를 예고하고 있다. 한국노총 위원장은 "포스트 코로나19 시대에는 노동조합이 90%의 미조직 노동자를 중심으로 대전환해야 한다"고 조직화 방향성을 명확히 하였다.[33] 이는 주객관적 조건 변화에 따른 지혜로운 대응방안 설정이라고 할 수 있다.

또 하나 주목해야 할 것은 노동 시장내에 MZ세대라는 새로운 세대의 유입에 따른 기업 문화와 노동조합 활동의 변화 가능성이다.

MZ세대는 기업에서 조직내 위치에 비해 상당히 큰 영향력을 행사하고 있는 점이 특징이다. 이들은 기성세대가 이끄는 상명하복, 연공서열, 집단주의 중심의 가부장적 기업문화에 거부감을 나타낸다. 또한 이들은 탈권위, 수평적이고 민주적인 관계, 공정과 공유, 개인의 행복을 우선시하면서 새로운 기업문화를 만드는데 중추적인 역할을 하고 있다.

현재 이들은 자주성, 민주성, 집단성의 가치를 기반으로 선배들이 이끌어온 기존의 노동조합 활동에 대해서도 다른 의견을 표출하기 시작했다. 특히 개인의 가치추구보다 집단적 가치를 중시해온 기존 노동조합 활동에 대해 부정적이다. 일부 대기업의 성과급 논란과 IT기업 중심의 노동조합 활동이 대표적인 사례이다.

---

33. 노동법률,2020,09.03

이제는 기존 방식의 틀과 문화로 MZ세대들을 이끌어 갈 수 없는 것이 현실이다. 이들에 대한 대응도 종전과는 다른 방향으로 접근해야 한다.

기업과 노동조합 모두 이들의 목소리에 귀를 기울이고 같은 목표를 추구하지만 다양한 소리를 담아 낼 수 있는 기업과 노사문화를 만들어 가야 할 것이다.

승리를 보장하는 두번째 요소는 우세할 때와 열세할 때의 인력 운용 방법을 아는 것이다. (식중과지용자, 識衆寡之用者), 즉 사람의 능력과 준비 정도에 따른 상황별 맞춤형 인력운용능력이다.

당연한 말이지만 주객관적 역량분석을 통해 내가 역량이 우위에 있다고 판단될 때와 열세에 있다고 판단될 때 대응 전략은 다르게 수립해야 한다. 전략 수립은 실행을 전제로 하며 전략의 실행은 사람이 하는 것이기 때문이다.

노사관계에서 기업은 대응 역량이 우세할 경우에는 포용전략과 강압전략을 사용한다. 반면에 대응역량이 열세인 경우는 회피전략과 현상유지 전략을 사용한다.

노동조합의 경우에는 역량이 우세할 경우에는 투쟁위주의 반대전략이나 협상의 주도권을 가지고 적극적 참여전략을 사용한다. 반면에 노동조합의 역량이 열세하다고 판단되면 소극적 참여전략이나 불개입전략을 사용한다.

한편, 노사 모두 상황에 따라 역량이 열세하다고 판단되면 핵심 역량을 우선 보호하고 양보하는 조직적 퇴각전략(7편 군쟁 참조)을 사용하기도 한다. 따라서 노사관계에서 리더는 자신의 역량과 상대방의 역량에 대한 판단에 따라 다양한 맞춤형 인력 운용전략을 사용하는 것이 중요하다. (각 전략 수립과 실행에 대한 자세한 내용은 생략한다)

승리를 보장하는 세번째 요소는 모든 조직 구성원을 한마음 한 뜻이 된 일심동체로 만드는 것이다. (상하동욕자, 上下同欲者) 즉, 원활한 상하소통(communication) 여부를 말하는 것이다.

기업의 경우 이는 직원과 철학, 원리, 전략 등 목표를 공유하고, 조직의 일이 나의 일이라고 생각하고 행동하게 만드는 허심탄회한 소통 과정과 능력이다.

노동조합의 경우 조합원과 이론과 강령, 전략 및 당면과제 등을 공유하고 일상활동과 소모임 활동을 통한 조직력과 활동 참여도를 높이는 내부 소통과 의견 수렴 과정이라고 할 수 있다.

한편, 원만한 노사관계를 유지하는 기업과 노동조합은 기업의 발전이 노동조합의 목표 달성과 부합된다는 점을 공유하고 있는 공통점이 있다. 또한 노사는 문제가 발생하면 이를 즉각 해결하거나 충분한 의견수렴으로 문제 발생 여지를 사전에 없애는 체계를 만드는 등 노사가 함께 노력하는 특징을 보여준다.

이를 잘하는 기업과 노동조합은 전직원에 대한 일상적인 교육 훈련에 집중한다. 교육을 통해 조직의 발전과 나의 발전에 대한 공동 분모를 찾아내고 이를 강화하고 발전시키는 노력을 집중하고 있다.

노사 모두 주의할 점은 노사의 소통은 이벤트나 형식이 아니라는 것이다. 노사 소통을 위해 지난 시기 기업과 노동조합은 타운 홀 미팅, 생맥주 미팅, 포장마차 미팅 등 다양한 기능적 방안 들을 활용하고 시행했지만 효과는 미미했다고 볼 수 있다. 이는 본질이 아니라 형식에 치중했기 때문이다.

기업내 노사 소통, 노동조합 내 의견 소통에서 중요한 것은 신뢰 형성과 공동 이익에 대한 구체성이 있어야 한다는 것이다. 그러나 이러한 구체성을 확인하고 찾는 것은 현실적으로 매우 어려운 문제이다. 그럼에도 기업과 노동조합의 리더는 각자의 조건에서 최적의 방안이 무엇인지 찾아보는 것이 중요할 것이다.

승리를 보장하는 네번째 요소는 목표에 맞는 준비를 철저히 하고 대비하는 것이다. (우대불우자, 虞待不虞者) 즉, 세밀한 상황 판단과 상황에 맞는 철저한 사전 준비 능력이다.

통상 노사 교섭에서 노동조합은 최대 목표를 제시하고 점차 최소 목표까지 양보하고 기업은 그 반대로 교섭에 임한다. 따라서 이러한 교섭 방식은 상대방의 눈치를 보고 기싸움을 하면서 시간과 비용이 많이 든다.

노사교섭은 준비기, 교섭기, 투쟁기, 마무리기로 구분할 수 있다. 따라서 각 기간에 맞는 내용과 사람을 준비해야한다.

준비기에는 위에서 살펴본 대로 역량분석과 이에 근거한 전략 수립, 교섭에서 얻어야 할 최대 목표, 최소 목표 등을 설정하고 이를 결정할 전략단위와 실행할 전술단위를 구성한다.

교섭기에는 어떤 교섭방식을 택할지를 결정해야 한다.

기업과 노동조합이 교섭을 통하여 단체협약을 체결하는 과정은 물리적으로 일정한 시간이 필요하다. 그러나 물리적으로 일정한 시간이 필요하더라도 나의 프레임(최대 목표- 최소 목표)을 먼저 설정하고 상대방이 이 프레임 안에서 결정할 수 있도록 하는 것도 좋은 협상 방식 중 하나이다.

예를 들어 협상 시 자신이 원하는 가격을 먼저 협상 상대에게 제시하는 선제 제안(first offer) 전술은 매우 유용한 협상 방안 중 하나이다.

이 전술은 항상 이익을 보장하는 것은 아니지만(최대 목표) 최소한 손해는 보지 않기(최소 목표) 때문이다. 이것은 배가 닻(anchor)을 내리면 닻과 배를 연결한 밧줄의 범위 내에서만 움직일 수 있듯이 처음에 인상적이

었던 숫자나 사물이 기준점이 되어 그 후의 판단에 기준을 제시하는 영향을 미치는 현상을 설명하는 '기준점 효과(anchoring effect)' [34]를 활용한 협상 기술과 유사한 것이다.

임금협상 시 기업이 지불할 수 있는 범위를 먼저 제시하면 노동조합은 그 범위 내에서 수용하기 위한 대응 전술을 수립하고 협상에 임하게 되기 때문이다.

투쟁기에는 노동조합은 전면파업, 부분파업, 태업 등 다양한 방식의 투쟁을 실행한다. 따라서 기업은 이에 대한 단계별 대응방안, 노동조합 설득 방안, 생산 유지 방안, 고객 설득 방안 등을 준비해야 한다.

마무리기에는 노사가 상호 이해를 기반으로 보다 나은 기업의 경쟁력 유지와 노동조합 발전을 위한 방안을 준비해야 한다. 이러한 준비가 없으면 노사 교섭 이후 일정 기간 생산활동에 지장을 받게 되어 고객의 신뢰를 잃게 되는 경우도 존재한다.

승리를 보장하는 다섯 번째 요소는 장수가 유능하고 군주는 간섭하지 않는 것이다. (장능이군불어자, 將能而君不御者). 즉, 유능한 리더에게 믿고 맡기는 권한 위임(empowerment)이 필요한 것이다.

손자가 살던 시대는 군주에게 일정 지역을 할양 받은 제후(장수)가 전쟁 등을 수행했다. 군주는 형식적 대장이다. 각 지역 상황을 제대로 모르는 군주가 전쟁을 수행하는 장수에게 이래라 저래라 명령을 내리는 것은 전쟁을 망치는 일이 된다. 따라서 손자는 군주가 전쟁에서 승리하기 위해서는 전쟁의 전략과 그 실정을 잘 아는 장수들을 간섭하면 안 된다는 것을 강조한다.

---

34. https://terms.naver.com/entry.nhn?docId=3397249&cid=58345&categoryId=58345

이는 노사관계에서도 매우 중요한 교훈이 된다. 기업은 매뉴얼에 따라 최고경영자의 업무영역과 관련 임원의 업무영역이 구별된다. 최고경영자는 노사담당 임원에게 관련 업무에 대한 권한 위임(empowerment)을 한 후에는 노동조합과 교섭 등에서 발생하는 주요 사안과 관련하여 미주알고주알 하면서 개입하지 않아야 한다. 그러나 불행히도 이러한 개입이 기업의 규모와 관계없이 일상적으로 일어나는 것이 현실이다.

따라서 손자가 최고경영자에게 주는 교훈은 의사결정 후에 권한 위임을 한 리더에게 믿고 맡기라는 것이다. 담당 리더만큼 그 일에 대해 잘 분석하고 고민하는 사람은 없기 때문이다. 즉, 최고경영자는 리더가 조직의 참모이고 조직의 기둥이므로 이들의 보좌를 잘 받을 수 있는 조건을 마련하는데 집중하면 된다는 것이다.

나의 철저한 역량 준비에 기반하여 상대방을 분석하는 것이 출발점이다

손자가 말하는 전략 수립을 위한 역량 분석 방법

아래 사항을 보면서 노사관계 측면에서 나와 우리 조직의 경우 역량 준비가 어떠한 지 여부를 판단하고 점검해보자.

노사 모두 만약 부족한 것이 존재한다면 조직적 토론을 통해 보완하는 것이 필요할 것이다. 다만, 조직의 역량을 키우기 위해서는 물리적 시간이 필요하다는 점을 고려하여 서두르지 말고 한 걸음 한 걸음 나아가야 할 것이다.

손자가 말하는 전략 수립을 위한 역량 분석 첫째는 나와 상대방의 역량을 비교 분석하는 것이다.

우선 나의 역량과 준비 정도를 파악하고 상대방의 그것과 비교 분석하여(〈표 4〉) 싸움의 여부를 판단하는 것이 필요하다. 이를 위해서 7가지 (1편 시계 중 칠계)기본 역량을 점검하고 상대방과 비교하여 나와 상대방의 강점과 약점이 무엇인지를 파악해야 한다.

상대방의 역량은 (13편 용간 참조) 사람에 의한 정보수집(information gathering)과 수집된 정보 분석, 전략 단위의 판단을 통하여 최종 파악할 수 있다. 이러한 역량 분석이 선행되어야 이를 근거로 대응 전략을 수립할 수 있게 되는 것이다. 이러한 분석은 기업과 노동조합에서 노사관계 대응 전략 수립을 위한 필수적인 과정인 것이다.

〈표 4〉 7가지 역량 비교분석 기준

비교분석 항목	있다(유)	없다(무)
조직운영 철학과 원리 존재 유무(주숙유도, 主孰有道)		
리더 능력 여부(장숙유능, 將孰有能,)		
외부환경요인 유불리 여부 (천지숙득, 天地孰得)		
원활한 조직운영 여부(법령숙행, 法令孰行)		
조직력 수준 여부(병중숙강, 兵衆孰強)		
교육훈련 여부(사졸숙련, 士卒孰練)		
보상과 책임 명확성 여부(상벌숙명, 賞罰孰明)		

둘째는 주체적 조건인 나의 역량분석을 보다 정확히 해야 한다는 것이다. 따라서 이러한 7가지 역량 판단이 되면 〈표 5〉과 같이 승리를 보장하는 5가지 요소를 확인하는 것이 필요하다.

이 단계는 우리 역량 중 핵심인 리더의 판단력, 자질, 조직운영 능력, 예측력, 최고책임자의 권한 위임 보장 여부 등을 확인하는 것이다.

이는 상대방에 대한 분석이 아니라 나의 역량 분석(지기, 知己)에 초점이 있는 것이다. 그래야 나의 역량에 맞는 전략을 수립할 수 있고 피해를 최소화하고 이길 가능성을 높일 수 있는 것이다.

덧붙여 이를 리더의 역량 점검으로만 한정하지 말고 조직 단위의 능력을 점검하는 요소로 활용하면 도움이 될 것이다.

〈표5〉 리더가 승리할 수 있는 다섯 가지 요소

승리를 보장하는 다섯 가지 요소	준비여부	비고
정세분석과 역량 판단 능력		
상황별 맞춤형 인력운용 능력		
허심탄회한 소통(communication) 능력		
철저한 사전 준비 능력		
믿고 맡기는 권한 위임(empowerment) 여부		

손실없이 이기고 흠결없이 목표를 획득하는 것이 최고의 전략이다 97

셋째는 나와 상대방의 총역량을 비교하여 승리를 보장할 수 있는 전략 수립 능력을 키우는 것이 중요하다(〈표6〉).

손자는 상대방을 알고 나를 아는 (지피 지기, 知彼 知己) 경우, 상대방을 모르고 나만 아는(부지피 지기, 不知彼 知己) 경우, 상대방도 모르고 나도 모르는(부지피 부지기, 不知彼 不知己) 경우만을 들고 있다.

손자병법의 원문에는 없지만 필자가 상대방을 알고 나를 모르는(지피 부지기, 知彼 不知己) 경우를 보완하여 〈표6〉을 만든 것이다.

〈표6〉 역량 비교에 따른 승리 예측

	지기(知己)	부지기(不知己)
지피(知彼)	위태롭지 않음(不殆)	항상 패배(每戰必敗)
부지피(不知彼)	승패를 알 수 없음(一勝一負)	항상 위험(每戰必殆)

이러한 〈표6〉의 4 가지 경우를 구체적 살펴보자.

첫째, 상대방을 알고 나를 아는(지피 지기, 知彼 知己) 경우는 위태롭지 않은 상태이다. 어떤 상황도 대비할 수 있으니 승패와 관계없이 다만 위태롭지 않을 뿐이다. 이 경우에는 나와 상대방의 강점과 약점을 잘 분석하여 이에 따른 맞춤형 대응 전략을 수립하고 이기는 방안을 모색하면 된다.

둘째, 상대방을 모르고 나만 아는(부지피 지기, 不知彼 知己) 경우는 승패를 알 수 없다. 잘해야 50%의 승리 가능성이 존재한다. 이런 조건에서는 방어전략이나 현상유지 전략을 수립하여 대응하게 되는 경우가 일반적이다.

이 경우는 상대방이 실수하거나 나의 역량을 집중하여 공격하면 이길 가능성이 존재한다. 그러나 상처뿐인 영광일 가능성이 높아지게 된다. 즉 어떤 경우에도 나의 손실은 불가피하고 온전히 상대방을 얻을 수 없게 된다.

셋째, 상대방을 알고 나를 모르는(지피 부지기, 知彼 不知己)경우는 100%의 패배 또는 손실을 볼 가능성 크다. 나의 강점과 약점을 모르는 상태이기 때문이다.

이런 상황에서는 나의 역량에 근거한 대응 전략을 수립할 수 없게 된다. 설령 전략을 수립하더라도 이는 현실에 맞지 않고 근거도 없는 사상누각과 같다.

따라서 상황이 발생하면 대응이 무기력하게 되거나 전략없이 그때 그때 즉흥적으로 대응하게 된다. 또한 상대방을 과대평가하여 이길수 있는 기회를 놓치거나 상대방을 과소평가하여 무모한 접근으로 피해를 입게 된다.

넷째, 상대방도 모르고 나도 모르는(부지피 부지기, 不知彼 不知己) 경우는 항상 위험한 상황이다. 내가 무엇을 해야 하는지 알 수 없고 무슨 상황이 일어날 수 있는지 예측을 할 수 없다. 따라서 자리만 지키거나 준비없이 항상 불안한 상태로 지내게 된다.

〈원문 읽기〉

孫子曰(손자왈) : 凡(범) 用兵之法(용병지법), 全國爲上(전국위상), 破國次之(파국차지) ; 全旅[35]爲上(전려위상), 破旅次之(파려차지) ; 全卒爲上(전졸위상), 破卒次之(파졸차지) ; 全伍爲上(전오위상), 破伍次之(파오차지)。是故(시고) 百戰百勝(백전백승), 非善之善者也(비선지선자야) ; 不戰而屈人之兵(부전이굴인지병), 善之善者也(선지선자야)。

손자가 다음과 같이 말하였다.

전쟁하는 방법 중에서 적국을 온전한 채로 굴복시켜 얻는 것이 최상이며, 적국을 공격하여 파괴하고 굴복시켜 얻는 것은 그 다음이다. 적의 군단(12,500명 규모), 여단(500명 규모), 졸(100명 규모), 오(5명 규모)를 온전한 채로 굴복시켜 얻는 것이 최상이며, 공격하여 파괴하고 굴복시켜 얻는 것은 그 다음이다. 그러므로 백 번 싸워 백 번 이기는 것이 최상의 방법이라고 할 수 없다. 싸우지 않고 굴복시키는 것이 최상의 방법이다.

故(고) 上兵伐謀(상병벌모), 其次伐交(기차벌교), 其次伐兵(기차벌병), 其下攻城(기하공성)。攻城之法(공성지법), 爲不得已(위부득이) ; 修櫓轒轀(수로분온), 具器械(구기계), 三月而後成(삼월이후성) ; 距闉(거인), 又(우) 三月而後已(삼월이후이) ; 將不勝其忿(장불승기분), 而蟻附之(이의부지), 殺士卒三分之一(살사졸삼분지일), 而城不拔者(이성불발자), 此(차) 攻之災也(공지재야)。

그러므로 최상의 전법은 적의 의도나 계략을 무산시켜 굴복시키는 것이고, 그 다음이 외교관계를 이용하여 적을 고립시켜 굴복시키는 것이고, 그 다음은 군대를 공격하여 무력으로 굴복시키는 것이고, 최하는 적의 성을 공격하는 것이다. 성을 공격하는 전법은 어쩔 수 없을 때에만 해야 한다. 성을 공격하기 위해 방패와 엄호용 수레를 수리하고 공성용 기구를 준비하려면 3개월이 걸린다.

---

35. 군(軍): 1만 2천5백 명 규모 2. 사(師): 2천5백 명 규모 3. 려(旅):5백 명 규모 4. 졸(卒): 1백 명 규모 5. 량(兩):25명 규모 6. 오(伍): 5명 규모(출처: 임건순의 손자병법)

성을 넘는 흙산을 쌓는 데에 또 3개월은 걸려야 된다. 장수가 마음이 조급하여 병사들을 개미처럼 성벽을 기어오르게 해서 병사를 3분의 1이나 죽게 하고서도 성을 함락하지 못하게 되면 이것이 바로 공성의 재앙이다.

故(고) 善用兵者(선용병자), 屈人之兵(굴인지병), 而非戰也(이비전야), 拔人之城(발인지성), 而非攻也(이비공야), 毀人之國(훼인지국), 而非久也(이비구야)。必以全爭於天下(필이전쟁어천하), 故(고) 兵不頓(병부둔), 利可全(리가전), 此(차) 謀攻之法也(모공지법야)。

그래서 전쟁을 잘하는 사람은 적을 굴복시키지만 전투를 하지 않고, 적의 성을 함락하지만 공격을 하지 않는다. 적국을 허물어뜨리지만 장기전은 하지 않는다. 반드시 자신의 군사력을 온전케 한 채로 천하를 다투므로 병사의 손실이 없고, 그 이익을 온전히 할 수 있는 것이다. 이것이 모공지법이다

故(고) 用兵之法(용병지법), 十則圍之(십즉위지), 五則攻之(오즉공지), 倍則分之(배즉분지), 敵則能戰之(적즉능전지), 少則能守之(소즉능수지), 不若則能避之(불약즉능피지)。故(고) 小敵之堅(소적지견), 大敵之擒也(대적지금야)。

전쟁을 할 때는 병사가 적의 10배가 되면 적을 포위하고, 5배가 되면 공격해도 좋고, 적의 2배가 되면 적을 분산시켜 공격한다. 전력이 대등할 때는 적과 능히 싸울 수 있고, 병사가 적으면 전투를 피하고, 세가 불리하면 퇴각할 수 있어야 한다. 따라서 적은 병력으로 완강히 버티면서 싸우면 결국은 더 강한 전력을 갖고 있는 적의 포로가 될 것이다.

夫(부) 將者(장자), 國之輔也(국지보야), 輔周則國必強(보주즉국필강), 輔隙則國必弱(보극즉국필약)。故(고) 軍之所以患於君者(군지소이환어군자) 三(삼) : 不知三軍之不可以進(부지삼군지불가이진), 而謂之進(이위지진) ; 不知三軍之不可以退(부지삼군지불가이퇴),而謂之退(이위지퇴) ; 是謂(시위) 縻軍(미군)。不知三軍之

事(부지삼군지사), 而同三軍之政(이동삼군지정), 則(즉) 軍士惑矣(군사혹의)。不知三軍之權(부지삼군지권), 而同三軍之任(이동삼군지임), 則(즉) 軍士疑矣(군사의의)。三軍既惑且疑(삼군기혹차의), 則(즉) 諸侯之難至矣(제후지난지의), 是謂(시위) 亂軍引勝(란군인승)。

무릇 장수는 나라의 참모이다. 참모가 보좌를 잘하면 나라가 강대해질 것이고, 보좌를 잘못하면 나라가 반드시 약화된다. 군주가 군에 재앙이 되는 세 가지가 이유가 있다. 첫째, 군이 진격할 수 없는 상황임을 알지도 못하고 진격하라고 명령하며, 군이 후퇴할 수 없음을 모르면서 후퇴하라고 명령하는 것이다. 이를 일컬어 '군의 발목을 잡는다'라고 한다. 둘째, 군의 내부 사정을 모르면서 군사행정에 개입하면 병사들이 혼란스럽게 된다. 셋째, 군의 지휘 체계를 알지 못하고 군령에 개입하면 병사들이 불신하게 된다. 이러한 군 내부의 혼란과 불신 등이 발생하면 다른 나라의 침략 가능성이 높아진다. 이것을 우리 군을 혼란스럽게 하여 적이 승리하게 만드는 것이라고 한다.

故(고) 知勝有五(지승유오) : 知可以戰與(지가이전여) 不可以戰者(불가이전자) 勝(승), 識衆寡之用者勝(식중과지용자승), 上下同欲者勝(상하동욕자승), 以虞待不 虞者勝(이우대불우자승), 將能而君不御者勝(장능이군불어자승) ; 此(차) 五者(오 자), 知勝之道也(지승지도야)。

다섯 가지의 승리를 알 수 있는 요소가 있다. 첫째, 싸울 수 있는 지, 싸워서는 안 되는 지를 아는 사람은 이길 것이다. 둘째, 군사력이 우세일 때와 열세일 때의 싸우는 방법을 아는 사람은 이길 것이다. 셋째, 장수와 병사가 한마음과 한 뜻을 가지면 이길 것이다. 넷째, 철저한 준비를 갖추고 준비되지 않은 적을 기다리면 이길 것이다. 다섯째, 장수가 유능하고 군주가 간섭하지 않으면 이길 것이다. 이 다섯 가지가 승리를 알 수 있는 방법이다.

故曰(고왈) : 知彼知己(지피지기),百戰不殆(백전불태) ; 不知彼而知己(부지피이지기), 一勝一負(일승일부) ; 不知彼(부지피), 不知己(부지기), 每戰必殆(매전필태)。

그러므로 적을 알고 자신을 알면 백 번 싸워도 위태롭지 않다. 적을 알지 못하고 자신만 알면 승패를 알 수 없게 된다. 적도 모르고 자신도 모르면 전쟁을 할 때마다 반드시 위태롭게 된다.

〈4~6편 개요〉

 4편 군형(軍形)은 전략에 맞는 조직의 형태 구성을 설명한다.
 5편 병세(兵勢)는 조직 구성원들이 이길수 있다는 조직 분위기를 만드는 방법을 설명한다.
 6편 허실(虛實)은 상대방의 약한 고리를 파악하고 적기(適期)에 공격하는 방안에 대해 살펴본다.
 이를 형(形), 세(勢), 절(節)이라고 한다. 이 3가지가 개별적인 것이 아니라 유기적 연관성을 가져야 승리할 수 있는 것이다.

 형(形)은 전략에 맞는 조직 구성
        조직이 질서가 있고 강함 vs. 조직이 무질서하고 약함

 세(勢)는 이기는 분위기를 만드는 방법
        조직 구성원이 용감 vs. 조직 구성원이 비겁

 절(節)은 상대방의 약한 고리를 파악하고 공격하는 결정 능력과 타이밍

4.군형(軍形)	5.병세(兵勢)	6.허실(虛實)

전략에 맞는 조직형태	이기는 조직 분위기	약한 고리 파악, 타이밍

제4편

군 형
(軍形, Tactical Dispositions)

역량과 조건에 맞는
조직 체계를 구축하라

軍
形

역량과 조건에 맞는 조직 체계를 구축하라

□ **핵심 사항**

   ○ 어떤 사람으로 어떠한 조직 형태를 구축하느냐 여부가 승리의 출발점이다

   ○ 주도권(initiative)을 잡기 위한 준비를 철저히 해야 한다

   ○ 역량과 상황을 고려하여 다양한 조직 형태를 구성하라

□ **주요 내용**

   ○ 선위불가승(先為不可勝, first put themselves beyond the possibility of defeat), 대적지가승(待敵之可勝, waited for an opportunity of defeating the enemy): 우선 자신의 태세를 갖추어 상대방이 나를 이길 수 없도록 하고 자신이 이길 수 있는 때를 기다려라. 즉, 조직 전략에 맞게 조직 구성원을 교육 훈련(철학-원리-전략-전술-다기능 역할)시키고 이에 맞는 조직 형태를 구축하여 때를 기다려라

   ○ 자보이전승(自保而全勝, on the one hand we have ability to protect ourselves; on the other, a victory that is complete): 역량에 맞는 전략을 수립하고 이에 맞는 조직 형태를 구축하여 운용해야 한다. 그래야 스스로를 지키고 온전한 승리를 얻을 수 있다

   ○ 선승이후구전(先勝而後求戰, in war the victorious strategist only seeks battle after the victory has been won): 사전 준비로 이길 수 있는 조건을 갖춰 놓고 싸워라

　　– 전략적 승리 요인을 철저히 준비하고 이에 근거하여 전략적 목표를 달성할 수 있는 여건과 명분을 확보하는 것이 중요하다.

○ 형(形): 역량과 조건에 맞는 이길 수 있는 조직을 구축하라.

　　– 조직 형태는 한 가지만 존재하는 것이 아니다. 조건에 맞는 유연하고 복합 (hybrid)적인 조직을 구축하라

손자는 이 편에서 군대의 조직 형태와 배치를 어떻게 하는 것이 중요한가를 다룬다. 손자는 '이기기 위한 조직'이 아니라 '지지 않는 조직'을 갖추기 위해 어떠한 조직적 준비를 해야 하는 가를 역설한다. 이는 손자의 '싸우지 않고 이기고 손실없이 승리한다'는 기본 정신을 반영하는 것이다.

간단히 말하면 손자는 경쟁에서 이기기 위해서는 '자신의 주객관적 조건을 고려한 조직 전략 수립 후 이를 실행하기 위한 조직 형태를 어떻게 갖추어야 좋은가'에 대한 답을 설명하는 것이다.

지지 않는 조직 체계를 구성하라

손자는 전쟁에서 '상대방이 나를 이길 수 없도록 하는 것(선위불가승, 先爲不可勝)이 우선이고 이는 나에게 달려있다(불가승재기, 不可勝在己)'고 말한다.

이는 '이기기 위한 준비 태세'보다 '지지 않는 태세 준비'가 더 중요하다는 것을 강조하는 것이다. 이러한 '지지 않는 태세 준비'는 손자의 전쟁에 대한 기본 입장인 '싸우지 않고 이기는 손실 없는 승리'를 위한 조직 형태를 준비하고 구축하는 것이다.

반면 '지지 않는 태세 준비'와는 다르게 '이기기 위한 준비 태세'는 먼저 공격을 하기 위한 것이고 이는 반드시 손실을 수반한다. 결국 손실이 심하면 피로스의 승리(Pyrrhus victory)가 된다.

따라서 손실을 최소화하는 준비는 상대방이 나를 이길 수 없게 하는(능위불가승, 能爲不可勝) 능력 즉, '지지 않는 태세 준비'이다.

이것이 바로 '수립한 전략에 맞는 조직 형태 설계와 그에 맞는 사람 배치'인 것이다. 이는 자신의 주객관적 요건을 고려하여 조직의 전략을 수립한 후 그에 맞는 조직을 설계하고 그 조직에 맞는 사람을 선발 훈련시켜 적재적소에 배치하는 것이라고 할 수 있다.

다르게 표현하면 '지지 않는 태세 준비'는 1,2,3편에서 살펴본 철학과 이념 등 기본 정립(시계), 승리를 위한 효율적이고 신속한 결정(작전), 싸우지 않고 이기는 전략 실행방안(모공)을 기반으로 이를 실행할 조직을 설계하고 그에 맞게 사람을 훈련시켜 배치하는 것이다.

이러한 태세 준비에 따른 조직 형태는 그 조직이 처한 조건과 상황에 따라 다양하게 나타날 수 있다.

전략에 맞는 조직을 설계 구성하고 운영하라

기업과 노동조합의 리더는 제한된 자원과 제한된 정보를 최대한 활용하여 조직을 구성 운영하고 이를 바탕으로 성과를 창출하기 위해 노력한다.

이러한 노력 과정은 첫째, 기업과 노동조합을 둘러싼 주객관적 조건(주어진 내외부환경)을 분석하고 이에 맞는 전략을 수립하는 것이다.

둘째, 수립된 전략을 실행하기 위한 조직을 설계 구성하고 사람을 준비하는 것이다.

셋째, 구성한 조직에 적합하도록 사람을 교육 훈련시켜 조직운영을 최적화하기 위해 노력한다. 여기서 말하는 교육 훈련은 조직의 철학(또는 이론과 강령), 조직운영 원리, 전략, 전술, 개인의 역할과 임무 등에 대한 것으로 구성한 조직을 운영하는 핵심 역량을 키우는 것이다.

넷째, 전체 조직과의 연계성과 적합성을 최적화하면서 조직의 성과를 내는 것이다.

기업은 고유한 그 기업의 생산 및 이윤추구 방식을 반영한 경영 전략을 실행하기 위하여 최적 상태의 조직 체계를 구성하려고 노력해 오고 있다. 그러나 현실에서 경영전략에 맞는 최적 상태의 조직 형태를 구성한다는 것은 말처럼 쉬운 일이 아니다.

기업에서 경영 전략을 반영한 조직 형태는 산업 업종별로 다양하게 나타난다. 같은 제조업이라도 자동차 산업 같은 경우는 일관작업 생산체계를 반영한 조직을 구성하고, 전자, 반도체 산업 같은 경우는 분절적 생산체계를 반영한 조직일 수도 있다. 서비스 산업의 경우는 세분화된 업종에 따라 조직 형태는 매우 다양하다.

기업에서 노사관계 대응을 위한 기본 조직 형태는 전략적 인적자원관리 차원에서 전략단위 조직과 전술단위 조직으로 구별하여 구성하고 상호 연계성을 체계화하는 것이 바람직하다.

기업이 노사관계 기본조직 구성에서 명심해야 할 것은 전략단위 조직이든 전술단위 조직이든 노사관계 관련자들 만이 참여하고 운영하는 것이 아니라는 것이다. 반드시 그 기업의 인사, 생산, 영업, 판매체계를 포함한 전사적 참여로 운영되어야 한다.

전략단위 조직은 최고경영자와 각 기능 부문의 최고책임자가 참여하는 단위이다. 예를 들면 생산, 조직, 인사, 홍보, 산업안전, 영업 부문 등의 책임자가 참여하여야 한다. 다만, 최고경영자가 참여할 수도 있지만 기업 상황에 따라 담당 임원이 권한 위임을 받아 각 부문의 상황을 종합하여 책임 운영하는 것도 대안 중 하나이다.

이 조직의 임무는 전략적 책임을 지는 것이고 역할은 경영 전략을 반영한 노사관계 전략 수립, 결정 또는 상황에 대한 전략적 판단을 하는 것이다. 동시에 전 조직적 의견 수렴과 조율을 한다.

반면, 전술단위 조직 구성은 교섭, 조직, 홍보, 고충처리, 보상, 영업, 산업안전 등 각각의 특화된 부문의 실무 책임자가 참여하는 것이 필요하다. 전술단위 조직의 임무와 역할은 제기되는 문제에 대한 사전 관리 및 과정 관리, 갈등 해결을 수행하는 것이고 동시에 각 전술단위 조직 체계에서 각 단위 조직들이 유기적으로 작동되도록 지원하는 역할을 한다.

노동조합은 자본주의와 산업발전에 따라 그 조직 형태를 발전시켜 왔다.

자본주의 발달 초기에는 동일한 직종의 숙련 노동자를 중심으로 하는 직종별 노동조합(craft union)을 만들었다.

이 조직은 숙련노동자의 기술에 의존하는 산업 발달 초기에 노동력 공급 독점을 활용하여 사용자와 교섭하고 근로조건을 향상시키기 위한 조직 형태이다. 우리나라의 경우 전국교직원노동조합, 한국교원노동조합 등이 있다.

이후 산업 기술 발달로 단순 미숙련 노동자가 증가하게 되고 숙련노동자와 미숙련 노동자의 생산성 차이가 미미하게 되었다. 따라서 직종별 노동조합에 가입하지 못한 미숙련 일반 노동자들은 근로조건, 복리후생 향상을 위하여 일반 노동조합(general union)을 결성하였다.

이 조직 형태는 노동자들이 특정한 직종, 산업, 기업에 속하지 않아도 가입할 수 있어 조직력을 확대하는 데는 유리한 측면이 있다. 반면에 노동자들의 단결력이나 연대의식이 약한 측면이 존재한다. 우리나라의 경우 지역별노동조합 또는 한국노총의 전국연합노동조합연맹 등이 있다.

기술의 발달, 자본의 축적 가속화 등 자본주의 발달에 따라 산업이 분화발전하였다. 이에 동일한 산업에 종사하는 노동자들이 그 산업내 노동자의 단결과 근로조건 향상을 위하여 동일 산업내 직종이나 기업을 초월한 산업별 노동조합(industrial union)을 결성한다. 이는 미국과 유럽 등 대다수 선진 산업국 노동조합의 조직 형태이다.

산업별 노동조합은 교섭력이 강하고 노동조합 전문가 양성 등 다양한 장점이 있지만 동일 산업 내 개별 기업의 특수한 경영 조건을 반영하지 못하는 등 단점이 존재한다. 우리나라의 경우 민주노총 전국금속노동조합, 전국보건의료산업노동조합, 한국노총 전국금융산업노동조합 등이 있다.

한편, 제2차 세계 대전 후 일본 등을 중심으로 개별 기업이나 사업장의 노동자들이 직종과 관계없이 기업이나 사업장의 특수성을 반영한 근로조건 향상과 고용 보장 등을 위하여 기업별 노동조합(enterprise union)을 결성하고 활동하였다. 이는 개별 기업의 특수성을 반영하고 조합원의 참여가 높은 점 등의 장점이 존재한다. 그러나 노동조합의 제한된 자원으로 노동조합 전문가 양성 미흡, 전체 노동자의 단결 미흡 등의 단점도 존재한다. 우리나라 노동조합 총 6,153개 중 5,632개가 기업별 노동조합이다 (2019년 현재).

이렇게 노동조합은 자본주의와 산업 분화 발전에 따른 주객관적 조건과 상황을 고려하여 다양한 조직 형태를 만들어 온 것이다.

노동조합은 이러한 조직 형태 발전과 더불어 기본 활동을 위한 전략적, 전술적 대응 조직을 구성해야 한다.

그것은 집행부와 대의원을 중심으로 하는 전략 단위와 조합원을 중심으로 하는 전술 실행 단위의 다양한 조직 구성이다. 노동조합 활동과 힘의 근원은 조합원임을 인식하고 모든 조합원이 참여하는 조직 형태와 조직운영 전술을 만들어야 한다.

기업과 노동조합이 이러한 조직체계를 구축하는 것이 바로 손자가 말하는 '지지 않을 조직 체계를 갖추는 것(능위불가승, 能爲不可勝)'이라고 할 수 있다.

이러한 조직을 구성하는 사람은 노사관계 측면에서 그 기업과 노동조합의 핵심 역량이어야 한다. 이러한 기업과 노동조합의 고유한 전략적 특성을 반영한 지속 가능한 역량인 핵심역량으로 구성된 조직은 그 기업과 노동조합의 핵심 경쟁력(core capabilities)이 되기 때문이다.

한편, 현대의 조직 형태는 하나의 최상의 방식만 존재하는 것이 아니다. 또한 한 가지 과제를 해결하기 위한 조직 형태가 하나만 있는 것이 아니다. 조직 형태는 그 조직의 전략을 반영하며 조직의 지속과 생존 가능성을 높이는 형태로 나타난다. 따라서 조직 형태는 그 조직을 둘러싼 변화하는 내외부 환경과 조직 전략을 반영하여 다양한 형태로 존재하며 하나 이상의 조직이 복합된 형태(hybrid)로 존재하는 것이 현대 조직 구성의 추세이다.

노사관계에서 '지지 않는 태세 준비'란 어떤 것일까

 노사관계에서 지지 않는 태세 준비는 노사 모두 나의 흠결을 없애고 상대방이 공격을 할 수 없도록 조직을 구축하는 것이다. 이는 기업과 노동조합이 조직 내 갈등 발생의 원인을 사전에 파악하고 해결하는 유기적이고 복합적인 조직 과정이고 경쟁력을 유지하는 방안이다.

 기업의 경우 이를 위해서는 첫째, 조직 구성원들이 기업 경영 철학, 기업 운영 원칙, 경영 전략, 노사관계 전략과 실행방안 등에 대한 이해와 수용이 높아야 한다. 이는 직원 채용 선발과정, 교육 훈련 등을 통해 심화되어야 한다.

 둘째, 조직 구성의 목적이 명확해야 한다. 조직 구성원들에게 내가 속한 조직의 성격, 권한, 주요 임무와 과제 등이 무엇인지 명확히 공유되어야 한다.

 셋째, 조직 구성원의 조직내 역할(role)과 책임(responsibility)이 분명해야 한다. 조직 구성원이 자신의 역할을 충실하기 위한 업무분장을 숙지하고 이에 따른 책임도 인식해야 한다.

 넷째, 관련 조직과의 유기적 협업관계를 구축해야 한다. 예를 들어 인사팀과 생산팀, 영업팀이 유기적 관계를 유지하면서 직원들의 고충을 처리하는 것이 필요하다. 생산팀과 영업팀에서 제기된 문제라고 인사팀이 손을 놓고 결과 보고만 기다리는 것이 아니라 고충 발생 원인, 과정, 해결방안 등을 공동으로 모색하는 것이 필요한 것이다.

 노동조합의 경우는 우선 노동조합 집행부와 조합원의 생각이 같아야 행동도 같아지게 된다.

 노동조합 집행부는 조합원 교육 등 공식적인 일상 활동 등을 강화해서

조합원들과 조합 활동의 전략적 방향성 공유를 위한 노력을 지속하여야 한다. 이러한 전략적 방향성 공유가 미흡하면 사안에 따라 노동조합 집행부와 조합원의 견해가 다를 수 있고 조합원의 참여도가 낮을 수 있기 때문이다.

둘째, 조합원의 일상적인 조합 활동 참여의 제도화 및 소모임의 활성화가 필요하다.

물론 노동조합은 조합원의 의사를 수렴하여 결정하는 민주적 의결제도가 존재하지만 다양한 조합원 참여를 통하여 이를 활성화시키는 과정이 중요하다는 것이다. 일상적으로 노동조합 집행부와 조합원이 다양한 공식, 비공식 소통과 모임을 통하여 노동조합의 주인은 조합원이라는 인식을 갖고 활동하게 해야 한다.

셋째, 조합원들이 노동조합 활동을 하면 자신에게 도움된다는 것을 직접 느끼게 해야 한다. 따라서 노동조합은 조합원들의 다양한 이익을 보장하는 활동을 최우선시 한다는 것을 조합원들에게 인식시키고 그 결과물을 보여주어야 한다.

항상 주도권(initiative)을 장악하고 판단하라

손자는 '역량이 부족하면 방어하고 역량이 여유가 있으면 공격한다' (수즉부족, 守則不足, 공즉유여, 攻則有餘)고 말한다.

맞는 말이다. 그러나 손자의 이 말은 모든 상황에 항상 적용되는 것은 아닌 것 같다. 전쟁이나 일상 생활에서 역량이 부족하다고 방어만 하고 역량이 여유가 있어 공격만 하는 것은 아니다. 때로는 역량이 부족하더라도 역량과 상황을 고려한 전략을 수립하고 이에 따라 공격하면 승리할 수 있다. 또한 이 반대의 경우도 가능하다.

그러면 손자의 이 말은 어떻게 인식하고 이해해야 하는가? 그것은 각자의 역량을 고려하여 '상황에 대한 주도권(initiative) 여부'를 놓고 판단하면 된다.

주도권 확보의 기본 전제는 직원과 조합원들에 대한 교육[36]과 훈련을 일상적이고 지속적으로 실시하여 직원과 조합원들의 미래 희망을 보장하는 것이라고 할 수 있다.[37]

손자는 방어와 공격을 정(靜, static)적으로 보았기 때문에 역량이 부족하면 수비하고 여유가 있으면 공격한다는 당연한 말을 한 것으로 보인다. 그러나 우리는 손자의 이 말을 '주어진 그대로의 상태'인 정(靜, static)적인 것이 아니라 '주도권을 가진' 동(動, dynamic)적인 개념으로 해석하는 것이 필요하다. 정적인 개념의 방어는 상황 변화와 역량 강화에 대한 주도성이 없다는 것을 반영하고 수세적 방어에 치중하게 되기 때문이다.

일에 대한 주도권을 가져야 능동적으로 상황을 변화시키고 역량을 강화할 수 있다. 이를 동(動, dynamic)적이며 공세적 방어라 할 수 있다.

예를 들어 기업에서 직원들의 고충이 존재할 때 직원들이 문제 제기하면 그때 가서야 해결하는 것은 상황에 대한 주도권이 없는 정(靜, static)적이고 수동적 방어이다. 이는 비용은 비용대로 들면서 조직의 경쟁력을 높이는 데에는 별로 효과가 없다.

반면에 주도권을 갖는다는 것은 직원들의 고충이 있을 때 이를 사전에 파악하고 직원들의 문제 제기 전에 선제적으로 문제를 해결하여 직원들이 조직을 신뢰할 수 있게 하는 것이다. 이 경우 최소 비용으로 최대효과

---

36. 내용은 1편에서 말한 오사(五事) 즉, 도(道, 조직의 철학, 운영원리), 천(天, 외부환경 분석과 설명) 지(地, 생산체계 효율화 등), 장(將, 리더십), 법(法, 보상체계, 업무 매뉴얼) 등을 기본 내용으로 하는 것이 좋다.
37. 아쉽게도 대부분의 기업과 노동조합의 경우 교육 훈련이 부족하고 문제가 발생한 후 사후약방문(死後藥方文)식의 대응을 하는 것이다.

를 나타낼 수 있다. 주도권(initiative)을 갖고 직원들의 고충과 불만을 선제적으로 해소할 수 있는 조직과 사람을 준비하는 것이 바로 동적이며 공세적 방어라고 할 수 있다.

따라서 노사관계에서 방어와 공격이라는 것은 기업과 노동조합이 상황에 대한 주도권을 갖고 직원과 조합원들이 불만을 제기하기 전에 선제적으로 문제를 해결하는 것이라고 할 수 있다.

이것이 바로 손자가 말한 '스스로를 지키면서 손실없이 승리하는 것(자보이전승, 自保而全勝)'의 출발점이라고 할 수 있다.

막판 밤샘 극적 타결 vs. 노사 20분 만에 타결

다음 두 가지 사례를 살펴보자.

사례1. "C 기업 노사가 밤샘 교섭 끝에 오늘 오전 극적으로 합의했다. C 기업 노동조합은 대대적인 총파업 돌입을 불과 10여분 앞두고 극적으로 타결되었다. -중략- C 기업은 비상수송대책을 전면 해제하고 지하철을 정상 운행 중이다."(연합뉴스 2019.10.16)

사례2. D 기업 노사가 5년 연속 쟁의없이 임금협상을 조기에 타결했다. D 기업 노사가 전세계적인 석유화학 위기와 코로나19 대유행에 따른 경영 환경 악화를 이겨내자는 데 공감하고 임금협상을 조기 타결했다. -중략- 기업 관계자는 "임금 교섭이 정해진 원칙에 따라 일체 이견 없이 진행된 점도 의미가 있지만 위기 극복을 위해 노사가 같은 마음을 확인했다는 점에서도 큰 의미가 있다"고 설명했다. (서울경제,2021.03.03)

이런 상반된 뉴스를 접할 때마다 여러 생각이 든다. 노사간 갈등이 존재하는 것이 나쁜 것은 아니다. 노사문제는 갈등이 표출되기 전에 문제를 해결할 수도 있고 갈등이 표출된 후에 문제를 해결할 수도 있다.

문제는 존재하는 갈등을 어느 시점에 어떻게 해소하느냐 여부인 것이다. 노사 갈등을 해결하는 방안과 시점은 각 기업과 노동조합의 역량과 노사문화에 따라 다르게 나타난다.

일반적으로 기업의 경우 약간의 비용이 들더라도 충분한 교육 훈련 투자를 통해 직원의 미래 비전을 강화하는 것이 필요하다. 그리고 다양한 소통을 통하여 갈등 발생 소지를 사전에 예방하고 해결하는 것이 중요하다.

만약 갈등이 발생하면 그 해결 비용은 사전 예방 비용보다 많이 소요된다. 또한 직원들의 생산력 저하, 조직에 대한 충성도 저하 등 무형의 손실도 나타난다.

따라서 기업 스스로 다양한 소통을 통하여 선제적으로 갈등 발생의 근원을 파악하고 문제를 해결하면서 주도권을 확보하는 것이 중요하다.

이러한 과정을 통하여 직원들의 신뢰를 얻고 문제를 개선해 나가는 것이 훨씬 더 효율적이라는 것이다. 핵심은 이러한 갈등의 근원적 문제를 발견하고 해결하는 과정을 주도하는 담당 조직을 구축하고 활성화시키는 것이다.

노사 모두 갈등을 해결하는 조직을 갖추고 갈등 발생 전에 사전에 예방하며 분쟁이 발생하더라도 피해를 최소화하는 방안으로 문제를 해결하는 것이 필요한 것이다.

이것이 바로 기업 노사관계에서 손자가 말하는 '이겨 놓고 싸운다(선승이후구전, 先勝而後求戰)'는 것이라고 할 수 있다.

조직 형태는 다양하다. 환경과 역량에 맞는 조직을 구축하라

손자는 싸우는 준비 태세(형, 形)를 '물을 마치 천 길 골짜기에 막아 두었다가 한 번에 터트려 방류하는 것과 같다'고 설명한다.

이것은 전략에 맞는 조직 형태를 구성하고 전술에 맞는 숙련을 높여 때를 기다리며 문제를 해결하는 힘을 키울 수 있는 조직 형태를 구축하라는 것이다.

노동조합의 경우 앞에서 설명하였듯이 그 조직 형태는 직업별 노동조합(craft union), 일반 노동조합(general union), 산업별 노동조합(industrial union), 기업별 노동조합(enterprise union)으로 구분된다.

이러한 노동조합의 조직 형태는 자본주의와 산업 발달 수준을 반영하여 그 산업에 종사하는 노동자들의 이해와 요구에 근거한 전략에 따라 변화하면서 발전해 온 것이다.

그러나 어느 조직 형태가 우월한 조직 형태라고 말할 수는 없다. 다만, 이러한 조직 형태는 산업의 발달에 따라 노동자들이 단결의 필요성을 자각하고 조건과 상황에 맞게 교섭력을 높이기 위한 전략을 수립하고 이에 근거하여 조직을 만들면서 그 형태를 결정하는 것이기 때문이다.

〈표 7〉 조직 형태별 조직 현황

(단위: 개, 명)

구분	노동조합 수			조합원 수		
	'18년	'19년	증감	'18년	'19년	증감
기업별 노동조합	5,326	5,632	306	982,261(42.1%)	1,058,273(41.8%)	76,012
초기업 노동조합	542	521	△21	1,349,371(57.9%)	1,472,508(58.2%)	123,137

〈고용노동부, 2020〉

우리나라의 경우 〈표7〉에서 보는 것처럼 2019년 현재 노동조합의 대표적인 조직 형태는 산업별 노동조합을 중심으로 한 초기업노동조합이 대세적 흐름인 것은 분명하다. 여기서 초기업노동조합은 기업별 단위 노동조합을 벗어나 산업별, 지역별로 조직된 노동조합을 말한다.

산업별 노동조합의 장점은 교섭력이 강하다는 것이다. 전국 단위 단일 노동조합의 집행부에서 전략 수립과 중앙 차원의 교섭, 법률 지원, 쟁의 지원, 정책 제안 등 다양한 장점이 존재한다. 산업별 노동조합은 전국단위(노동조합), 지역단위(지부). 기업단위(지회), 사업장 단위(분회) 등으로 조직이 구성된다.

노동조합의 조직형태는 특별한 상황의 변화가 없는 한 당분간 산업별 노동조합 형태로 강화될 것으로 보인다.

한편, 현실에서 문제를 해결하고 경쟁력을 유지하며 지속가능하기 위한 조직형태는 유일한 하나의 방식만 있는 것은 아니다.

따라서 기업은 경쟁에서 우위를 차지하고 지속가능성을 위해 경영 전략을 수립하고 이를 실행하기 위한 다양한 형태의 조직을 구성한다. 경쟁력을 유지하는 조직은 전체 조직을 구성하고 있는 다양한 요소들을 조화롭게 구성한 조직 형태로 운영된다. 그리고 하나의 임무만 수행하는 것이 아니라 다른 조직과 네트워크를 구성하거나 다양한 임무를 해결하는 다기능 조직의 역할을 수행한다.

기업의 노사관계에서 경쟁력을 유지하는 조직 형태는 각 기업이 처한 조건과 역량, 기업 문화에 따라 수직적 단일조직 유형, 기능적인 참모조직 유형, 네트워크의 다기능 유형 등 다양한 형태로 존재한다.

노사관계에서 노사문제를 담당하는 기업 조직은 다양한 명칭으로 존재한다. 중요한 것은 그 조직의 명칭이 아니라 조직을 구성하는 사람의 전략 숙지 정도, 조직의 철학과 전략에 근거한 문제 해결 능력과 조직내 업무 협조체계 등 조직의 역할과 체계라고 할 수 있다.

수직적 단일 조직 유형은 단선의 과업 해결 조직이다.

예를 들어 생산라인에서 산업안전 문제와 관련 직원의 고충이 발생하였다고 하자. 단선 과업 해결 조직은 생산담당 관리자가 노사문제 전담팀에 보고하고 노사문제 전담팀은 그 보고에 근거해서 해결방안을 제시한다. 그 지시에 따라 생산담당 관리자는 문제를 해결하려고 한다. 물론 그 해결 방안이 올바를 수도 있고 틀릴 수도 있다. 노사문제 전담팀과 생산팀 간의 유기적인 관계는 없게 되고 단지 보고하고 지시를 실행하는 분절적 조직관계로 운영되는 문제가 발생한다.

이런 경우 문제는 생산담당 관리자는 조직의 노사관계 전략 관점을 알 수도 없고 전 조직적 차원에서 노사관계 문제를 해결하는 준비에 참여할 수가 없게 된다.

반면에 네트워크 형태의 다기능 조직은 우선, 각 부문 관리자들에게 노사관계 전략과 관련한 교육을 일상적으로 실시한다. 또한 노사문제 전담팀과 각 부문 관리팀과의 네트워크를 일상적으로 유지하면서 문제 발생 방지 및 해결에 대한 방안을 공유한다.

따라서 생산담당 관리자는 산업안전 문제가 발생하면 노사문제 전담팀에 보고하는 것이 아니라 공동 회의를 개최하여 문제 해결 방안을 함께 논의한다. 생산담당 관리자는 생산만 담당하는 것이 아니라 노사문제 전담팀의 역할도 수행하게 되는 것이고 노사문제 전담팀도 생산팀의 역할을 수행하는 것이다.

이러한 유기적인 네트워크 다기능 조직이 운영 되어야 문제를 근원적으로 해결할 수 있게 되는 것이다. 이러한 조직 체계는 각 기업의 역량과 상황에 맞게 적용하는 것이 바람직할 것이다.

한편, 중견 또는 중소기업의 경우 노사문제 전담 조직은 독자적인 조직 운영을 하거나(이런 경우는 거의 최고경영자 또는 오너가 직접 지휘하는 경우가 대부분이다) 노사문제에 성공적으로 대응하는 기업의 제도를 벤치마킹하여 편승효과(bandwagon effect)[38]를 얻고자 하는 경우가 종종 있다.

그러나 노사문제를 성공적으로 대응하는 기업의 제도와 관행을 벤치마킹하여 조직을 운영하고 대응하고자 하는 기업들은 애석하게도 성공하는 경우가 드물다. 그 이유는 아무리 좋은 제도와 관행이라 하더라도 각 기업이 처한 상황과 조건이 다른 점, 그 제도를 운영하는 사람이 다른 점, 교육 훈련에 대한 관점이 다르기 때문이다.

그리고 각 기업이 새로운 제도를 도입하여 운영하더라도 그동안 누적된 관행과 문화에 따른 조직적 관성(inertia)을 극복하지 못하고 기존 행위를 반복하며 기존의 방식을 고수하려는 경로의존성(path dependency)[39]에 빠지는 경향성을 보이기 때문이다.

따라서 좋은 제도를 벤치마킹할 경우 자신의 기업문화의 장점과 극복해야할 점, 무엇을 수용하고 무엇을 버려야 하는지에 대해 고민해야 한다.

가장 중요한 것은 일관성을 가지고 나의 경영전략에 맞는 조직 형태와 사람 양성 및 운영 관행을 정착시키기 위해 노력해야 한다는 점이다.

---

38. 미국 서부 개척 시대 악대마차를 앞세우고 다니는 밴드웨건에서 유래된 용어. 어떤 재화의 수요가 증가하면 사람들이 덩달아 사면서 수요가 증가되는 현상을 말한다.

39. 한 번 일정한 경로가 정해지고 이에 의존하기 시작하면 익숙함에 따른 관성과 기득권으로 인해 나중에 그것이 비효율적이라는 사실을 알고도 그 경로를 바꾸기 어렵거나 벗어나지 못하는 현상을 말한다.

〈원문 읽기〉

孫子曰(손자왈) : 昔之(석지) 善戰者(선전자), 先爲不可勝(선위불가승), 以待敵 之可勝(이대적지가승), 不可勝在己(불가승재기), 可勝在敵(가승재적). 故(고) 善 戰者(선전자), 能爲不可勝(능위불가승), 不能使敵必可勝(불능사적필가승). 故曰 (고왈) : 勝可知(승가지), 而不可爲(이불가위).

손자가 다음과 같이 말하였다.

옛날에 전쟁을 잘하는 사람은 우선 자신의 태세를 갖추어 적이 이길 수 없 도록 하고 자신이 이길 수 있는 때를 기다렸다. 적이 이길 수 없도록 하는 것 은 나에게 달려 있고, 내가 이길 수 있는 것은 적에게 달려 있는 것이다. 그러 므로 전쟁을 잘하는 사람은 적의 승리를 불가능하게 할 수는 있지만 내가 승 리할 수 있도록 적을 움직일 수는 없는 것이다. 따라서 승리는 예측할 수는 있으나 미리 만들 수는 없다.

不可勝者(불가승자), 守也(수야) ; 可勝者(가승자), 攻也(공야). 守則不足(수즉부 족), 攻則有餘(공즉유여). 善守者(선수자), 藏於九地之下(장어구지지하) ; 善攻者(선 공자), 動於九天之上(동어구천지상), 故能(고능) 自保而全勝也(자보이전승야).

적이 이길 수 없게 하는 것은 방어이고, 내가 이길 수 있게 하는 것은 공격 이다. 방어하는 것은 부족한 것이고 공격하는 것은 여유가 있음이다. 방어를 잘 하는 사람은 모든 지형을 활용하고 공격을 잘하는 사람은 자연 변화에 따 른 유리함을 잘 활용한다. 그래서 능히 자신을 보존하고 온전한 승리를 얻을 수 있다.

見勝(견승),不過衆人之所知(불과중인지소지), 非善之善者也(비선지선자야). 戰 勝(전승), 而天下曰善(이천하왈선), 非善之善者也(비선지선자야). 故(고) 擧秋毫 (거추호), 不爲多力(불위다력) ; 見日月(견일월), 不爲明目(불위명목) ; 聞雷霆(문 뢰정), 不爲聰耳(불위총이).

누구라도 쉽게 예상할 수 있는 승리는 최선이 아니다. 싸움에 이겼는데 모두가 잘했다고 말하는 것도 최선의 승리가 아니다. 그 이유는 가벼운 털을 든다고 힘이 세다고 하지 않고, 해와 달을 본다고 눈이 밝다고 하지 않고, 천둥과 벼락치는 소리를 듣는다고 귀가 밝다고 하지 않는 것과 같은 것이다.

古之(고지) 善戰者(선전자), 勝於易勝者(승어이승자) ; 故(고) 善戰者之勝也(선전자지승야), 無智名(무지명), 無勇功(무용공)。故(고) 其戰勝不忒(기전승불특), 不忒者(불특자), 其所措必勝(기소조필승), 勝已敗者也(승이패자야)。故(고) 善戰者(선전자), 立於不敗之地(입어불패지지), 而不失敵之敗也(이불실적지패야)。是故(시고) 勝兵(승병) 先勝而後 (선승이후) 求戰(구전) ; 敗兵(패병), 先戰而後(선전이후) 求勝(구승)。

옛날에 전쟁을 잘한다고 했던 사람의 승리는 쉽게 이길 수 있는 사람과 싸워 이긴 것이다. 그러므로 전쟁을 잘하는 사람의 승리에 대해 지략이 뛰어나거나 용맹하다는 칭송도 없는 것이다. 그러나 전쟁을 잘하는 사람의 승리는 예상한 대로 한치도 벗어남이 없다. 벗어남이 없다는 것은 이미 싸움에서 이길 수 있는 전략과 여건을 확고히 하고 이미 패배할 수밖에 없는 적을 물리치기 때문이다. 싸움을 잘하는 사람은 이미 패배하지 않을 곳에서 전투태세를 갖추고 적을 패배시킬 수 있는 기회를 놓치지 않는다. 따라서 승리하는 장수는 먼저 이길 수 있는 여건과 태세를 만들어 놓고 싸움을 하고, 패배하는 장수는 무조건 싸움을 시작한 다음에 승리를 바란다.

善用兵者(선용병자), 修道而保法(수도이보법), 故(고) 能爲勝敗之政(능위승패지정)。兵法(병법) : 「一曰度(일왈도), 二曰量(이왈량), 三曰數(삼왈수), 四曰稱(사왈칭), 五曰勝(오왈승) ; 地生度(지생도), 度生量(도생량), 量生數(량생수), 數生稱(수생칭), 稱生勝(칭생승)。」故(고) 勝兵(승병) 若以鎰稱銖(약이일칭수), 敗兵(패병) 若以銖稱鎰(약이수칭일)。勝者之戰民也(승자지전민야), 若決積水於千仞之谿者

(약결적수어천인지계자), 形也(형야).

　전쟁을 잘하는 장수는 철학과 원리를 잘 세우고 확립하며 법과 제도를 잘 보완한다. 따라서 전쟁의 승패를 마음먹은 대로 쉽게 결정할 수 있는 것이다. 병법은 첫째, 원정하는 거리 둘째, 동원하는 자원의 양 셋째, 군사의 수 넷째, 군사력 비교 다섯째, 승리라고 했다. 지형에 따라 원정하는 거리가 결정되고, 원정하는 거리에 따라 동원하는 자원의 양이 결정되고, 동원하는 자원의 양에 따라 군사의 수가 결정되며, 군사의 수에 따라 군사력의 비교가 결정되고, 군사력의 우열에 의해서 승리가 결정된다. 이기는 군대는 일(鎰)[40]의 무게로 수(銖)를 저울질하는 것과 같고, 지는 군대는 수의 무게로 일을 저울질하는 것과 같다. 이기는 장수가 백성을 싸우게 하는 것은 물을 마치 천 길 골짜기에 막아 두었다가 한 번에 터트려 방류하는 것과 같다. 이것이 형(싸우는 준비 태세)이다.

---

40. 鎰(중량 일): 무게 단위, 24냥, 쌀1되의 24분의 1.　銖(무게 단위 수) : 무게 단위, 1냥의 24분의 1, / 稱(저울 칭) : 저울, 저울질하다. (https://blog.naver.com/sohoja/50183845972)

기본을 굳건히 하고
이기는 분위기를 만들어라

兵

勢

제5편 병세(兵勢, Energy)

기본을 굳건히 하고
이기는 분위기를 만들어라

□ **핵심 사항**

○ 원칙과 기본에 충실하고 역량을 강화하여 유연한 대응력을 키워라

○ 뛰어난 개인보다 활력 넘치는 집단지성을 기반으로 조직력을 높이고 전체의
  역동성을 배양하라

□ **주요 내용**

○ 세(勢, energy): 세찬 물이 돌을 떠내려가게 하는 것(격수지질 지어표석자, 激
  水之疾 至於漂石者)과 같은 것으로 병사들이 물리적, 정신적으로 잘 훈련되어
  무엇이든 할 수 있다는 신념과 항상 이긴다는 분위기가 충만한 상태

  – 세(勢, energy)는 조직 편제(분수, 分數, dividing up their numbers)가
    잘되고, 지휘명령체계와 방법(형명, 形名, instituting signs and signals)
    이 명확해야 조성될 수 있는 것이다

  ☞ 절(節, the quality of decision): 사나운 새(조, 鳥)의 빠르고 맹렬함이
    먹이감의 뼈를 부수고 날개를 꺾는 것(지조지질 지어훼절, 鷙鳥之疾 至於
    毁折)과 같은 것으로 공격 대상과 지점을 결정하는 능력과 공격하는 타이
    밍이다 〈구체적 내용은 6편 허실 참조〉

○ 이정합, 이기승(以正合 the direct method,以奇勝 indirect methods): 원칙과 정도에 따라 대응하고 이를 기반으로 유연하고 창의적인 방안을 구사하면 목표를 달성할 수 있다

  - 정공법과 유연하고 다양한 공격 방법(기정, 奇正, maneuvers direct and indirect)을 체계적으로 연계시키면 승리할 수 있다

○ 구지어세(求之於勢, the effect of combined energy) 불책어인(不責於人, does not require too much from individuals): 좋은 리더는 쓸 사람이 없다고 한탄하지 않는다. 좋은 리더는 주어진 조건에서 조직 구성원의 역량을 명확한 성과보상, 교육 훈련을 통해 최대치로 끌어올려 이기는 조직 분위기를 만드는 것이다

○ 능택인이임세(能擇人而任勢, his ability to pick out the right men and utilize combined energy): 좋은 리더는 인재를 선택하여 능력에 맞게 적재적소에 배치하고 조직 구성원과 조직의 정합성을 높여 이기는 분위기를 만든다

  - 리더는 개인이 뛰어난 능력이 없어도 적재적소에 사람을 배치하여 그 역할에 맞는 능력을 배양시켜 조직력을 높여야 한다

이 편은 조직 구성원들이 올바른 조직 편제(4편 군형 참조), 조직의 명확한 지휘 명령 체계와 방법에 기반하여 항상 이길수 있다는 분위기를 갖는 조직운용에 대한 설명이다.

손자는 항상 이길수 있다는 분위기가 충만한 상태를 세(勢, energy)라고 말한다. 세(勢)를 형성하는 것은 기본을 튼튼히 하고 조직 운용을 체계화(systematize)하여 제도화(institutionalization)시키는 것이다. 이는 문제 해결을 위해서는 능력이 뛰어난 사람도 중요하지만 조직력이 높은 집단이 더 큰 능력을 발휘할 수 있다는 의미이다.

또한, 손자는 이런 조직 분위기 형성은 리더의 역할이고 그의 능력에 달려 있다는 것을 지적한다.

다시 말하면 손자는 이길수 있다는 조직 분위기 조성과 유지는 조직 구성원에 대한 지속적인 교육 훈련을 통해 만들 수 있다는 것이다. 손자는 이것이 리더의 역할이고 책무라는 점을 강조한다.

'항상 이길 수 있다'는 분위기를 갖는 조직은 어떻게 만드는가

우리는 일상 생활에서 '기세 등등하다[41]'와 '주눅[42]들다'라는 말을 자주 듣고 사용한다. 이것은 개인적 상태를 나타내기도 하고 집단의 상태를 표현하는 말이다. 개인이든 집단이든 어떤 상황과 조건의 차이가 있어서 이런 모습을 나타내는 것일까?

'안나카레니나의 법칙 (Anna Karenina's Principle)[43]'이 있다. 이는 톨스토이의 소설 '안나카레니나'의 첫 문장에 나오는 "행복한 가정은 모두 엇비슷하고 불행한 가정은 불행한 이유가 제각기 다르다(Happy families are all alike; every unhappy family is unhappy in its own way.)"는 구절에서 착안한 것이다.

이를 조직 관점에서 해석하면 "잘되는 조직은 지휘명령체계가 명확하고 성과보상체계가 좋으며 조직 구성원들은 용감하고 헌신적이며 퇴직 후에도 조직에서 사후관리를 해주는 등 모두 유사한 이유가 있다"는 것이다.

반면에 "잘 안되는 조직은 무질서하고 성과보상도 미흡하며 조직 구성원들은 비겁하고 이기적이며 조직을 떠나면 끝이라고 느끼는 등 그 각 각의 이유가 있다"는 것이다.

이 법칙에 따르면 이길 수 있다는 분위기를 갖는 조직은 그 이유가 엇비슷하고 이러한 분위기는 여러 요소가 결합되어 나타난다는 것이다.

예를 들어 스포츠 경기에서 상대방을 압도하는 경기력을 가지고 기세

---

41. 기운차게 뻗치는 모양이나 상태가 무서울 만큼 높다는 것
42. 기운을 제대로 펴지 못하고 움츠러드는 태도나 성질
43. 재레드 다이아몬드(Jared Diamond) 교수가 그의 저서 〈총·균·쇠〉에서 소수의 동물만이 가축화된 이유를 설명하면서 처음으로 이름을 붙였다.

등등하게 연전 연승(連戰 連勝)하는 팀은 그 나름의 특징을 가지고 있다.

그 특징은 훌륭한 지도자, 체계적인 지원, 개인별 높은 기술력과 상대방에 따른 다양한 맞춤형 팀 전략과 전술, 선수 개개인의 자신감, 끈끈한 팀워크(teamwork) 등의 다양한 요소가 복합되어 있다. 당연히 이런 특징을 갖는 팀은 기세가 좋다. 결국 이런 팀과 만난 상대방은 주눅들어 지레 움츠러들고 의기소침하여 자신의 경기력을 펼치지 못하고 패배하게 된다.

어떤 요인이 이길수 있다는 분위기가 충만한 기세 등등한 조직을 만드는 것인가?

첫째, 리더의 조직에 대한 인식과 관점이다.

리더는 조직이 새로운 가치를 창조하고 조직의 경쟁력은 사람에게서 나오고 사람이 경쟁우위의 원천이라는 인식과 관점을 가져야 한다.

이러한 인식과 관점을 갖는 리더는 사람을 통해 성과의 차이를 가져오고 사람이 헌신할 수 있는 조직 시스템을 구축할 수 있는 것이다.

둘째, 조직의 전략이 명확하게 수립되어야 한다.

조직의 전략이 명확해야 그에 따른 목표를 정할 수 있고 이를 수행할 기능적 전술들을 수립할 수 있다.

셋째, 조직 전략에 따라 과업에 맞는 조직 형태를 구축하는 것이다.

어떤 조직 형태를 구축하는가에 따라 조직의 핵심가치 및 창출할 결과물이 달라질 수 있기 때문이다.

넷째, 조직의 지휘 명령체계가 명확해야 한다.

리더는 조직의 전략에 맞는 인적관리 시스템에 따라 조직 내 부서 간, 개인 간, 각 개인에게 올바른 규칙과 일관된 메세지를 제공하는 것이 중요하다.

조직의 일관성 있는 운영은 조직 구성원들의 조직에 대한 신뢰를 높게 한다.

다섯째, 조직 구성원의 역량을 높이는데 집중해야 한다.

조직은 조직 구성원에게 역량 배양, 동기부여, 다양한 기회를 제공하는 것이 중요하다. 따라서 조직은 조직 구성원들이 교육 훈련을 통하여 지식창출과 이를 활용하는 역량, 전략 실행 역량, 조직 간 또는 조직 구성원 간 업무조정 능력 역량 등을 키우도록 지원해야 한다. 이러한 조건이 되면 조직 구성원은 헌신성을 발휘하여 과업 수행에 자발적으로 참여하는 등 자율적으로 성과를 창출을 하게 된다.

코로나19 팬데믹(pandemic) 이후 모든 기업들이 변화된 환경에 맞는 생존 전략을 모색하고 있다.

다음은 국내 대표적 유통사 E 기업의 위기극복을 위한 기업문화 회의 관련 언론 보도 내용이다.

"(생략)'위닝 스피릿'(Winning Spirit) 내재화에 나선다. 스포츠에서 흔히 쓰이는 위닝 스피릿이란 단어는 이기는 습관, 승부 근성 등을 의미한다. (중략) 기업에서는 모든 임직원이 기업 고유의 가치관을 공감하고, 각자의 역량을 최대한 발휘해 최고의 결과를 이끌어내는 의지를 말한다"(이데일리, 2020.5.13)

이렇듯 기업들은 생존을 위해 각자의 목표를 설정하고 조직 구성원들에게 내적 동기부여를 하고 단계별로 목표를 성취하면서 더 큰 목표를 향해 나아간다. 이러한 과정을 통해 이기는 습관을 기업 문화로 정착하기 위해 노력하고 있다.

이는 스스로가 설정한 조그마한 목표라도 달성하여 성취감과 자신감(내적 동기, 외적 동기)을 갖게 하고 단계적으로 더 큰 목표도 달성할 수 있게 성공하는 방법을 습관화하는 것이다.

조직의 리더는 조직 구성원들이 이기는 습관을 갖게 하기 위해서 항상 동기부여를 어떻게 할 것이지 그리고 그 기준은 무엇인지를 명확히 해야 한다.

여섯째, 조직 구성원들이 조직을 신뢰하고 헌신할 수 있는 성과보상을 해야 한다.

잘되는 조직은 성과 있는 곳에 반드시 보상을 한다. 칭찬이 고래를 춤추게 하 듯이 명확한 보상은 조직을 춤추게 한다. 보상은 조직단위에 대한 보상을 기본으로 개인에게도 해야 한다. 동시에 개별적으로는 퇴사이후에도 조직이 관리해준다는 믿음을 주는 것도 중요하다.

위의 6가지 요인이 충족되면 누구라도 조직을 신뢰하고 헌신하며 주어진 과업을 수행하는데 전력을 기울이게 된다. 동시에 이러한 분위기가 형성되면 조직 구성원은 적극적이 되고 용감해지게 되며 항상 주어진 과업을 해결하고 목표를 달성할 수 있는 조직이 된다.

그러나 현실에서 이러한 모든 것을 갖춘 조직이 존재할까?

문제는 아쉽게도 이러한 요인을 완벽하게 충족하는 조직을 현실에서 찾기는 힘들다는 것이다. 그렇지만 실망할 필요는 없다. 여기서 강조하는 것은 나에게 주어진 조건 속에서 이러한 요인을 갖춘 조직을 만들기 위해 노력해보자는 것이다.

기본에 충실하고 기초를 강화하라

우리는 살아가면서 난관에 봉착하여 문제가 해결되지 않을 때 그 해법에 대해 다양한 고민을 하게 된다.

다양한 방법을 사용하여도 문제가 해결되지 않을 때 문제 해결을 위한 묘수가 없을까? 비책은 없을까? 신의 한 수는 없나? 등 등 많은 궁리를 하기도 한다. 그러나 안타깝게도 묘수, 비책, 신의 한 수는 소설이나 드라마에는 있지만 현실에서는 없다.

모든 문제는 기본에 충실하여 하나 하나 난관을 극복할 때만이 해결될 수 있는 것이다.

예를 들어 시험을 앞두고 공부는 안 하면서 시험에서 좋은 성적을 얻어 합격하기를 기대하는 것은 어불성설이다. 오히려 주어진 시간과 조건에서 집중을 다해 출제 가능성 있는 부분을 예측하고 공부를 집중하여 그 부분에서 문제가 나오기를 기대하는 것이 합리적이고 이것이 바로 비책이라고 할 수 있다. 즉, 모든 일을 할 때는 노력하지 않고 꼼수나 요행수를 바라지 말아야 한다.

따라서 항상 기본을 강화하고 원칙에 충실하면서 실력을 키우고 이에 근거하여 주어진 상황에 맞는 유연한 대응을 해야 바라는 목표를 이룰 수 있다.

손자는 전쟁에서는 정공법으로 맞붙고 상황에 따라 다양한 공격 방법을 사용하여 이긴다(이정합 이기승, 以正合 以奇勝) 고 하였다.

손자가 말하는 정(正)은 기본, 원칙, 전략, 조직, 규정, 교육 훈련 등이고, 기(奇)는 다양한 상황에 맞는 유연하고 창의적인 전술적 대응을 말하는 것이다.

조직운영 측면에서 보면 손자가 말하는 정(正)은 조직 구성원들에게 기본을 강화하는 것을 말하는 것이다.

조직은 조직 구성원에게 조직 운영 규정, 성과중심의 평가, 확실한 보상, 종합적 교육과 훈련 등을 지속적이고 명확히 제공하여 일할 맛이 나는 조직이라는 인식을 심어 주어야 한다.

조직운영이 기본을 강화하면서 규정에 따라 체계화되고 제도화되면 조직 구성원은 스스로의 역량을 강화하고 극대화하여 조직 전체의 역량이 높아지게 된다.

손자가 말하는 기(奇)는 조직 구성원들이 기본 역량을 강화하고 기초를 튼튼히 한 후 이를 바탕으로 창의력과 유연성을 발휘하여 문제를 해결하고 목표를 달성하는 전술적 방법인 것이다. 즉, 기본을 강화하고 튼튼히 한 후 이에 기반하여 상황에 맞는 유연한 맞춤형 대응을 해야 한다는 것이다.

이런 체계로 조직이 운영되면 주어진 과업을 달성할 수 있고 이를 수행하는 조직 구성원들은 항상 이길 수 있다는 분위기와 확신을 갖게 된다.

이것이 바로 손자가 말하는 정합과 기승의 선순환 구조인 기정상생(奇正相生, The direct and the indirect lead on to each other in turn. It is like moving in a circle)이다.

결국 이를 위해서는 기본을 강화하는 것을 무엇보다 우선해야 하는 것이다. 기본을 지키지 않고 이를 강화하지 않으면 문제를 해결할 때 한 두 번은 변칙과 임기응변이 통하지만 근본적 해결이 되지 않고 지속가능한 발전이 보장되지 않는 것이다.

노사관계에서 기정상생(奇正相生) 방안은 무엇인가

노사관계 측면에서 어떻게 해야 손자가 말하는 정합과 기승의 선순환 구조인 기정상생(奇正相生)이 가능할까?

이를 노사의 교섭을 통해 살펴보자. 노사는 교섭을 통하여 임금, 근로조건, 경쟁력 확보 등 상호간의 이해와 요구를 해결한다.

노사교섭에서 손자가 말하는 정(正)은 무엇일까?

노동조합 입장에서 살펴보자.

우선, 노동조합의 힘은 다수 조합원의 관심과 참여로부터 나온다. 이를 위하여 노동조합은 일상적으로 조합원들의 특성에 맞는 소모임 활성화 등 조직 활동을 강화해야 한다. 또한 다양한 교육을 통해 조합원들이 활동에 재미를 느끼고 노동조합과 함께 문제를 해결할 수 있다는 확신과 희망 등 미래비전을 보여주어야 한다.

둘째, 노동조합은 단체교섭을 할 때 설문 조사 등 다양한 방식을 통하여 조합원의 의견을 수렴하고 기업의 경영정보 등을 종합하여 교섭 요구안을 작성한다.

셋째, 교섭 전략 수립을 위해 노동조합 집행부가 초안을 마련하고 조합원 의견 수렴 후 총회(대의원회의)에 이를 보고하여 교섭 전략을 확정한다.

넷째, 공식 교섭전에 기업 측 교섭창구를 만나 상호 의견 교환을 하면서 교섭에서 요구할 최대 목표, 최소 목표를 정한다.

다섯째, 조합원들이 교섭이 마무리될 때까지 최대로 함께 참여할 수 있는 각종 프로그램을 준비하는 등 교섭 단계별 전술 등을 준비한다.

기업입장에서 살펴보자.

먼저, 기업은 기업의 경영상황에 대해 직원들과 정기적으로 공유하는 등 직원들과 소통이 제도화되어 있어야 한다. 그래야 직원들이 기업에 대해 신뢰를 갖게 되고 기업의 입장을 이해할 수 있게 된다.

둘째, 노동조합과 공식, 비공식 소통 구조를 가져야 한다. 노사가 교섭 시기 또는 노사 현안 발생때만 만나서는 안 된다. 노사는 상호 관심사에 대해 일상적으로 소통할 수 있는 구조를 가져야 한다.

셋째, 노동조합의 요구안에 대한 분석을 하고 기업내 각 부서 간의 의견을 조율하여 단일한 기업 입장(one voice)이 정립되어야 한다. 이것은 매우 중요한 요인이다. 기업 입장이 만나는 사람마다 다르면 노동조합은 기업에 대해 신뢰를 할 수가 없게 된다.

넷째, 단일한 기업 입장에 근거한 교섭 전략을 수립해야 한다. 수립된 교섭 전략에 따라 교섭위원들을 교육하고 이와 별도로 각 부서의 책임자들에게도 교섭 전략에 따른 대응 지침을 공유하는 것이 필요하다.

이러한 준비가 되어야 이른바 전사적 차원의 교섭 준비가 되는 것이다. 이는 기업 입장에서 기본을 강화하고 교섭 대응 체계를 정립하는 것이다.

한편, 노사교섭에서 손자가 말하는 기(奇)는 무엇일까?

이는 간단히 정리하면 교섭 단계별 상황에 따른 다양한 전술적 대응을 말한다.

예를 들면 기업과 노동조합의 공식, 비공식 교섭 방안, 노동쟁의 시 사안별 대응 방안, 교섭 시 협상안 제시 방법, 교섭위원의 역할 분담[44], 교섭시기 생산과 영업 유지 방안 등 다양한 방법으로 기업과 노동조합의 교섭력을 높이는 것이라고 할 수 있다.

따라서 이러한 교섭 준비를 통하여 노사가 갈등을 최소화하고 상호 공격보다는 노사 상호 이익을 우선시하는 교섭을 할 수 있는 것이 노사교섭에서의 기정상생(奇正相生)이라고 할 수 있다.

인재가 없다고 탓하지 말고 사람을 키우고 조직력을 강화하라

어느 조직이나 사람을 우선해야 한다. 사람은 모든 문제를 일으키기도 하지만 문제를 해결하는 것도 사람이다. 결국 사람이 핵심인 것이다. 따

---

42. 일반적으로 선인 역할(good cop)과 악인 역할(bad cop) 등으로 분담한다.

라서 조직에서 사람의 중요성은 아무리 강조해도 지나치지 않는다.

일반적으로 조직의 구성원들은 조직의 인재 선발과 채용, 성과보상, 조직운영 등에 일관성이 없으면 조직을 신뢰하지 않고 신명을 내지 않으며 조직에 헌신하지도 않는다.

이런 조직의 경우 조직의 리더는 사람 탓 만하고 조직 구성원은 조직 탓 만 하는 등 조직력이 저하되는 악순환이 연속되어 결국 조직 경쟁력이 떨어져 시장에서 도태되는 지름길로 들어서게 된다.

조직의 리더가 어떤 조건을 잘 구현해야 뛰어난 능력을 갖는 사람이 존재하지 않아도 조직력과 성과를 지속적으로 높일 수 있는가?

노동조합의 경우를 살펴보자.

노동조합 활동은 참으로 어렵다. 조합원들은 자신에게 직접적 이득이 되는 임금 인상이나 복리후생 등 근로조건 개선 사안이 아닌 경우에는 노동조합 활동에 적극적이지 않다.

따라서 노동조합 일상 활동은 조합원들의 참여도가 저조하여 노동조합 위원장과 집행부 중심으로 운영되는 것이 일반적인 현실이다. 또한 조합원들은 어떤 문제가 발생하면 적극적으로 나서지 않고 노동조합에서 해결해주기를 바라면서 그 결과에 대한 평가는 냉철하게 하는 경향성을 갖는다.

석유화학제품을 생산하는 F 기업 노동조합 위원장의 사례이다.

노동조합 위원장은 조합원의 일상적인 조합 활동 참여를 높이는 방안에 대해 고민하고 있었다.

위원장은 생산 공정에서 발생하는 작업장의 화학 성분 냄새로 인한 조합원들의 고충을 해결하면 조합원들이 적극적으로 조합 활동에 참여할 것이라고 판단하였다. 위원장은 회사에 공기정화기 개선 및 증설을 요구하였지만 회사는 산업안전보건기준에 위배되지 않는다고 시설 개선에 소극적이었다.

이에 위원장은 문제 해결 방안을 고민하다가 석유화학제품을 생산하는 회사의 약한 고리가 무엇인지를 찾았다. 그것은 회사의 폐수처리 관련 문제였다.

위원장은 신제품을 연구하는 연구소 직원과 폐수처리 담당 직원을 접촉, 설득하여 회사의 폐수처리 관련 문제 등에 대한 구체적인 사항을 파악하였다.

위원장은 이를 기반으로 노동조합 내 산업안전부, 관련 조합원과 대응팀을 구성하고 공동으로 학습하면서 노동조합이 이 문제를 해결해야 작업장의 화학 성분 냄새 문제를 해결할 수 있다는 점을 강조하였다. 조합원들은 처음에는 소극적이었으나 산업안전과 보건 문제에 대한 교육과 학습을 통하여 문제 인식이 높아지면서 적극적으로 활동하게 되었다.

이후 위원장은 교섭을 요청하고 회사의 폐수처리 문제와 생산공정에서 발생하는 냄새 문제를 제기하자 회사는 문제를 인정하고 시설 개선을 약속하였다.

조합원들은 자신의 노력으로 현안 문제가 해결되자 조합 활동에 대한 참여도 높아졌다. 또한 E기업 노동조합은 노동조합 차원에서 산업안전보건 관련 전문성을 인정받게 되었다.

F 기업 노동조합 위원장은 조합원 탓을 하지 않고 주어진 조건을 최대한 활용하여 문제를 해결하고 조합원들의 참여와 전문성을 높이는 효과를 보게 된 것이다.

한편, 기업에서 인재를 키우기 위해 중요한 것은 어떠한 방식이든 경영철학에 맞는 인재 선발 채용과 활용에 조직의 내적 일관성(internal consistency)이 있어야 한다. 그것은 첫째, 개인들이 갈등이나 혼란을 겪지 않도록 채용, 평가, 보상, 교육, 훈련 등이 개인에게 적용될 때 일관성 있어야 한다.

둘째, 조직 내 비슷한 상황에 있는 직원들이 비교를 통하여 불공정성이나 위화감을 느끼지 않도록 적용되는 정책이 직원 간 일관성이 존재해야 한다.

셋째, 조직의 철학이 시간이 지나도 일관되게 유지되어야 한다는 것이다.[45]

이러한 일관성이 존재하는 기업은 직원들이 정당한 평가 보상을 받는다고 인식하여 신명 나게 일하게 되고 기업의 생산성 향상에 전력을 집중하게 되고 경쟁력이 높아진다.

따라서 조직의 리더는 조식 내 모든 세도와 운영의 일관성을 유지하는 것이 중요하다. 결국 좋은 리더는 쓸 사람이 없다고 한탄하지 않는다.

좋은 리더는 주어진 조건에서 조직 구성원의 역량을 명확한 성과보상, 교육 훈련을 통해 최대치로 끌어올려 이기는 조직 분위기를 만들 수 있어야 한다.

이것이 손자가 말하는 장수는 이기는 분위기(세, 勢)를 만들지 사람을 탓하지 않고(구지어세 불책어인, 求之於勢 不責於人), 사람을 선택하여 능력에 맞게 적재적소에 배치하고 조직 구성원과 조직의 정합성을 높여 이기는 분위기를 만드는(능택인이임세, 能擇人而任勢)것이다.

---

45. 배종석, 인적자원론, (홍문사, 2018)

노사관계 조직은 어떤 요소가 있어야 신명 나게 일하는 조직이 되는가

노사문제를 담당하는 조직이 손자가 말하는 항상 이길 수 있다는 분위기가 충만한 상태인 세(勢, energy)를 갖기 위해서는 어떤 요인이 필요한 것일까?

첫번째 요인은 그 기업의 경영전략에 근거한 노사관계 전략이 있어야 한다.

어느 조직이라도 전략 없는 실행은 목표를 달성하기 어렵고 성공하기 힘들다. 노사관계 전략이 있어야 리더가 목표를 설정하고 이를 실행하기 위한 조직을 구성할 수 있다.

두번째 요인은 경영철학과 노사관계 전략에 기반한 조직이 구성되어야 한다. 성공하는 기업의 조직 형태를 모방하는 것이 아니라 자신의 목표를 달성할 수 있는 자신에게 맞는 조직 형태가 있어야 한다.

기업에서 노사문제를 담당하는 조직 명칭은 노경팀. 인사팀, 노사팀, 노무팀, 고충처리팀, HR팀 등등으로 매우 다양하다. 각 기업의 노사문제를 담당하는 조직의 명칭이 다른 것은 각 기업마다 경영철학과 이에 근거한 노사관계 전략 및 인식을 반영하고 있기 때문이다.

노경팀은 노동조합과 사용자가 아니라 노동조합과 경영자 관계라는 철학적 측면, 인사팀은 직원의 채용, 평가, 관리, 퇴사의 한 일환이라는 측면, 노사팀은 노동조합과 사용자의 관계라는 측면, 노무팀은 단순히 노동 관련 사무를 본다는 측면, 고충처리팀은 직원의 고충을 해결한다는 측면, HR팀은 인적자원관리의 일환이라는 측면 등 각 기업의 경영철학과 노사관계 전략 및 인식을 반영하고 있는 것이다.

세번째 요인은 경영전략에 근거한 노사관계 전략을 실행할 사람이 준비되어야 한다.

현대 조직 관리는 수평적인 자율적 관리와 헌신적 관계를 지향한다. 리더는 조직에 적합한 사람을 선발하고 그에 맞는 직무배치를 하고 자율성을 부여해야 한다. 또한 리더는 직원의 경력관리를 체계적으로 해주며 승진을 보장하기 위해 노력해야 한다. 그리고 가능하면 직원의 퇴직 이후에도 조직이 관리할 수 있도록 체계를 만드는 것이 필요하다. 이렇게 되면 직원은 신명 나게 일하며 조직에 헌신하게 된다.

네번째 요인은 조직 구성원의 조직 내 역할과 임무에 대한 명확한 업무 분장이다. 조직의 리더는 노사관계 직무가 갖고 있는 과업, 임무 및 책임에 대해 조직 구성원에게 명확히 인식시켜야 한다.

다섯 번째 요인은 조직 구성원의 역량 강화를 위한 지속적인 교육 훈련 투자이다. 조직의 리더는 노사문제를 담당하는 조직 구성원이 노사문제 관련 직무수행에 필요한 지식(knowledge), 기술(skills), 능력(abilities) 및 기타 다른 특성들에 대해 실력을 배양할 수 있도록 지원해야 한다.

종종 일부 경영자들이 노사문제 업무는 별 다른 역량 없이도 누구든지 담당할 수 있다는 인식을 갖고 있는 것을 본다. 그러나 이는 전근대적이고 잘못된 인식이다.

노사문제 업무를 수행하기 위한 사람의 역량은 다양하지만 다음과 같아야 한다고 본다. 그것은 사람에 대한 이해, 노사문제에 대한 전략적 역량, 노사 환경변화에 대한 대응과 대응 전술 개발 역량, 노동법 등 노사문제 관련한 전문지식과 조직 관리 능력, 각 조직 별 기능과 각 기능의 연계성에 대한 이해 등이다. 물론 현실에서 이와 같은 역량을 종합적으로 갖춘 사람을 찾기는 어려울 것이다. 그러나 조직의 리더가 이런 종합적 능력 배양을 위해 조직 구성원들을 독려하고 조직이 지원 투자하면 가능할 수 있는 것이다. 예를 들어 어떤 기업은 내부 노사전문가 육성 차원에서 인사노무관련 대학원 진학이나 자격시험을 준비하는 직원들을 지속적으로 지원한다.

여섯 번째 요인은 조직 간의 유기적인 연계를 통한 네트워크 강화이다.

일부 기업에서는 노사문제 관련 사람관리는 노사문제 전담조직에서만 한다는 인식을 갖고 있는 경우가 있다.

이런 기업의 경우 노사문제 관련 대응은 성공하기 힘들다. 그 이유는 조직 간의 유기적인 협조를 통한 전사적 조직관리가 되어야 원만한 노사관계를 유지할 수 있기 때문이다(4편 균형 참조). 따라서 노사문제 전담조직과 생산, 영업 조직 간의 조직 내 강한 유대 또는 연계를 통하여 전사적 결속을 강화하는 것이 중요하다.

결론적으로 노사문제를 담당하는 조직은 조직 구성원에게 업무에 대한 자율적 관리 권한을 위임한다. 또한 조직은 조직 구성원들에게 조직 성과에 기반한 집단적, 개별적인 성과보상을 한다. 그리고 조직 구성원에 대해 넓은 범위의 일반교육과 맞춤형 교육을 지속하면서 업무 관련된 정보를 공유하고(Pfeffer, 1999) 퇴사 후에도 조직에서 관리하는 것을 노력한다.

결국 이런 조직이 손자가 말하는 항상 이길수 있다는 분위기가 충만한 상태인 세(勢, energy)를 갖게 되는 것이라고 할 수 있다.

모든 일에는 때가 있다
약한 고리 파악과 타이밍을 놓치지 마라

노사관계에서 자주 쓰는 말 중에 '꼭지 떨어질 때를 알아야 한다'라는 말이 있다. 이 말은 무슨 뜻일까?

노사 교섭에서 노사는 상호 타결 명분이나 실리가 충족되어야 교섭을 마무리할 수 있다. '꼭지가 떨어진다'는 것은 노사 어느 일방 또는 쌍방이 더 이상 교섭을 지속해도 이득이 없고 타결하는 것이 이익이거나 손해를 보지 않는다고 판단하여 교섭을 마무리하려는 시점인 것이다.

예를 들어보자. 노동조합이 어떤 요구를 내걸고 파업을 진행하고 있는데 기업 측에서 그 요구를 어느 정도 수용하거나 파업 철회 명분을 만들어 주면 파업을 중단하거나 끝낼 수 있다.

기업의 경우 노동조합의 파업을 끝까지 지켜보면서 백기 투항하기를 바라는 것은 참으로 무모한 일이다. 우선 파업에 돌입하게 된 것은 노사 모두 문제가 있기 때문이다.

노동조합이 파업을 끝내는 조건은 첫째, 노동조합 내부의 파업 투쟁 동력이 소진되어 더 이상 유지할 수 없는 경우이나. 이런 경우 기업 측에서 명분을 주지 않으면 노동조합은 기업에 타격을 주는 극단적인 투쟁 방법을 강구하지 않을 수 없게 된다.

둘째, 기업에서 노동조합 집행부에게 또는 조합원에게 명분을 주어 더 이상 파업을 해도 이득이 없다는 것을 느끼게 하는 경우이다.

따라서 기업이 노동조합에게 어떤 시기에 어떤 내용으로 명분과 실리를 제시하는가에 따라 파업이 마무리되고 교섭이 끝나게 된다.

이것이 바로 손자가 '사나운 새(鳥)의 빠르고 맹렬함이 먹이감의 뼈를 부수고 날개를 꺾는 것(지조지질 지어훼절, 鷙鳥之疾 至於毀折)과 같다고 말하는 절(節, the quality of decision)이다. 이것은 공격 대상과 지점을 결정하는 능력과 공격하는 타이밍을 말한다. 〈구체적 내용은 6편 허실 참조〉

〈원문 읽기〉

孫子曰(손자왈) : 凡(범) 治衆如治寡(치중여치과), 分數是也(분수시야)。鬪衆如
鬪寡(투중여투과), 形名[46] 是也(형명시야)。三軍之衆(삼군지중), 可使必受敵而無敗
者(가사필수적이무패자), 奇正是也(기정시야)。兵之所加(병지소가), 如以碬投卵
者(여이하투란자), 虛實是也(허실시야)。

손자가 다음과 같이 말하였다.

일반적으로 많은 병사를 지휘 통솔하면서도 적은 병사를 지휘 통솔하듯이
하는 것은 조직 편제 때문이다. 많은 병사와 싸우는 것을 적은 병사와 싸우듯
이 하는 것은 지휘명령 체계와 방법 때문이다. 전군의 병사가 적과 싸우고도
패배하지 않는 것은 다양한 변형 공격 방법과 정공법을 운용하기 때문이다.
병사들의 공격이 숫돌로 계란 치듯 할 수 있는 것은 나의 준비 태세를 철저히
한 후 적의 대비가 허술한 곳을 공격하는 허실전술에 충실하기 때문이다.

凡(범) 戰者(전자), 以正合(이정합), 以奇勝(이기승)。故(고) 善出奇者(선출기
자), 無窮如天地(무궁여천지), 不竭如江河(불갈여강하), 終而復始(종이부시), 日月
是也(일월시야) ; 死而復生(사이부생), 四時是也(사시시야)。聲不過五(성불과오),
五聲[47]之變(오성지변), 不可勝聽也(불가승청야)。色不過五(색불과오), 五色之變
(오색지변), 不可勝觀也(불가승관야)。味不過五(미불과오), 五味之變(오미지변),
不可勝嘗也(불가승상야)。戰勢不過奇正(전세불과기정), 奇正之變(기정지변), 不
可勝窮也(불가승궁야)。奇正相生(기정상생), 如循環之無端(여순환지무단), 孰能窮
之哉(숙능궁지재) !

일반적으로 전쟁은 정공법으로 맞붙고 다양한 변형 공격으로 승리한다. 그
러므로 다양한 변형 공격 방법을 잘 구사하는 사람은 그 방법이 하늘과 땅처

---

46. 전투 시 신호를 보내는 깃발, 징, 북을 말한다.
47. 다섯 가지 소리는 궁상각치우(宮商角徵羽)이고 다섯 가지 색은 청황적백흑(靑黃赤白黑)이며 다섯 가지 맛은 짠
    맛, 쓴맛, 신맛, 매운맛, 단맛(鹹苦酸辛甘)이다.

럼 무궁하고, 강이나 하천처럼 마르지 않는다. 끝났는가 하면 다시 시작되는 것은 해와 달이 떴다 지는 것과 같고, 죽었다가 다시 살아나는 것은 사계절이 순환하는 것과 같다. 소리는 불과 다섯 가지이지만 그것의 변화는 너무 다양하여 다 들을 수 없고, 색은 불과 다섯 가지이지만 그것의 변화는 너무 다채로워 다 볼 수 없는 것이며, 맛의 요소는 불과 다섯 가지이지만 그것의 변화는 너무 많아 다 맛볼 수 없는 것이다. 싸우는 모양새는 정공법과 다양한 변형 공격 방법에 불과하지만 다양한 변형 공격 방법에서 생기는 변형 전술은 이루 다 헤아릴 수 없는 것이다. 정공법과 다양한 변형 공격 방법이 무궁 무진하여 끝없이 순환하는 것과 같으니 어느 누구가 그 끝을 알 수 있겠는가?

激水之疾(격수지질), 至於漂石者(지어표석자), 勢也(세)。鷙鳥之疾(지조지질), 至於毀折者(지어훼절자), 節也(절야)。是故(시고) 善戰者(선전자), 其勢險(기세험), 其節短(기절단), 勢如彍弩 (세여확노)[48], 節如發機 (절여발기)。

세차게 흐르는 물이 돌을 떠내려가게 하는 것과 같은 것이 세(勢)다. 사나운 새(鳥)의 빠르고 맹렬함이 먹이감의 뼈를 부수고 날개를 꺾는 것이 절(節)이다. 따라서 싸움을 잘하는 사람은 그 기세가 맹렬하고 그 절은 순간적이다. 기세는 활시위를 최대한 당긴 것과 같고, 절은 활시위에 최대한 당긴 화살을 쏘는 것과 같다.

紛紛紜紜(분분운운), 鬪亂(투란), 而不可亂也(이불가란야)。渾渾沌沌(혼혼돈돈), 形圓(형원), 而不可敗也(이불가패야)。亂生於治(란생어치), 怯生於勇(겁생어용), 弱生於強(약생어강)。治亂(치란), 數也(수야)。勇怯(용겁), 勢也(세야)。強弱(강약), 形也(형야)。故(고) 善動敵者(선동적자), 形之(형지), 敵必從之(적필종지) ; 予之(여지), 敵必取之(적필취지) ; 以利動之(이리동지), 以卒待之(이졸대지)。

---

48. 노(弩)는 쇠로 된 발사 장치가 달린 활로 여러 개의 화살을 연달아 쏘게 되어 있다. (출처: 네이버 국어사전)

어지럽게 헝클어져서 싸워도 대오가 흐트러지지 않고, 뒤섞여 싸워 혼전이 되어도 진영을 정비하여 패배하지 않는다. 어지러운 것은 질서에서 생기고, 겁은 용기에서 생기며, 약함은 강함에서 나온다. 어지러움과 질서는 군의 조직 편제의 문제이며, 비겁과 용감한 것은 기세의 문제이며, 강함과 약함은 조직의 문제이다. 그러므로 적을 잘 조종할 줄 아는 사람이 형세를 만들면 적은 반드시 형세를 쫓아온다. 적에게 무엇인가를 주는 척하면 적은 반드시 그것을 취하려고 움직인다. 이익을 보여주어 적을 움직이게 하며 공격을 기다리는 것이다.

故(고) 善戰者(선전자), 求之於勢(구지어세), 不責於人(불책어인), 故(고) 能擇人而任勢(능택인이임세) ; 任勢者(임세자), 其戰人也(기전인야), 如轉木石(여전목석), 木石之性(목석지성), 安則靜(안즉정), 危則動(위즉동), 方則止(방즉지), 圓則行(원즉행). 故(고) 善戰人之勢(선전인지세), 如轉圓石於千仞之山者(여전원석어천인지산자), 勢也(세야).

그러므로 전쟁을 잘하는 장수는 이기는 분위기를 만들지 병사들을 탓하지 않는다. 따라서 장수는 사람을 선택하여 적재적소에 배치하고 이기는 분위기(세)를 만드는 것이다. 장수가 이기는 분위기를 만든다는 것은 사람을 다루되 통나무나 돌을 굴리는 것처럼 한다. 통나무와 돌의 성질은 평평한 곳에 두면 정지하고 있으나 경사지에서는 움직이며, 모나면 정지하고 둥글면 굴러가는 것이다. 그러므로 전쟁을 잘하는 장수가 이기는 분위기를 만드는 것은 둥근 돌을 천 길 높이의 산에서 굴러 떨어지게 하는 것과 같다. 이것이 세(勢)이다.

제6편

허 실

(虛實, Weak Points and Strong)

상대를 분석 파악하고
주도권을 잡아라

제6편 허실(虛實, Weak Points and Strong)

상대를 분석 파악하고 주도권을 잡아라

□ 핵심 사항

○ 나의 프레임을 만들고 전략적 전술적 주도권을 가져야 한다

○ 상대방 역량에 대한 종합적 분석이 승리의 형세를 만드는 출발점이다

○ 상대방 형태에 따라 맞춤형 대응하라

□ 주요 내용

○ 치인이 불치어인(致人而 不致於人, imposes his will on the enemy, but does not allow the enemy's will to be imposed on him.): 자신의 의도대로 상대방을 이끌면서 상황을 주도하지 상대방에게 끌려 다니지 않는다. 즉, 나의 프레임을 만들고 그 프레임 안에서 주도권을 가지고 상황을 이끌어야 한다

○ 공기소필구(攻其所必救): 싸움을 하고자 할 때는 상대방이 반드시 지켜야 하는 핵심 고리[49]를 공격하라. 그러면 상대방이 어쩔 수 없이 싸우게 된다
 – 상대방의 허(虛)와 실(實)을 파악하고 활용하면 나의 의도대로 상대방의 운명을 결정할 수 있는 것이다(능위적지사명, 能為敵之司命)

---

49. 사물이나 사건의 가장 중심이 되는 부분이 서로 연관되게 하는 요소를 비유적으로 이르는 말(출처: 네이버국어사전)로 사슬에서 다른 모든 고리가 종속돼야 하는 고리를 핵심 고리라고 한다. 이는 사물을 구성하는 요소들은 균등하게 발전하는 것이 아니라 불균등하게 발전하기 때문에 구체적 상황에 따라 항상 핵심 고리를 찾아내는 것이 필요하다.

○ 승가위(勝可爲): 승리는 만들 수 있는 것이다. (승리하기 위한 2가지 요소)

  – 첫째, 내가 싸울 곳을 상대방이 알 수 없게 하라(오소여전지지 불가지, 吾所

    與戰之地 不可知)

  – 둘째, 내가 싸울 장소와 시기를 알면(지전지지 지전지일, 知戰之地 知戰之日)

    승리할 수 있다. 즉, 나의 전략과 의도를 노출하지 않고 나의 뜻대로 주요 타격

    대상 을 결정하고 실행 시기를 정하면 역량이 부족해도 승리할 수 있다

○ 제승지형(制勝之形, what none can see is the strategy out of which

  victory is evolved.): 종합적 분석으로 상대의 허실을 파악하고 승리의 형세를

  만드는 과정과 방법. 결과와 현상보다는 과정과 본질에 집중해야 한다

  – 상대방의 허실을 파악하는 방법 4 가지: 책(策), 작(作), 형(形), 각(角)

    ▷ 책(策): 책략을 활용하여 상대방의 이해득실과 관련한 전술 계획 파악

    ▷ 작(作): 상대방을 움직이게 하여 상대방의 움직이고 멈추는 이치 파악

    ▷ 형(形): 상대방의 태세를 드러나게 하여 상대방의 죽을 곳과 살 곳 파악

    ▷ 각(角): 상대방과 충돌하여 상대방의 우세한 곳과 열세한 곳 파악

  – 응형어무궁(應形於無窮): 다양한 전술을 활용하여 상대방의 형태에 따라 맞

    춤형 대응을 해야 한다

○ 피실이격허(避實而擊虛, the way is to avoid what is strong and to strike

  at what is weak.): 상대방의 강한 고리는 피하고 약한 고리[50]를 공격하라

---

50. 어떤 조직이나 현상을 서로 연관되게 하는 하나 하나의 구성 부분 또는 그 이음매 중 가장 약한 부분을 비유적으
로 이르는 말로 사슬의 전체 강도를 결정하는 고리이다. 약한 고리는 시스템이나 조직의 전체적인 힘을 결정하는
요소로 그것의 약점이 되는 부분을 말한다. 이 말은 레닌이 러시아 혁명 시기에 사용하면서 특정한 상황을 비유적
으로 설명할 때 자주 사용한다.

손자는 이 편에서 상대방의 허실에 근거하여 '공격 대상과 지점을 결정하는 능력과 공격하는 타이밍을 판단하는 능력'인 절(節, the quality of decision)에 대해 설명한다.

손자는 이러한 능력을 갖추기 위해서는 다음과 같이 해야 한다고 말한다.

첫째, 전쟁을 잘하는 사람은 자신의 의도대로 상대방을 이끌면서 주도하지 상대방에게 끌려 다니지 않는다(치인이 불치어인, 致人而 不致於人).

즉, 나에게 유리한 프레임을 선점하고 이 프레임 안에서 전략적 전술적 주도권을 가져야 한다는 것이다.

둘째, 상대방의 허점을 파악하고 활용하여 내가 의도한대로 상대방의 운명을 결정할 수 있어야 한다(능위적지사명, 能爲敵之司命).

셋째, 종합적 분석으로 상대방의 허실을 파악하고 승리의 형세를 만드는 과정과 방법이 중요하다(제승지형, 制勝之形)

넷째, 싸움에서 승리하기 위해서는 상대방의 실한 곳을 피하고 허한 곳을 공격해야 한다(피실이격허, 避實而擊虛).

그러나 공격하는 방법이 정해진 유형이 있는 것이 아니니 상대방의 형태에 따른 맞춤형 대응으로 승리를 만들어 가야 하는 것이다(병인적이제승, 兵因敵而制勝).

프레임을 설정하고 효과를 극대화하라

손자는 전쟁터에서 '먼저 싸울 자리를 차지하고 상대방을 기다리는 사람은 편안하다(선처전지 이대적자 일, 先處戰地 而待敵者 佚)'고 하였다. 또한 '전쟁을 잘하는 사람은 자신의 의도대로 상대방을 이끌면서 주도하지 상대방에게 끌려 다니지 않는다(치인이 불치어인, 致人而 不致於人)'고 강조하였다.

이 말은 무엇을 의미하는 것인가?

싸움을 할 때는 유리한 지형을 선점하고 상황에 대한 주도권을 확보해야 승리할 수 있다는 것이다. 즉, 경쟁을 할 때는 나의 프레임을 만들어 상대방을 이 프레임 속으로 끌어들이고 전략적 전술적 주도권을 유지해야 의도한 목표를 달성할 수 있다는 것이다.

프레임(Frame)이란 현대인들이 정치, 사회적 의제를 인식하는 과정에서 본질과 의미, 사건과 사실 사이의 관계를 정하는 직관적 틀을 뜻한다.

프레임 이론(Frame theory)에 따르면, 전략적으로 짜인 틀을 제시해 대중의 사고 틀을 먼저 규정하는 쪽이 정치적으로 승리하며, 이를 반박하려는 노력은 오히려 그 프레임을 강화하는 딜레마에 빠지게 된다는 것이다.[51] 즉, 먼저 만들어진 프레임(Frame)은 그것이 설정한 목표, 실행계획, 실행 방법과 그 결과를 결정한다는 것이고 결국 먼저 설정한 프레임은 바꾸기가 어렵다는 것이다.

이렇게 프레임에 따라 동일한 사안이라도 판단이나 선택이 달라질 수 있는 현상을 프레이밍 효과(Framing effect)라고 한다. 따라서 나의 의도

---

51. 조지 레이코프 교수가 발표한 프레임이론(Frame theory)(시사상식사전, pmg지식엔진연구소)

대로 어떤 일을 실행하기 위해서는 먼저 나의 프레임을 설정하여 효과를 극대화하는 것이 중요한 것이다.

노사관계에서 노사교섭이 누구의 프레임대로 진행되는지에 따라 교섭의 결과물이 달라질 수 있다. 따라서 기업과 노동조합은 자신의 프레임을 설정하고 이 프레임속에서 교섭이 진행될 수 있도록 준비를 해야 한다. 노사 교섭 시 이러한 프레임은 노사관계 철학, 이론과 강령, 전략 등에 근거한 전략적 프레임과 사안별 대응을 위한 전술적 프레임으로 구분할 수 있다.

전략적 전술적 주도권 확보는 무엇이고 어떻게 하는 것인가

주도권(initiative)은 주동적인 위치에서 이끌어 나갈 수 있는 권리나 권력을 의미한다. 이를 군사적 측면에서 보면 작전의 성공을 위해 아군에 유리한 상황을 조성해 나감으로써 아군이 원하는 방향으로 전투를 이끌어 가는 능력을 말한다.[52] 즉, 주도권이라 함은 나의 의지대로 상황을 만들고 원하는 결과를 도출하는 능력이라고 할 수 있다.

그러나 우리가 현실에서 문제를 해결할 때 나의 의지대로 상황을 이끌면서 전체 판세의 주도권을 놓지 않고 목표를 달성하는 것은 말처럼 쉬운 일이 아니다.

노사관계에서 전략적 전술적 주도권(initiative)을 확보하고 있다는 것은 나의 계획과 의도, 방식대로 상황을 이끌어 나가는 것을 말한다.

노사는 공정함을 위하여 충분한 소통을 기반으로 '게임의 규칙(the rules of game)'을 정해야 한다. 이 규칙은 노사관계에서 발생할 수 있는

---

52. 이태규, 군사용어사전, (일월서각, 2012)

제반 상황에 대한 해결 원리와 과정을 규정하는 일종의 기준선이다. 따라서 이 규칙의 마련과 직원들의 동의를 얻는 것으로부터 프레임 설정과 주도권 확보가 시작된다고 할 수 있다.

이를 직원들의 임금과 근로조건을 결정하는 단체교섭을 통해 살펴보자.

기업은 경영전략에 근거한 노사관계 전략이 수립되어 있어야 한다. 기업은 노사관계 전략과 경영 상황을 반영하여 당해 년도 단체교섭 전략을 마련한다.

노동조합은 2년 (또는 3년) 마다 선거로 위원장과 집행부를 선출한다. 노동조합은 선출된 집행부 성향에 따라 이론과 강령에 근거한 노동조합 활동 전략이 다르게 나타난다. 따라서 노동조합은 집행부의 활동 전략에 기반하여 그에 맞는 새로운 단체교섭 전략을 수립하고 대응한다.

기업과 노동조합의 이러한 전략은 단체교섭 준비에서 마무리까지 일관되게 적용되는 노사의 교섭에 대한 기본 원칙이고 관철해야 하는 목표이다. 교섭 전술은 단체교섭 전략목표 달성을 위하여 각 교섭 단계마다 교섭 목표를 원활히 관철할 수 있는 대응 방안과 행동 원칙이다.

노사 모두 전체 교섭과 교섭 단계마다 주도권을 확보하기 위해서는 전체 교섭 전략 목표와 각 단계별로 전술목표를 설정한 후 철저한 상호 분석을 통하여 단계별 실행 계획을 마련하는 것이 필요하다. 프레임은 교섭 전략에 따라 교섭 전반을 관통하는 전략 프레임과 각 단계별로 제기되는 이슈를 주도하는 전술 프레임을 준비해야 한다.

기업의 교섭전략은 노사관계 전략과 경영 상태를 반영한 기업 입장 관철이다.

노동조합의 교섭 전략은 일반적으로 요구안의 관철과 유능한 간부 발굴 및 조직력 강화를 추구한다.

노사의 단체교섭 단계는 일반적으로 준비기, 교섭기, 투쟁기, 마무리기로 구분할 수 있다.

준비기에는 주객관적 역량 분석, 대응 교섭 전략 수립과 이에 근거한 교섭 방향 설정, 교섭 단계별 전술 수립 등이 준비되어야 한다.

기업은 관리자에게 임금 인상 관련된 기업 입장 공유, 직원과 소통, 기업지불 능력에 대한 합리성과 객관성 확보, 교섭위원 교육, 예상되는 노동조합 요구안 및 주요 이슈에 대한 분석과 대응방안 마련 등 교섭 전반에 대한 준비를 한다.

노동조합은 단체교섭 계획 수립(조합원 참여 방법, 쟁의 대비 방안, 기업 사정 파악 및 분석 등), 교섭 전략 수립, 요구안 작성, 요구안 설명회, 단체교섭 대비 조직 편제, 조합원 교육, 교섭위원 교육 등을 준비한다.

노동조합의 준비기의 핵심은 조합원들의 참여를 이끌어내기 위한 집행부와 조합원과의 신뢰 강화라고 할 수 있다.

교섭기는 노사가 교섭위원 중심의 테이블(table) 교섭으로 상호 요구하는 입장과 안을 제시하고 이견을 좁히려고 노력하면서 교섭하는 기간이다.

따라서 노사는 교섭의 원칙이 되는 교섭규칙(ground rule)확정, 교섭의 기선제압 방법, 살라미 전술(salami tactics)[53], 벼랑끝 전술(brinkmanship tactics)[54] 등 교섭 기법 관련된 다양한 협상전술 활용 능력을 갖추고 상호 대응한다.

노사는 교섭의 주도권을 확보하기 위하여 교섭위원 상호간에 기선 제

---

53. 얇게 썰어 먹는 이탈리아 소시지 '살라미(salami)'에서 유래된 용어. 협상에서 한꺼번에 목표를 관철하는 것이 아니라 부분별로 나누어 하나씩 제시하여 상대방이 부담 없이 수용하게 하는 방법을 사용하여 궁극적으로는 애초 설정한 목표를 관철시키는 협상방법.
54. 협상을 유리하게 이끌기 위해 낭떠러지에 매달린 것처럼 협상을 결렬하는 것처럼 보이게 하여 상대방의 양보를 이끌어 내는 극단적인 협상방법.

압 전술 활용, 교섭규칙(ground rule)확정 관련 기 싸움 등 다양한 방식을 활용한다. 또한 노사는 자신의 논리에 근거한 프레임을 설정하고 상호 요구안에 대한 타당성, 수용 가능성 여부 등에 대해 직원과 조합원들이 합리적으로 판단하도록 노력한다.

기업은 교섭위원을 중심으로 노동조합과 공식, 비공식 대화를 활성화하고 이에 집중한다.

또한 기업은 교섭위원만이 아닌 전사적 차원에서 관리자의 참여 유도와 조직을 활용하여 다양한 방식으로 직원과 소통 등을 해야 한다. 이 과정을 통하여 교섭 과정을 설명하고 직원들의 이해를 이끌어 내는 노력이 필요하다.

노동조합은 조합원의 참여 확대 및 일체감 고취에 집중한다. 또한 교섭 주도권을 확보를 위하여 교섭위원 중심의 교섭이 아니라 조합원들이 참여하는 교섭을 추구한다.

이를 위해 조합원들에게 교섭 상황을 보고하고 조합원이 부담없이 참여하는 준법투쟁 등을 결합시킨다. 이렇게 하는 이유는 노동조합은 교섭도 투쟁이고 교섭기의 핵심은 조합원들의 투쟁력을 높이는 것이라고 인식하기 때문이다. 그리고 SNS 활용 등 다양한 방식으로 교섭 내용과 자신의 주장을 홍보하면서 조합원의 관심을 유도한다.

한편, 노동조합은 교섭 결렬에 대비한 행동 방침을 조합원 토론을 통하여 결정한다. 이는 조합원이 참여하는 투쟁이 되어야 교섭력을 발휘할 수 있기 때문이다.

투쟁기는 교섭에서 노동조합이 자신이 제기한 요구안의 수용 가능성이 낮아졌다고 판단하여 법적으로 보장된 쟁의활동을 하고 기업은 이에 대응하는 기간이다. 이 때 중요한 것은 쟁의행위 등으로 노사가 감정적이지 않고 이성적이고 합리적으로 소통하는 방안, 상호 손실을 최소화하는 방안을 노사가 모두 고민해야 한다는 것이다.

기업은 노동조합과 조합원의 감정을 자극하지 말아야 한다. 또한 기업의 손실을 최소화하는 방안, 고객의 구매력을 유지하는 방안, 기업 경쟁력 저하 방지 방안 등에 대한 비상 대응 전술(contingency plan) 방안 등을 준비하고 상황에 따라 대응해야 한다.

노동조합은 '파업은 노동자의 학교'라는 인식에 기반하여 조합원의 상태에 맞는 다양한 투쟁 방식을 사용하고 이를 통하여 노동조합의 조직력을 한 단계 높이려고 노력한다(자세한 투쟁 방식은 11편 구지 참조). 다만, 노동조합은 투쟁이 양날의 검이라는 것을 명확히 인식하여 투쟁 시기 무리한 투쟁으로 인한 조합원의 분열, 집행부 내부의 분열, 집행부와 조합원의 의견 차이에 따른 교섭력과 조직력 저하에 유의해야 한다.

마무리기는 노사 갈등을 최소화하고 노사가 양보하면서 '불만족의 수용'방식으로 교섭을 마무리하는 기간을 말한다.

여기서 중요한 것은 노동조합의 합의안 수용을 위한 명분을 만드는 노사의 상호 노력 과정이다. 노동조합은 합의안에 대해 조합원들의 의견을 들어야 하고 조합원들이 합의안을 거부하면 다시 갈등이 발생하기 때문이다.

기업은 단체교섭 과정에서 발생한 부정적 요소 해결, 현업에 복귀한 후 제품 생산성 및 경쟁력 향상, 노동조합 집행부, 직원, 조합원과의 유대강화 등을 위한 전술과 실행 방안 등을 준비해야 한다.

노동조합은 요구안의 관철 여부가 아니라 조합원의 참여도와 단결력이 가장 높은 때를 마무리 시기로 인식한다. 노동조합 교섭력의 근원은 조합원이기 때문이다.

한편, 노동조합은 의사결정의 투명성, 공개성을 지향하면서 조합원과의 토의를 통하여 교섭 마무리 여부를 결정한다.

이러한 각 단계별 교섭 전술은 당해 년도 단체교섭 목표 달성을 위한 교섭 전략에 복무해야 하는 것이다.

따라서 노사가 프레임을 설정하고 전략적 전술적 주도권을 갖는다는 것은 자신의 목표를 관철하기 위해 일관되면서도 다양한 방안으로 상황을 이끌고 상대방을 이해시켜 수용하게 만드는 과정이라고 할 수 있다.

직접 확인하고 판단하라

손자는 주도권을 유지하면서 상대방의 허점을 공격하고, 물의 흐름과 같이 움직이면서 상대를 대하고 목표를 달성하는 것이 중요하다고 강조한다.

누가 모르는가? 상대방의 허점을 공격하면 (피실이격허, 避實而擊虛)이길 수 있다는 것을. 중요한 문제는 어디가 강한 고리(실, 實)이고 어디가 약한 고리(허, 虛)인지를 잘 모른다는 것이다.

그래서 손자는 상대방과의 접촉을 통해 허와 실을 직접 확인하고 판단하라는 것이다.

손자는 상대의 허와 실을 직접 확인하고 판단하는 방법으로 4가지를 제시한다.

첫째는 상대의 이해득실과 전술 계획을 파악하는 책(策, Scheme)이다.

상대방 의도와 역량에 대한 분석과 판단 능력이 있어야 한다는 것이다 (책지 이지득실지계, 策之 而知得失之計).

노사관계에서 기업과 노동조합은 이러한 분석과 판단 능력을 배양하기 위하여 상황 별 예상 시나리오를 마련하고 훈련하는 모의 교섭, 모의 게임(war game)등을 시행한다.

둘째는 작(作, Rouse him)이다.

이는 상대방을 움직이게 하여 상대의 조직 활동의 원리가 무엇인지를 파악하는 것이다(작지 이지동정지리, 作之 而知動靜之理).

상대를 움직이게 하는 방법은 다양하다. 목적이 상대의 조직 작동원리를 파악하는 것이니 다양한 응수 타진으로 상대의 대응을 파악하면 된다.

셋째는 형(形, Force him to reveal himself)이다.

이는 상대방의 대응 태세를 드러나게 하여 상대의 죽을 곳과 살 곳을 파악하는 것이다(형지 이지사생지지, 形之 而知死生之地).

상대방이 상황에 따라 어떻게 대응하는지 그 대응 방식을 파악하라는 것이다. 그래야 상대의 결정적인 취약점을 알 수 있다는 것이다.

넷째는 각(角, Carefully compare the opposing army with your own,)이다.

이는 직접 상대방과 부딪혀서 상대적으로 상대방의 우세한 곳과 부족한 곳을 파악하는 것이다(각지 이지유여부족지처, 角之 而知有餘不足之處).

이때 중요한 것은 능숙하게 상대방을 치고 빠지는 능력이다. 이는 판단을 잘못하여 상대방의 우세한 곳에서 부딪혀서 준비도 없이 패배할 수 있기 때문이다.

탁상행정이라는 말이 있다. 현장에서 답을 찾지 않고 문서나 기존 관행 또는 정해진 매뉴얼에 따라 일을 처리하는 방식을 말한다. 이런 탁상행정은 당연히 국민들의 실제 생활과 동떨어져 국민들의 지탄을 받게 되고 정부에 대한 반감만 갖게 만드는 것이다. 직접 확인하지 않는 이런 탁상 행정은 국민의 아픈 곳, 불편한 곳을 파악할 수 없어 문제를 주도적으로 해결할 수 없게 된다.

기업의 경우도 마찬가지이다. 직원들과 조합원들은 다양한 고충과 불만을 제기한다. 이러한 고충과 불만은 노사교섭, 노사협의회, 간담회 등 다양한 소통 방식 등을 통하여 확인하고 해결할 수도 있다. 또한 임금과 단체협약 등 단체 교섭을 통해 확인하고 해결할 수도 있다.

그러나 현실은 이러한 공식적인 회의 또는 공식 교섭에만 의존해서는 문제가 잘 파악도 되지 않고 해결도 되지 않는다는 것이다.

직원들의 이해와 요구, 고충과 불만을 잘 파악하고 공식 요구가 나온 배경 그리고 직원들이 진정으로 바라는 것들을 사전에 비공식적으로 대화를 통하여 직접 확인하고 파악하는 것이 중요하다.

노사간 비공식적 대화는 허심탄회하게 진행될 수 있다. 직원들 요구의 본질을 파악하고 상호 설득과 조율을 통해 공식적으로 이를 해결해주면 노사 간 오해없이 흔쾌히 수용하면서 노사상생으로 나아갈 수 있는 것이다.

과정에서 이미 승패가 결정된다

손자는 겉으로 드러나는 것(승지형, 勝之形) 즉, 결과가 아니라 목표를 달성하기까지의 과정(제승지형, 制勝之形)의 중요성을 강조한다. 이러한 목표를 달성하는 과정에서 가장 중요한 것은 상대방에 대한 철저한 분석을 바탕으로 직접 접촉을 통한 상대방의 역량과 의도 파악이라고 할 수 있다.

손자는 이를 근거로 사전에 나에게 유리한 여건을 조성하고 상대방에게 불리한 여건을 조성하는 것이 승패를 결정하는 거의 모든 것이라고 강조한다. 그리고 이러한 과정 준비는 장수의 독특한 역량이고 겉으로 드러나지 않는 전략이라는 것이다.

항상 문제의 본질과 과정을 봐야한다. 우리는 통상 어떠한 일을 보고 판단할 때 노력과 준비 과정 등은 간과하면서 그 결과에만 관심을 갖는 경향성이 있다.

다시 사례를 살펴보자.

D 기업 노사가 5년 연속 쟁의 없이 임금협상을 조기에 타결했다. D 기업 노사가 전세계적인 석유화학 위기와 코로나19 대유행에 따른 경영 환경 악화를 이겨내자는 데 공감하고 임금협상을 조기 타결했다. -중략- 기업 관계자는 "임금 교섭이 정해진 원칙에 따라 일체 이견 없이 진행된 점도 의미가 있지만 위기 극복을 위해 노사가 같은 마음을 확인했다는 점에서도 큰 의미가 있다"고 설명했다. (서울경제,2021.03.03)

어떤 기업이 노사분쟁 없이 단체교섭이 마무리되었다고 하면 우리는 그 결과에만 집중한다. 그러나 D 기업처럼 분쟁 없이 노사관계를 유지하는 것은 지난한 과정을 통한 노사 상호간 엄청난 노력의 결과물인 것이다.

D 기업의 노사대표들의 상호 신뢰 구축, 허심탄회한 의견 교환 등을 통하여 난관을 극복하고 노사간 상호 의견 합치 과정은 외부 사람들은 알 수가 없다.

손자는 이러한 결과를 내기 위한 준비 과정(제승지형, 制勝之形)이 결과물(승지형, 勝之形)보다 중요하다는 것을 강조한다. 즉, 노사가 분쟁 없이 합의하기 위한 전략 수립, 상대방의 공식 요구안 분석, 요구안 수용 가능성 여부 판단, 공식 비공식대화 등 다양한 노력이 중요하다는 것이다. 이러한 내적 과정이 충실해야 결과가 좋은 것이다.

〈원문 읽기〉

孫子曰(손자왈) : 凡(범) 先處戰地(선처전지) 而待敵者(이대적자) 佚(일),後處戰
地(후처전지) 而趨戰者(이추전자) 勞(로)。故(고) 善戰者(선전자),致人而不致於人
(치인이불치어인)。能使敵人(능사적인) 自至者(자지자),利之也(리지야) ; 能使敵
(능사적) 不得至者(부득지자),害之也(해지야)。故(고) 敵佚能勞之(적일능로지),飽
能飢之(포능기지),安能動之(안능동지)。

손자가 다음과 같이 말하였다.

일반적으로 전쟁터에서 먼저 싸울 자리를 차지하고 적을 기다리는 사람은
편안하고, 나중에 전쟁터에 도착해 상대방의 의도에 이끌려서 싸우는 사람은
힘들게 된다. 그러므로 전쟁을 잘하는 사람은 자신의 의도대로 적을 이끌며
조종하지 적에게 끌려 다니지 않는다. 적이 스스로 오게 하려면 이익이 된다
는 생각을 하게 하고, 적이 오지 못하도록 하려면 피해가 있다는 생각을 하게
해야 한다. 그러므로 적이 편안하게 쉬고 있으면 피로하게 만들고, 배부르면
굶주리게 하고, 안정적이면 동요하도록 해야 한다.

出其所不趨(출기소불추),趨其所不意(추기소불의) ; 行千里而不勞者(행천리이
불로자),行於無人之地也(행어무인지지야) ; 攻而必取者(공이필취자),攻其所不守
也(공기소불수야) ; 守而必固者(수이필고자),守其所不攻也(수기소불공야)。故(고)
善攻者(선공자),敵不知其所守(적부지기소수) ; 善守者(선수자),敵不知其所攻(적
부지기소공)。微乎微乎(미호미호) ! 至於無形(지어무형) ; 神乎神乎(신호신호) ! 至
於無聲(지어무성),故(고) 能為敵之司命(능위적지사명)。

적이 쫓아오지 못할 곳으로 나아가고, 적이 생각하지 못한 곳으로 나아가
라. 천리를 나아가도 피로하지 않은 것은 적이 없는 곳으로 가기 때문이다.
공격하면 반드시 탈취하는 것은 적이 지키지 않는 곳을 공격하기 때문이고,
방어하면 반드시 지키는 것은 적이 공격할 수 없는 곳을 지키기 때문이다. 그
러므로 공격을 잘하는 사람은 적이 어디를 방어해야 할지 모르게 하고, 방어

를 잘하는 사람은 적이 어디를 공격해야 할지 모르게 한다. 미묘하고 미묘하다. 의도한 대로 할 수 있는 수준이여. 신비하고 신비하다. 도무지 의도를 알 수 없는 수준이여. 이렇게 하여 내가 의도한 대로 적의 운명을 결정할 수 있는 것이다.

進而不可禦者(진이불가어자), 衝其虛也(충기허야) ; 退而不可追者(퇴이불가추자), 速而不可及也(속이불가급야)。 故(고) 我欲戰(아욕전), 敵雖高壘深溝(적수고루심구), 不得不與我戰者(부득불여아전자), 攻其所必救也(공기소필구야) ; 我不欲戰(아불욕전), 雖劃地而守之(수획지이수지), 敵不得與我戰者(적부득여아전자), 乖其所之也(괴기소지야)。

진격해도 적이 방어를 못하는 것은 적의 허점을 찌르기 때문이고, 퇴각할 때 적이 추격하지 못하는 것은 속도가 빨라서 따라오지 못하기 때문이다. 그러므로 내가 싸움을 원할 때 적이 비록 누각을 높이 쌓아 올리고 도랑을 깊게 판 성안에 진을 치고 있어도 어쩔 수없이 싸우게 되는 것은, 적이 반드시 지켜야 할 핵심 고리를 공격하기 때문이다. 내가 싸움을 원하지 않을 때 비록 땅에 선만 그어 놓고 지키고 있다 하더라도 적이 싸움을 걸지 못하는 것은, 적이 의도하는 바를 무산시켰기 때문이다.

故(고) 形人而我無形(형인이아무형), 則(즉) 我專而敵分(아전이적분), 我專為一(아전위일), 敵分為十(적분위십), 是以十攻其一也(시이십공기일야)。 則(즉) 我衆而敵寡(아중이적과), 能以衆擊寡(능이중격과), 則(즉) 吾之所與戰者(오지소여전자), 約矣(약의)。

그러므로 적의 형태가 드러나게 하고 나의 형태가 드러나지 않으면, 나는 하나로 집중하고 적은 분산되게 된다. 나는 하나로 집중하고 적이 열 개로 분산되면, 나는 열 배의 힘으로 적 하나를 공격하는 것이 된다. 즉, 나는 우세하고 적은 열세하게 된다. 이렇듯이 나의 우세한 전력으로 열세인 적을 공격하면 나와 싸워야 할 적은 곤경에 처하게 된다.

吾所與戰之地(오소여전지지) 不可知(불가지), 不可知(불가지), 則(즉) 敵所備者多(적소비자다), 敵所備者多(적소비자다), 則(즉) 吾所與戰者寡矣(오소여전자과의)。故(고) 備前則後寡(비전즉후과), 備後則前寡(비후즉전과), 備左則右寡(비좌즉우과), 備右則左寡(비우즉좌과), 無所不備(무소불비), 則(즉) 無所不寡(무소불과)。寡者(과자), 備人者也(비인자야) ; 衆者(중자), 使人備己者也(사인비기자야)。

내가 싸울 곳을 적이 알 수 없게 하라. 적이 싸울 곳을 알 수 없으면 적은 대비할 곳이 많아진다. 적이 대비할 곳이 많아지면 내가 싸워야 할 적의 수가 적어지게 된다. 그러므로 앞을 대비하면 뒤가 약화될 것이고 뒤를 대비하면 앞이 약화된다. 왼쪽을 대비하면 오른쪽의 약화를 초래하고 오른쪽을 대비하면 왼쪽이 약화된다. 이렇게 사방을 모두 대비하면 어느 곳이나 적의 수가 적어진다. 적의 수가 적은 이유는 적이 모든 곳에서 우리 편을 대비해야 하기 때문이고, 우리 편이 많은 이유는 적이 대비하는 모든 곳 중에서 한 곳 만을 공격하기 때문이다.

故(고) 知戰之地(지전지지), 知戰之日(지전지일), 則(즉) 可千里而會戰(가천리이회전)。不知戰地(부지전지), 不知戰日(부지전일), 則(즉) 左不能救右(좌불능구우), 右不能救左(우불능구좌), 前不能救後(전불능구후), 後不能救前(후불능구전), 而況遠者數十里(이황원자수십리), 近者數里乎(근자수리호) ? 以吾度之(이오도지),越人之兵雖多(월인지병수다), 亦奚益於勝哉(역해익어승재) ? 故曰(고왈) : 勝可爲也(승가위야),敵雖衆(적수중), 可使無鬪(가사무투)。

싸울 장소와 시기를 알고 있으면, 천리 떨어져 있는 곳에서 싸워도 좋다. 싸울 장소를 모르고 시기를 알지 못하면 왼쪽은 오른쪽을 구할 수 없고, 오른쪽은 왼쪽을 구하지 못할 것이다. 앞쪽은 뒤쪽을 구하지 못하고, 뒤쪽은 앞쪽을 구할 수 없다. 하물며 멀 리 수십 리, 가까이 수 리 떨어진 것이야 어찌 하겠는가? 내 생각으로는 비록 월나라 병사가 많다고 해도 승패에 도움이 되지 않을 것이다. 그러므로 승리는 만들 수 있는 것이다. 적이 비록 많다고 해도 싸우지 못하도록 만들 수 있는 것이다.

故(고) 策之(책지) 而知得失之計(이지득실지계), 作之(작지) 而知動靜之理(이지동정지리), 形之(형지) 而知死生之地(이지사생지지), 角之(각지) 而知有餘不足之處(이지유여부족지처)。故(고) 形兵之極(형병지극), 至於無形(지어무형) ; 無形(무형),則(즉) 深間不能窺(심간불능규), 智者不能謀(지자불능모)。因形而措勝於衆(인형이조승어중), 衆不能知(중불능지), 人皆知我所以勝之形(인개지아소이승지형), 而莫知吾所以制勝之形(이막지오소이제승지형) ; 故(고) 其戰勝不復(기전승불부), 而應形於無窮(이응형어무궁)。

책략을 활용하여 분석하면 적의 이해득실과 관련한 전술 계획을 파악할 수 있다. 적을 움직이게 하여 적의 움직이고 멈추는 이치를 파악해야 한다. 적의 태세를 드러나게 하여 적의 죽을 곳과 살 곳을 파악해야 한다. 적과 충돌하여 적의 우세한 곳과 열세한 곳을 파악해야 한다. 그러므로 군 형태의 가장 높은 수준은 정해진 형태가 없이 주어진 조건에 맞게 자유자재로 형태를 만드는 수준에 이르는 것이다. 정해진 형태가 없고 조건에 따라 자유자재로 형태를 만들면 잠입한 적의 정보원도 알 수 없으며, 지모가 있는 사람도 대책을 세울 수 없는 것이다. 형태에 따라 승리를 거뒀다고 해도 사람들은 그 이유를 알 수가 없다. 모든 사람들은 내가 승리하게 된 형태는 알고 있지만 내가 승리의 형세를 어떻게 만들었는지를 알지 못한다. 그러므로 정해진 형태로 싸워 승리하는 방법을 반복하지 말고, 적의 형태에 따라 다양한 전략 전술을 활용한 맞춤형 대응을 해야 한다.

夫(부) 兵形象水(병형상수), 水之形(수지형), 避高而趨下(피고이추하) : 兵之形(병지형), 避實而擊虛(피실이격허) ; 水因地而制流(수인지이제류), 兵因敵而制勝

(병인적이제승)。故(고) 兵無常勢(병무상세), 水無常形(수무상형) ; 能因敵變化而取勝(능인적변화이취승), 謂之神(위지신)。故(고) 五行無常勝(오행무상승), 四時無常位(사시무상위), 日有短長(일유단장), 月有死生(월유사생)。

　일반적으로 싸우는 형태는 물과 같아야 한다. 물의 흐름은 높은 곳을 피하고 아래로 흐르기 마련이다. 싸우는 형태도 적의 실한 곳을 피하고 허한 곳을 공격해야 하는 것이다. 물은 지형 조건에 맞게 흘러가는 형태가 정해지고, 싸움은 적의 형태에 따른 맞춤형 대응으로 승리를 만들어 가는 것이다. 그러므로 싸움은 정해진 형태가 없고 물도 정해진 형태가 없으니 적의 상황에 따라 변화무쌍하게 대응하며 승리하는 것을 신의 경지라 한다. 오행[55]은 늘 이기는 것이 없으며, 사계절은 언제나 변화하여 고정하는 법이 없다. 해도 길고 짧음이 있고, 달도 차면 기우는 것이다.

---

55. 수(水), 화(火), 목(木), 금(金), 토(土)를 말한다. 목→화→토→금→수는 상생. 목→토→수→화→금은 상극이다.

⟨7~11편 개요⟩

7편부터 11편까지는 전투작전 수행에서 발생하는 상황과 처한 조건에 따라 대응하는 방안에 대해 설명하는 것이다.

손자는 이를 분석하고 판단하는 장수의 리더십, 능력 등을 강조한다.

7편 군쟁(軍爭): 전투작전 수행 방법

8편 구변(九變): 조건에 따른 유연한 맞춤형 전술

9편 행군(行軍): 조건 분석과 징후 파악 능력

10편 지형(地形): 장수의 리더십

11편 구지(九地): 상황에 따른 심리적 변화 활용과 대응 방법을 설명한다.

7.군쟁(軍爭)	전투작전 수행 방법

8.구변(九變)	9.행군(行軍)	10.지형(地形)	11.구지(九地)
조건에 따른 유연한 전술	징후 파악 교육 훈련	장수 리더십	상황에 따른 심리적 대응

제7편

군 쟁

(軍爭, Tactical Maneuvering)

때로는 돌아가는 것이
빠른 길이다

軍爭

제7편 군쟁(軍爭, Tactical Maneuvering)
때로는 돌아가는 것이 빠른 길이다

□ 핵심 사항

○ 전투작전 수행의 핵심은 상대방을 방심하게 만들고 목표를 달성하는 것이다

○ 상대방의 강한 곳에서 충돌하지 말고 허한 곳을 찾아 돌아가고, 위기를 기회로 만드는 전술적 대응능력을 갖춰라

○ 전투작전 수행 시 심리전 등을 활용하여 상대방의 사기를 꺾고 전투력을 약화시켜라

□ 주요 내용

○ 우직지계(迂直之計, knowledge of the artifice of deviation.): 멀리 돌아가는 것처럼 하지만 오히려 곧바로 지름길로 가는 방법이다. 때로는 돌아가고 때로는 손해를 보는 듯하지만 상대가 예상 못하는 다양하고 유연한 방법으로 궁극적으로 목표를 달성하는 전술적 유연성이다

- 이우위직 이환위리(以迂爲直, 以患爲利, turning the devious into the direct, and misfortune into gain.): 멀리 돌아가는 것처럼 하지만 오히려 곧바로 지름길로 가고, 불리한 조건을 오히려 유리한 조건으로 만들어야 한다. 상대방의 강한 곳에서 충돌하지 말고 허한 곳을 찾아 돌아가고, 위기를 기회로 만드는 것이다

○ 군쟁위리(軍爭爲利), 군쟁위위(軍爭爲危): 전투는 수행 방법에 따라 유리한 점

과 불리한 점이 상존하니 그 방법은 장수가 선택해야 한다

- 거군이쟁리 즉불급(擧軍而爭利 則不及): 모든 장비를 갖춘 전군이 함께 싸우면 유리하지만 속도가 떨어져 목표 달성이 어렵다

- 위군이쟁리 (委軍而爭利): 각 부대 단위로 나누어 신속하게 싸우는 유리함을 얻고자 하면 속도의 유리함은 있지만,

  ▷ 강한 병사는 먼저 가고 피로한 병사는 뒤쳐지게 되어 전체의 1/10만 목적지에 도달하게 된다(경자선 피자후 기법십일이지, 勁者先 疲者後 其法 十一而至)

  ▷ 또한 군은 군사장비와 보급품 지원, 식량, 비축물자가 없어 패망하게 된다 (군무치중즉망,무량식즉망,무위적즉망, 軍無輜重則亡,無糧食則亡,無 委積則亡)

○ 용중지법(用衆之法, the art of handling large masses of men): 군대를 통솔하는 방법

- 조직은 질서정연하고 일사분란(一絲紛亂)하게 운용되어야 한다. 이를 위해서는 지휘명령, 신호체계가 일관되고 명확해야 한다

○ 4가지 심리전 방법

- 치기(治氣 the art of studying moods): 상대방의 기세에 따른 대응 방법

- 치심(治心 the art of retaining self-possession): 상대 장수의 심리를 흔드는 방법

- 치력(治力 the art of husbanding one's strength): 역량을 유지하며 상대하는 방법

- 치변(治變 the art of studying circumstances.): 상대방의 상황에 따른 대응 방법

○ 8가지 전투 원칙
  - 고릉물향(高陵勿向): 고지를 점령하고 있는 상대방과 싸우지 마라
  - 배구물역(背邱勿逆): 언덕을 등지고 있는 상대방과 싸우지 마라
  - 양배물종(佯北勿從): 거짓으로 도망치는 상대방을 쫓아가지 마라
  - 예졸물공(銳卒勿攻): 사기 왕성한 부대는 공격하지 마라
  - 이병물식(餌兵勿食): 미끼로 유인하는 상대방과 싸우지 마라
  - 귀사물알(歸師勿遏): 철수하는 상대방의 퇴로를 막지 마라
  - 위사필궐(圍師必闕): 상대방을 포위할 때는 반드시 퇴로를 열어 주어라
  - 궁구물박(窮寇勿迫): 궁지에 몰린 상대방을 성급하게 압박하지 말아라

손자는 이 편에서 전술적 차원인 전투작전 수행(군쟁, 軍爭)에 대한 다양한 방안을 설명한다.

첫째, 상대방에 대한 면밀한 역량 분석 후 전투의 주도권 장악을 위한 방안을 제시한다.

상대방의 실한 곳은 피하고 허한 곳을 찾아 돌아가고, 불리한 요소를 유리한 요소로 바꾸는 즉, 멀리 돌아가는 것처럼 하지만 오히려 곧바로 지름길로 가는 방법인 우직지계(迂直之計, knowledge of the artifice of deviation)를 강조한다.

이는 싸우지 않고 이기는 것이 최상이지만 싸울 때는 상황과 조건에 맞는 전술적 유연성과 다양한 방법을 활용하여 피해를 최소화하면서 이기는 방안을 강조하는 것이다.

둘째, 장수가 전투시 어떤 전술을 선택하는가에 따라 이로울 수도 있고 위험할 수도 있다. 따라서 상황과 조건에 따른 전술 선택의 중요함을 지적한다.

셋째, 군대를 일사분란하게 지휘 통솔하며 전투를 수행하는 방법에 대해 설명한다.

넷째, 전투에서 상대방의 기세를 제압하는 심리전의 필요성을 제기한다.

다섯째, 상대방과 전투할 때 지켜야 할 원칙 8가지를 예시한다.

한편, 특이한 점은 손자는 상황에 따라 전술적으로 퇴각하는 방법에 대해서는 전혀 언급을 안하고 있다. 참 재미있는 부분이다. 필자는 공격도 중요하지만 상황에 따라 퇴각도 중요하다는 측면에서 이 편 마지막 부분에 퇴각 전술에 대해 간략히 언급할 것이다.

인식을 바꾸면 위기는 기회로 온다

어떤 노동조합은 단체교섭을 할 때 마다 파업을 주요한 협상 수단으로 활용한다. 노동조합이 정당한 절차를 준수하면 파업은 적법한 효과적이고 위력적인 교섭 수단 중 하나이다. 그러나 분명한 것은 파업을 하면 노사 모두 피해를 보게 된다는 점이다.

기업은 노동조합의 파업에서 무엇을 배워야 하는가?

노동조합이 기업을 압박하는 수단으로 파업을 하는 이유는 무엇일까? 파업이 발생하는 이유는 다양하지만 몇 가지를 살펴보면 다음과 같다.

첫째는 노사간 정보 비대칭으로 발생하는 경우가 있다.

기업은 경영 상황과 기업의 미래비전을 직원들과 공유하며 기업의 상황을 이해시키고 협력을 요청해야 한다.

기업은 미래에 대한 불확실성으로 긴축경영이 필요하다고 판단할 수 있다. 그러나 노동조합과 직원들은 이러한 정보에 대한 공유가 미흡하면 경영 상황에 대한 정보 부족으로 기업의 태도를 오해할 가능성이 높아 지게 된다. 따라서 기업은 직원 및 노동조합과 일상적이고 지속적인 정보 공유 등 소통을 하는 것이 필요하다.

둘째는 직원들의 고충과 불만이 누적되는데도 기업이 이를 해결하지 않고 효율성과 비용절감 등을 추구하여 누적된 불만의 폭발로 발생하는 경우이다. 따라서 기업은 직원들의 고충과 불만이 발생하는 이유와 원인을 해소하고 이를 개선하기 위한 노력을 체계적으로 하는 것이 필요하다.

셋째는 노동조합이 파업을 하면 기업이 즉각 요구 사항을 수용하여 문제가 해결된다고 판단하는 경우이다.

이런 경우는 기업의 원칙이 없는 즉흥적인 대응으로 인한 학습효과로 발생하는 것이다. 따라서 이런 기업의 경우는 파업 발생 원인에 대한 분석과 이를 근본적으로 해결할 수 있는 전략적 전술적 일관성을 갖는 대응방안을 마련해야 한다.

넷째는 노동조합 집행부의 이념에 근거한 정치적 목적의식에 따라 발생하는 경우이다.

우리는 종종 언론에서 총파업을 한다는 보도를 접하곤 한다. 노동법 개정, 노동자의 정치 사회적 지위 향상, 정부 노동정책에 대한 반발 등 이유는 다양하다. 이런 파업의 경우는 단일 기업의 대응 역량을 벗어나는 문제이지만 그럼에도 기업이 직면한 상황을 직원 및 노동조합과 공유하면서 기업의 피해를 최대한 줄이는 방안을 강구하는 지혜가 필요하다.

이와 같이 기업마다 파업이 발생하는 원인은 다양하고 다르다. 중요한 것은 기업이 파업으로 인한 피해만 호소할 것이 아니라 시간과 노력을 들여 노동조합과 소통하며 파업이 발생하는 원인을 찾아 근본적인 해결 방안을 마련하는 것이 필요한 것이다.

다음 사례를 보자. 석유 장치산업을 하는 G 산업이 임금 인상 등을 이유로 파업이 장기간 지속되고 있었다. 이에 따른 기업의 경영악화 심화, 전체 관련 산업에 미치는 전후방 영향력을 차단하고자 정부가 개입하려 하였다. 이때 G 산업 최고경영자가 직접 파업 현장에 나타나 "이 모든 문제는 제가 잘못해서 일어난 일입니다. 우리 직원들이 다치는 것을 볼 수만 없습니다. 이러는 이유는 제가 알고 있고 대화로 해결할 수 있다"고 하면서 정부의 개입을 중지해 달라고 요청하였다. 이때 최고경영자의 진실성이 담긴 인간적인 눈빛은 지금도 잊을 수 없다. 결국 G 산업 최고경영자의 노력으로 파업이 원만히 해결되었고 이후 G 산업의 노사는 무파업의 역사를 쓰고 있다.

이 사례는 기업의 경영자가 노동조합과 직원들에 대해 어떠한 관점과 생각을 가지고 있는가에 따라 노사의 갈등의 위기를 노사상생의 기회로 바꿀 수 있다는 것을 보여준다.

이것이 손자가 말하는 이우위직 이환위리(以迂爲直, 以患爲利)인 우직지계(迂直之計)방안이라고 할 수 있다. 따라서 이러한 방안을 활용하여 단기적 이익에 연연하지 않고 양보하면서 손해보는 것 같지만 장기적으로는 노사관계 철학에 근거한 올바른 노사 관행이 정착되도록 할 수 있어야 한다.

모든 일은 양면성이 있다
조직 리더의 역할과 판단이 중요하다

노사관계에서 기업과 노동조합의 리더 역할은 매우 중요하다. 기업과 노동조합의 리더가 어떤 유형인가에 따라 조직 구성원들이 창의적으로 일할 수도 있고 맹목적으로 일할 수도 있다.

일반적으로 조직 리더의 유형은 두 가지로 구분할 수 있다.

첫째 유형은 조직 구성원이 조직 전략 목표 달성을 위해 노력하는 만큼 임금 등을 보상하고 승진을 시키면서 일을 수행하게 하는 유형[56]이다.

이러한 유형의 조직리더는 조직내 주어진 공식적 직위(예를 들면 기업의 경우는 사장, 부사장, 전무, 상무, 이사, 부장 등 또는 노동조합의 경우는 위원장-부위원장-사무장-대의원-집행부서장)에 따른 권위를 활용하여 조직을 지휘 통솔한다.

---

56. 백기복, 조직행동연구, (창민사, 2021). 거래적 리더십(transactional leadership)이라고 한다.

이러한 유형의 조직 리더가 있는 조직은 목표 달성을 위해 밤을 새워 열심히 일을 한다. 그러나 조직 발전을 위해서는 이렇게 밤새워 일하는 것만이 능사는 아니다. 이른바 열심히 일하는 문화인 '농업적 근면성'은 필요는 하지만 현대 조직 활동에는 부합되지 않는 측면이 많이 존재한다.

두번째 유형은 조직 전략목표를 달성하는 방안으로 조직 구성원들에게 비전과 꿈을 제시하고 이의 실현 가능성에 대한 확신을 줌으로써 조직 구성원들이 자신의 능력을 최대한 발휘하도록 유인하는 것이다.

이러한 유형[57]의 조직 리더는 교육을 통해 조직 구성원의 능력을 지속적으로 높이며 명확한 의사소통으로 조직을 이끈다. 이러한 유형의 조직 리더가 있는 조직은 회의는 적고 토론이 활발하며, 목표 달성을 위해 선택과 집중을 잘한다. 이런 조직은 '농업적 근면성'보다는 '선택적 집중'으로 창의성을 높이는 데 주력한다.

이와 같이 조직의 리더 유형 구분을 하는 것이 특정 유형의 조직 리더가 좋다는 의미는 아니다. 어떤 유형의 리더이든 장단점이 존재하며 양면성을 갖는다.

조직의 리더가 모든 일에 완벽할 수 없고 주어진 과제를 해결하는데 조건을 다 갖추고 업무를 수행하기는 어렵다.

따라서 조직의 리더는 주어진 상황과 문제의 주요 측면과 부차적 측면을 구분하는 능력이 우선 되어야 하고 먼저 문제의 주요 측면을 해결하는 데 주력하는 것이 필요하다.

마찬가지로 노사관계를 담당하는 기업과 노동조합 리더는 단체교섭 시 노동조합이 제기하는 요구안 및 기업이 제출한 교섭안에 대해 주요 요구

---

57. 백기복, 전게서. 변혁적 리더십(transformational leadership)이라고 한다

와 부차적 요구를 구분하고 우선 순위에 따른 해결 방안을 마련하는 것이 필요하다.

기업의 경우 중요한 것은 마련된 해결방안에 대한 조직 내부의 공감대를 얻어야 하는 것이다. 조직 내부의 공감대를 얻어야 노동조합과 직원들을 설득할 수 있는 전사적 대응이 가능하고 교섭을 타결하기 위한 역량과 자원을 상황에 맞게 동원하고 배분할 수 있는 것이다. 물론 이러한 과정은 시간이 소요된다.

결국 이러한 과정의 성공여부는 조직 리더의 판단과 능력에 따라 결정된다. 그러나 신속한 교섭 마무리를 위해 조직 내부의 공감대 형성에 소홀하게 되면 전사적 차원의 지원을 받지 못하게 되고 노사전담팀만 나서서 대응하는 우를 범하게 된다. 현실적으로 노사전담팀만이 나서서 단체교섭을 마무리하는 것은 불가능하다.

이것이 손자가 말하는 군쟁위리(軍爭為利), 군쟁위위(軍爭為危)이고 의욕만 앞서 각 부대 단위로 나누어 신속하게 싸우는 유리함을 얻고자 하면 속도의 유리함은 있지만(위군이쟁리, 委軍而爭利) 결국 실패하게 되는 것이다.

따라서 기업의 경우 매우 어려운 문제이지만 노사문제를 전담하는 조직의 리더는 의욕만 앞세우지 말고 기본 준비를 갖춘 후 타이밍을 판단하여 일을 수행하는 것이 필요하다.

노동조합의 경우 이 과정에서 기업과는 달리 이미 총회(또는 대의원 회의)에서 교섭의 우선 순위를 결정하고 교섭대표에게 그 권한을 위임하였기 때문에 별 다른 어려움은 없다.

한편, 노동조합은 한 사람의 열 걸음보다 열 사람의 한 걸음을 중요시한다. 이는 노동조합의 활동이 조합원과 함께하는 것이기 때문이다. 다만, 손자가 말하는 모든 장비를 갖춘 전군이 함께 싸우면 유리하지만 속도가 떨어져 목표 달성이 어려운 점(거군이쟁리 즉불급, 舉軍而爭利 則不及)을 고려하여 상황에 따라 조합 집행부가 결단하는 신속성도 필요하다는 점을 인식해야 한다.

조직의 메시지는 일관성이 있어야 한다

기업은 교섭시기에 기업의 메시지를 일관되고 정확하게(One voice. One message) 직원들과 노동조합에 전달해야 한다. 즉, '될 것은 되고 안될 것은 안된다'는 메시지가 명확히 전달되어야 한다는 것이다.

예를 들어 기업의 경우 단체교섭에서 노동조합 측 교섭위원들에게 말하는 내용과 직원들에게 말하는 내용이 다르면 안 되는 것이다.

H 기업의 사례를 보자.

일반적으로 임금교섭은 다음과 같이 한다.

노동조합의 실제 임금 인상 목표가 50만 원이라고 하면 1차 교섭에서 노동조합은 100만 원 인상 요구안을 제출한다. 이에 기업은 수용 불가 안을 제시한다. 교섭 차수가 진행됨에 따라 노동조합은 90만 원 인상, 기업은 10만 원 인상 안, 이후 노동조합은 60만 원 인상, 기업은 40만 원 인상 안을 제시한다. 노동조합은 요구안을 관철시키기 위해 다양한 쟁의행위를 하고 마지막 단계에서 노동조합은 양보하는 척하면서 50만 원을 최종 제시하고 기업은 못 이기는 체하면서 이를 수용하여 교섭을 타결하는 것이 관행이다.

H 기업의 경우 이러한 불필요한 노사 갈등을 개선하기 위하여 교섭관행을 바꾸기로 결정했다. 기업은 노동조합이 100만 원을 요구안으로 제시했더라도 기업이 지불할 수 있는 능력 내에서 100만 원을 인상할 수 있으면 1차 교섭에서 제시하고 이를 노동조합이 수용할 것을 요구하였다.

처음에는 노동조합이 의아해하고 반발을 했지만 일관된 기업의 교섭 입장과 다양한 소통과 경영정보 공유 등을 통해 노동조합과 직원들이 기업의 진정성을 신뢰하고 이 방안을 수용하게 되었다. 이는 노동조합의 열린 소통의 결과이고 결단이었다.

이것이 손자가 말하는 조직을 통솔하는 방법으로 메시지의 일관성, 소통의 중요성, 성실한 내부 의사 교환 등 조직의 명령신호체계의 명확성을 보여주는 것이라고 할 수 있고 바로 용중지법(用衆之法, the art of handling large masses of men)의 예인 것이다.

4가지 심리전 방법

손자는 전투 시 장수가 사용하는 4가지 심리전 방법을 설명한다.

첫째는 상대방의 기세에 따른 대응 방법인 치기(治氣)이다.
이는 상대방 기세가 좋은 때는 피하고, 상대방이 해이하거나 쉬려고 할 때 공격하는 방법이다.
예를 들어 노사 교섭시기에 기업은 조합원들의 요구와 아픔 등을 잘 헤아려야 한다. 절실하고 정당한 요구는 수용하고 무리하거나 조직 이기적인 요구는 단호하게 거절할 수 있어야 한다.
동시에 기업은 일상 시기에도 노동조합과 조합원들이 요구하기 전에 기업이 먼저 나서서 조합원들이 불편을 느끼는 사안에 대해 해결방안을 제시하거나 발전적 의견을 수용하는 등 갈등없이 문제를 해결해 나갈 수 있는 선제적 대응이 필요하다.

둘째는 상대방 장수를 혼란스럽게 만드는 방법인 치심(治心)이다.

이는 잘 정비된 군대로 혼란스러운 상대방을 대적하고, 엄숙한 군기를 가지고 소란스러운 상대방을 공격하는 방법이다.

예를 들어 노사 교섭 석상에서 기업은 노동조합 집행부에게 기업의 일관되고 단일한 입장을 전달해야 한다. 이번 교섭에서 기업이 수용할 수 있는 것과 없는 것을 명확히 해야 한다. 그래야 노동조합 위원장을 포함한 교섭위원들이 올해 교섭에서 얻을 수 있는 것과 없는 것을 판단하고 조합원들을 설득하여 무리한 요구를 철회하게 되는 것이다.

셋째는 아군이 최상의 전투력을 유지하며 상대방을 대하는 방법인 치력(治力)이다. 이는 손자가 말한 가까운 곳에서 멀리서 오는 상대방을 기다리며, 충분히 휴식을 취한 상태에서 피로한 상대방을 기다리고, 배부르게 먹고나서 굶주린 상대방을 기다리는 방법이다.

예를 들어 업종에 따라 다르지만 기업의 생산방식에 따라 갈등 발생 시 구조적으로 기업이 손실을 입게 되는 경우가 있다(1편 시계 참조).

또한 조합원들의 단결력이 높아 노동조합의 투쟁력이 높아질 때가 있다. 노동조합의 투쟁력이 높아지면 기업에서는 어느 정도 노동조합의 요구안을 수용해야 갈등을 최소화하고 해결할 수 있게 된다. 따라서 기업은 노동조합의 조직력과 이에 근거한 투쟁력이 높을 경우에는 통상적인 대응보다 갈등을 최소화하고 노사의 피해를 줄일 수 있는 양보 방안 등을 모색하는 것이 필요하다.

넷째는 상대방의 사정과 상황에 따라 대응하는 방법인 치변(治變)이다.

이는 깃발이 질서 정연한 상대를 맞아 싸우지 않으며, 기세가 당당한 진영의 상대를 공격하지 않는 방법이다.

노사는 하나이고 기업 발전의 중추이다

손자는 전투할 때의 8가지 방법을 설명한다.

그것은 고지를 점령하고 있는 상대와 싸우지 말고, 언덕을 등지고 있는 상대와 싸우지 말며, 거짓으로 도망치는 상대를 쫓아가지 말고, 사기 왕성한 부대는 공격하지 말며, 미끼로 유인하는 상대와는 싸우지 말고, 철수하는 상대방의 퇴로를 막지 말며, 상대방을 포위할 때는 반드시 퇴로를 열어주고, 궁지에 몰린 상대방을 성급하게 공격하지 말아야 한다는 것이다.

노사관계에서 중요한 것은 노사는 하나이고 기업이 존재하는 한 노사는 함께 한다는 것이다. 따라서 노사관계에서 기업과 노동조합이 상생을 추구하는 것이 합리적이다.

대부분의 노동조합은 그 활동이 민주적이고 기업 발전을 위해 노력하고 있다. 노동조합은 2년(또는 3년)단위로 선거를 통해 위원장을 선출하고 집행부도 교체하는 등 노동조합의 권력을 민주적 방식을 통해 교체한다. 이러한 노동조합은 기업 발전의 한 축을 담당한다. 기업은 일상적인 기업 활동에서 노동조합의 가치를 인정하고 노동조합의 발전을 위해 도움을 주는 것이 기업발전을 위해서도 도움이 된다는 것을 명심해야 한다.

따라서 노사는 상대가 어려운 상황에 처했을 때는 상대방에 대해 존중을 하는 것이 필요하다. 상대가 약하거나 문제가 있다고 너무 몰아 부쳐 노사 어느 일방이 타격을 입게 되면 합리적이고 건전한 노사관계는 존재할 수 없게 된다.

이것이 손자가 말하는 철수하는 상대의 퇴로를 막지 않는 귀사물알(歸師勿遏)이고, 상대방을 포위할 때는 반드시 퇴로를 열어 주는 위사필궐(圍師必闕)이며, 궁지에 몰린 상대방을 성급하게 공격하지 않는 궁구물박(窮寇勿迫)[58]이다. 이러한 전술은 노사 모두가 명심해야 할 격언이라고 할 것이다.

공격만이 능사는 아니다
상황에 따라 '질서 있는 조직적 퇴각'이 필요하다

손자는 8가지 전투 방법을 설명하였다. 그러나 상황에 따라 필요한 퇴각 전술에 대해서는 언급이 없다. 어찌 보면 상황에 따라 공격보다 중요한 것이 퇴각이다. 이는 상황 변화에 따라서 다시 반격을 준비하는 과정이기 때문이다.

퇴각은 전술적 차원이다. 전략적 차원의 퇴각은 존재하지 않는다. 전략적 차원의 퇴각은 전쟁의 패배를 의미하기 때문이다. 따라서 퇴각은 전술적 차원이고 전쟁에서 승리를 위한 일시적인 후퇴 방안이다.

전투시 퇴각이 필요한 상황은 첫째, 공격으로 점령한 모든 영토를 유지할 수 없을 때이다. 둘째, 전투에서 상대방의 전력이 압도적이어서 진격도 할 수 없고 방어를 위한 진지전도 어려우며 버틸수록 전력 손실이 커져 아군 존폐의 위기 상황을 벗어나기 위한 경우이다. 이러한 상황에서는 혼비백산(魂飛魄散)하여 무조건 후퇴하는 것이 아니라 중요하지 않은 영토는 상대방에게 내주고 단계적으로 적절한 저항을 하면서 퇴각을 하는 것이다. 이런 방식으로 퇴각하는 이유는 상대방의 공격으로부터 핵심 간부를 보호하고 향후 공격을 위한 핵심 근거지를 지키기 위함이다[59].

따라서 퇴각은 자발적이며 계획적이고, 질서가 있고 조직적이어야 하는 것이다. 결국 이러한 자발적 퇴각은 '질서가 있는 조직적 퇴각'을 계획할 수 있다. 또한 퇴각의 끝을 정하고 행동할 수 있다. 이러한 퇴각은 시

---

58. '쥐도 궁지에 몰리면 고양이를 문다'는 궁서설묘(窮鼠齧猫)와 같은 의미이다.
59. 김창순, 전게서

간을 벌어 상대방의 예봉을 피하고 힘을 축적한 후에 공격으로 전환하는
전술적 고려이다.

〈원문 읽기〉

孫子曰(손자왈) : 凡(범) 用兵之法(용병지법), 將受命於君(장수명어군), 合軍聚衆(합군취중), 交和而舍(교화이사), 莫難於軍爭(막난어군쟁)。軍爭之難者(군쟁지난자), 以迂爲直(이우위직), 以患爲利(이환위리)。故(고) 迂其途(우기도), 而誘之以利(이유지이리), 後人發(후인발), 先人至(선인지), 此(차) 知迂直之計者也(지우직지계자야)。

손자가 다음과 같이 말하였다.

군사를 운용하는 방법은 장수가 군주에게서 명령을 받고 장정을 징집하여 군대를 하나의 지휘명령체계로 통합 편성한다. 이후 전장에 나가 진영을 구축하고 적과 대치하게 되는데 군대를 움직여 전투를 수행하는 군쟁(軍爭, tactical maneuvering)보다 어려운 일은 없다. 군쟁이 어렵다는 것은 멀리 돌아가는 것처럼 하지만 오히려 곧바로 지름길로 가고, 불리한 조건을 오히려 유리한 조건으로 만드는 것이다. 그래서 일부러 길을 돌아가며 적에게 유리함을 주는 것처럼 유인책을 쓰면 적보다 늦게 출발하고도 적보다 먼저 도착하게 된다. 이는 멀리 돌아가는 것처럼 하지만 오히려 곧바로 지름길로 가는 방법인 우직지계(于直之計)을 아는 것이다.

故(고) 軍爭爲利(군쟁위리), 軍爭爲危(군쟁위위)。擧軍而爭利(거군이쟁리), 則不及(즉불급) ; 委軍而爭利(위군이쟁리), 則(즉) 輜重捐(치중연)。是故(시고) 卷甲而趨(권갑이추), 日夜不處(일야불처), 倍道兼行(배도겸행), 百里而爭利(백리이쟁리), 則(즉) 擒三將軍(금삼장군), 勁者先(경자선), 疲者後(피자후), 其法十一而至(기법십일이지) ; 五十里而爭利(오십리이쟁리), 則(즉) 蹶上將軍(궐상장군), 其法半至(기법반지) ; 三十里而爭利(삼십리이쟁리), 則(즉) 三分之二至(삼분지이지)。是故(시고) 軍無輜重則亡(군무치중즉망), 無糧食則亡(무량식즉망), 無委積則亡(무위적즉망)。故(고) 不知諸侯之謀者(부지제후지모자), 不能豫交(불능예교) ; 不知山林(부지산림)、險阻(험조)、沮澤之形者(저택지형자), 不能行軍(불능행군), 不能

鄕導者(불능향도자), 不能得地利(불능득지리)。

군쟁은 이익이 될 수도 있고 위험이 될 수도 있다. 완전무장한 전군이 함께 싸우는 유리함을 얻고자 하면 오히려 신속함이 부족하여 전군이 함께 목적지에 도달하지 못하게 된다. 반면에 각 부대 단위로 나누어 신속하게 싸우는 유리함을 얻고자 하면 군사장비와 보급품(치중[60])을 버리고 잃게 된다. 이런 이유로 전군이 갑옷을 벗어 짊어지고 급히 쫓아가기를 밤낮을 쉬지 않고 두 배 속도로 행군하여 백 리를 나가서 유리함을 얻고자 하면, 삼군(중군, 좌군, 우군)의 모든 장수가 사로잡히게 된다. 강한 병사는 먼저 가고 피로한 병사는 뒤쳐지게 된다. 이런 방법으로는 모든 병력의 10분의 1 정도만 목적지에 도착할 것이다. 50리를 나가서 유리함을 얻고자 하면 상장군을 잃게 되고 병력은 반 정도만 도착할 것이다. 30리를 나가서 유리함을 얻고자 하면 병력의 3분의 2정도가 도착할 것이다. 따라서 군은 군사장비와 보급품 지원이 없어 패망하고, 식량이 없어 패망하고, 비축 물자가 없어 패망하게 된다. 그러므로 이웃나라 제후의 지모와 책략을 모르는 사람은 미리 외교관계를 맺을 수 없고, 산림, 험한 지형, 습지대의 지형을 모르면 군대가 행군할 수 없으며, 그 지역을 잘 아는 안내자를 이용하지 않으면 지리적인 이익을 얻을 수 없다.

故(고) 兵以詐立(병이사립); 以利動(이리동), 以分合爲變者也(이분합위변자야), 故(고)其疾如風(기질여풍), 其徐如林(기서여림), 侵掠如火(침략여화), 不動如山(부동여산), 難知如陰(난지여음), 動如雷震(동여뢰진)。掠鄕分衆(략향분중), 廓地分利(곽지분리), 懸權而動(현권이동), 先知(선지) 迂直之計者(우직지계자) 勝(승), 此(차) 軍爭之法也(군쟁지법야)。

전쟁은 적을 속임으로써 일어나고, 이익에 따라 움직이며, 병력을 집중하거나 분산시키는 등 수시로 변화를 만드는 것이다. 따라서 행동의 빠르기는

---

60. 군대의 여러 가지 물품을 통틀어 이르는 말로 탄약, 식량, 장막, 피복 따위를 이른다. (표준국어대사전)

바람과 같고, 고요함은 조밀한 숲과 같고, 침략은 맹렬한 불과 같고, 움직이지 않을 때는 산처럼 진중하고, 숨어있는 것은 어둠 속에 있는 것처럼 하고, 움직일 때는 우레처럼 한다. 적지의 마을을 점령하면 병사들을 나누어 주요 거점을 지키고, 영토를 넓히면 장수들이 지역별로 분담하여 지키게 하라. 상황판단 후 움직이되, 멀리 돌아가는 것처럼 하지만 오히려 곧바로 지름길로 가는 방법을 먼저 알고 활용하는 사람이 승리한다. 이것이 싸워서 승리를 쟁취하는 군쟁의 법칙이다.

軍政曰(군정왈) :「言不相聞(언불상문), 故(고) 為金鼓(위금고) ; 視不相見(시불상견), 故(고) 為旌旗(위정기)。」夫(부) 金鼓旌旗者(금고정기자), 所以一人之耳目也(소이일인지이목야) ; 人既專一(인기전일), 則(즉) 勇者不得獨進(용자부득독진), 怯者不得獨退(겁자부득독퇴), 此(차) 用衆之法也(용중지법야)。故(고) 夜戰多火鼓(야전다화고),晝戰多旌旗(주전다정기), 所以變人之耳目也(소이변인지이목야)。

옛날 병서 군정에 기록되어 있다. 싸울 때 말이 들리지 않기 때문에 북과 징을 치며, 보려고 해도 서로 보이지 않기 때문에 깃발을 사용한다고 한다. 징이나 북, 깃발을 사용하는 것은 사람의 눈과 귀를 하나로 모으기 위한 방법이다. 사람이 하나로 되면 비록 용감한 사람이라도 혼자서 앞장서지 못할 것이고, 비겁한 사람이라도 혼자서 도망가지는 못할 것이다. 이것이 군대를 통솔하는 방법이다. 야간 싸움에는 횃불과 북을 많이 쓰고 주간 싸움에는 깃발을 많이 사용한다. 이는 밤에는 깃발을 볼 수 없고 낮에는 불빛을 볼 수 없기 때문이다.

故(고) 三軍可奪氣(삼군가탈기), 將軍可奪心(장군가탈심)。是故(시고) 朝氣銳(조기예), 晝氣惰(주기타), 暮氣歸(모기귀) ; 故(고) 善用兵者(선용병자), 避其銳氣(피기예기), 擊其惰歸(격기타귀), 此(차) 治氣者也(치기자야)。以治待亂(이치대란), 以靜待譁(이정대화), 此(차) 治心者也(치심자야)。以近待遠(이근대원), 以佚待勞

(이일대로), 以飽待飢(이포대기), 此(차) 治力者也(치력자야)。無邀正正之旗(무요정정지기), 勿擊堂堂之陣(물격당당지진), 此(차) 治變者也(치변자야) ;

따라서 적군의 사기를 떨어뜨리고 적 장수의 마음을 뺏을 수 있어야 한다. 병사들의 심리상태는 아침에는 기세가 좋고, 낮에는 해이해지며, 저녁에는 쉬고 싶은 것이다. 그러므로 싸움을 잘하는 사람은 적의 기세가 좋은 때는 피하고, 적이 해이하거나 쉬려고 할 때는 공격한다. 이것이 적의 사기를 다스리는 방법(치기, 治氣)이다. 잘 정비된 군대로 혼란스러운 적을 대적하고, 엄숙한 군기를 가지고 소란스러운 적을 공격한다. 이는 적장수를 혼란스럽게 만드는 방법(치심, 治心)이다. 가까운 곳에서 멀리서 오는 적을 기다리며, 충분히 휴식을 취한 상태에서 피로한 적을 기다리고, 배부르게 먹고나서 굶주린 적을 기다린다. 이것이 아군이 최상의 전투력을 유지하며 적을 상대하는 방법(치력, 治力)이다. 깃발이 질서 정연한 적을 맞아 싸우지 않으며, 기세가 당당한 진영의 적을 공격하지 않는다. 이것이 적의 사정에 따라 대응하는 방법(치변, 治變)이다.

故(고) 用兵之法(용병지법), 高陵勿向(고릉물향), 背邱勿逆(배구물역), 佯北勿從(양배물종), 銳卒勿攻(예졸물공), 餌兵勿食(이병물식), 歸師勿遏(귀사물알), 圍師必闕(위사필궐), 窮寇勿迫(궁구물박), 此(차) 用兵之法也(용병지법야)。

적과 전투할 때의 방법은 다음과 같다. 고지를 점령하고 있는 적과 싸우지 마라. 언덕을 등지고 있는 적과 싸우지 마라. 거짓으로 도망치는 적을 쫓아가지 마라. 사기 왕성한 부대는 공격하지 마라. 미끼로 유인하는 적과는 싸우지 마라. 철수하는 적의 퇴로를 막지 마라. 적을 포위할 때는 반드시 퇴로를 열어 주어라. 궁지에 몰린 적은 성급하게 공격하지 마라. 이것이 적과 전투할 때의 방법이다.

구 변

(九變, Variation in Tactics)

상황과 조건에 따라
다양하고 유연한 대응을
해야 한다

九

變

제8편 구변(九變, Variation in Tactics)

상황과 조건에 따라 다양하고 유연한 대응을 해야 한다

□ 핵심 사항

○ 정해진 답은 없다. 주객관적 조건을 고려하여 상황에 맞는 능동적이고 유연한 대응을 해야 한다

○ 항상 조건과 상황의 양면성을 고려하여 판단하고 대응해야 한다

○ 장수는 전투 시 5가지 결정적 위험 요소를 유의해야 한다

□ 주요 내용

○ 구변지술(九變之術, the art of war of varying his plans): 상황과 조건에 따라 다양하고 유연한 전술 활용을 해야 한다

– 5가지 지형

▷ 비지(圮地): 산림, 험하고 막히고 끊긴 지형, 늪과 연못으로 둘러싸인 지형 등 행군하기 어려운 곳에서는 숙영하지 마라

▷ 구지(衢地): 상대국 및 제3국과 국경을 맞대고 있어 먼저 차지하는 쪽이 대세를 장악할 수 있는 곳에서는 외교관계를 잘 맺어야 한다

▷ 절지(絶地): 끊어져 고립된 곳에서는 오래 머무르지 마라

▷ 위지(圍地): 들어가는 길은 좁고 나오는 길은 멀리 돌아야 하며 소수의 상대방 군이 다수의 아군을 공격할 수 있는 곳에서는 계책을 세워 빠져나와라

▷ 사지(死地): 신속히 전력을 다해 싸우면 생존할 수 있으나 그렇지 않으면 죽을 곳에서는 죽기 살기로 싸워야 한다

- 5가지 상황에 대한 장수의 전술 판단 능력

  ▷ 도유소불유(途有所不由): 길에도 가서는 안 되는 길이 있다(상대방의 전술을 고려하여 나아가라)

  ▷ 군유소불격(軍有所不擊): 군대도 공격해서는 안 되는 군대가 있다(대세에 지장없는 일에 연연하지 마라)

  ▷ 성유소불공(城有所不攻): 성도 공격해서는 안 되는 성이 있다(상대방의 준비가 잘되어 있으면 돌아가라).

  ▷ 지유소부쟁(地有所不爭): 땅도 쟁탈해서는 안 되는 땅이 있다(사소한 것에 목숨 걸지 마라)

  ▷ 군명유소불수(君命有所不受): 군주의 명령도 지키지 못할 때가 있다(장수는 군주의 명령에 얽매이지 말고 전투 현장 상황 변화에 맞는 대응을 해야 한다)

○ 필잡어리해(必雜於利害, considerations of advantage and of disadvantage will be blended together): 지혜로운 장수는 반드시 이로움과 해로움을 함께 고려하여 판단한다. 즉, 상황과 조건에 따른 양면성을 이해하고 활용해야 한다

○ 장유오위(將有五危, five dangerous faults which may affect a general): 장수가 유의해야 할 5가지 결정적 성정

- 필사가살(必死可殺, recklessness): 반드시 죽고자 하면 죽을 수 있다(무모함)

- 필생가로(必生可虜, cowardice): 살려고 발버둥치면 포로가 된다(비겁함)

- 분속가모(忿速可侮, a hasty temper): 조급하면 쉽게 기만을 당한다(조급함)

- 렴결가욕(廉潔可辱, a delicacy of honor): 깨끗함이 지나치면 모욕을 당할 경우 쉽게 흥분한다(명예욕)
- 애민가번(愛民可煩, over-solicitude for his men): 지나친 사랑은 모두를 죽게 한다(노파심)

손자는 이 편에서

첫째, 장수가 객관적 조건인 지형과 상황 변화에 따라 다양하고 유연한 전술 대응을 해야 함을 강조한다. 이것이 구변[61]지술(九變之術)이다.

둘째, 장수는 상황과 조건에 따른 양면성 즉, 이로움과 해로움을 고려하여 전술적 대응을 해야 한다 점을 설명한다.

셋째, 장수가 경계해야 할 5가지 성정을 설명하면서 리더의 자질을 강조한다.

---

61. 구변은 아홉 가지 전술을 말하는 것이 아니다. 조건과 상황에 따른 다양한 전술 대응을 말하는 것이다.

조직의 리더는 객관적 조건에 따른 대응능력을 가져야 한다

손자는 장수가 결정할 수 없는 객관적으로 주어진 조건에 대한 분석, 판단과 대응 능력을 갖춰야 함을 지적한다. 즉, 장수는 주어진 조건을 명확히 분석하고 파악하여 그에 맞는 전술적 대응 방안을 마련하고 역량에 맞게 활용하는 능력이 있어야 한다는 것이다.

첫째, 산림, 험하고 막히고 끊긴 지형, 늪과 연못으로 둘러싸인 지형 등 행군하기 어려운 곳인 비지(圮地)에서 숙영해서는 안 된다고 하였다.

이런 곳에 진영을 구축하여 머물면 군사들이 쉴 수 없고 병들기 쉽고 적의 공격에 취약하기 때문이다. 이러한 열악한 조건을 벗어나기 위해서는 신속한 이동 전술이 필요하다.

둘째, 상대국 및 제3국과 국경을 맞대고 있어 먼저 차지하는 쪽이 대세를 장악할 수 있는 곳인 구지(衢地)에서는 주변국과 외교관계를 잘 맺어야 한다고 하였다.

즉, 상대방을 둘러싼 나라들과 외교관계를 맺으면 상대방은 전후 좌우로 경계해야하기 때문에 공격할 수 없게 된다. 이는 주변국과 동맹을 맺어 상대방을 고립시키는 전술이다.

셋째, 앞이 끊겨져 고립된 곳인 절지(絕地)에서는 오래 머무르지 말라고 하였다. 아군의 지원을 받을 수 없는 조건이거나 막힌 곳 등에서는 승리할 가능성이 낮기 때문이다. 이러한 고립무원의 조건에서는 신속하게 벗어나라는 것이다.

넷째, 들어가는 길은 좁고 나오는 길은 멀리 돌아야 하며 소수의 상대방 군이 다수의 아군을 공격할 수 있는 곳인 위지(圍地)에서는 계책을 세워 빠져나와야 한다고 하였다.

이는 상대의 기습이나 매복 등으로 치명적 타격을 받을 수 있는 조건에서는 다양한 전술을 활용한 긴급 대응으로 신속하게 위기를 벗어나야 한다는 것이다.

다섯째, 신속히 전투를 끝내면 살 수 있으나 신속히 전투를 끝내지 못하면 죽는 곳인 사지(死地)에서는 죽기 살기로 싸워야 한다고 하였다.

이는 절대적으로 불리한 조건으로 선택의 여지가 없을 때 취하는 방안이다.

노사관계에서도 이와 같은 객관적 조건에 따른 전술적 대응이 필요하다.

산업안전보건법이 개정되었다고 하자. 기업은 개정된 법에 맞게 시설 보완과 직원 교육 등을 실시해야 한다. 노동조합은 이를 감시해야 할 권한이 있다.

만약 기업이 비용 등의 문제로 인하여 시설보완을 지연하면 법 위반이 되고 산업재해가 발생할 가능성이 높게 된다. 이렇게 되면 노동조합은 이의 개선을 요구하고 노사 갈등이 발생하게 된다. 따라서 기업과 노동조합의 리더는 변화하는 법 제도에 맞게 조건을 개선하고 이를 지키는 준수하는 방안에 대해 상호 긴밀하게 소통하면서 새로운 제도가 정착되도록 노력해야 한다.

한편, 중소기업의 노사는 다양한 이유로 노사관계 법 제도 변화에 대한 대응 여력이 부족하거나 미흡할 수도 있다. 이런 경우 조직의 리더는 고용노동부나 경영계를 지원하는 단체들에 도움을 요청하고 교육 훈련 지원을 받는 등 외부의 도움을 활용하여 대응 능력을 키우는 방안을 모색하는 것이 필요하다.

조직 리더의 상황에 대한 대응 능력 5가지

첫째, 길에도 가서는 안 되는 길이 있다(도유소불유, 途有所不由)는 것이다. 이는 행군할 때는 상대방의 대응 전술을 고려하여 나아가라는 것이다. 즉, 나의 방식대로 문제를 해결하는 것이 아니라 상대방의 대응 전술을 고려한 문제 해결 방식을 마련해야 한다는 것이다.

노동조합은 항상 연구하고 학습하며 상황 변화에 따른 새로운 전술을 개발한다. 예를 들어 법 제도의 변화가 있으면 이를 적용하여 보다 나은 근로조건 등을 확보하기 위해 그에 맞는 새로운 교섭 전술을 개발하고 실행한다.

조직의 리더는 과거에 성공했던 대응방식과 전술이 항상 좋은 것만은 아니라는 것을 인식해야 한다. 따라서 조직의 리더는 자신의 방식만을 고집하지 말고 상황 변화에 따라 새로운 대응 방식을 고민하고 이를 실행하기 위하여 학습하고 노력하는 것이 필요하다.

둘째, 군대도 공격해서는 안 되는 군대가 있다(군유소불격, 軍有所不擊)는 것이다. 이는 궁지에 몰려 필사적으로 맞서는 상대방, 공격해도 이득이 별로 없고 오히려 아군의 피해가 예상되는 상대방 등은 대세에 지장이 없다면 군이 공격할 필요가 없다는 것이다. 즉, 조직 전체 이익과 흐름에 맞지 않는 일은 하지 않는 것이 좋다는 것이다.

노동조합이 쟁의행위를 할 때 리본을 패용하고 근무하는 경우가 있다. 노동조합이 리본 패용 쟁의 전술을 사용한다는 것은 다양한 이유가 있지만 아직 조합원의 참여가 미흡할 경우, 조합원들이 적극적인 투쟁의 필요성을 느끼지 못하는 경우 등을 고려한 것이다.

따라서 기업에서 조합원이 근무 중 리본을 패용했다고 이를 제거하려고 갈등을 야기하거나 징계 운운하며 감정을 건드려서는 안 된다. 오히려 조합원의 감정을 잘못 건드려 분노를 유발하고 투쟁력을 고양시키는 결과를 초래하게 되기 때문이다. 즉, 긁어 부스럼 만들지 말라는 것이다.

셋째, 성도 공격해서는 안 되는 성이 있다(성유소불공, 城有所不攻)는 것이다. 이는 비록 작은 성이라도 방비가 잘되어 있으면 공략하기 어렵고 아군의 피해가 발생할 수 있으니 핵심 요충지이고 대세를 결정짓는 곳이 아니면 굳이 먼저 공격할 필요가 없다는 것이다. 즉, 상대방의 준비가 잘되어 있는 강한 고리는 공격하지 말고 돌아가고 오히려 상대방의 약한 고리를 찾아 공략하는 것이 이득이라는 것이다.

노사교섭에서 정당하고 합리적인 노동조합의 요구는 수용하는 것이 필요하다. 기업이 노동조합의 합리적이고 타당한 요구를 무작정 거부하는 것은 조합원만 아니라 전체 직원들의 반감을 일으킬 수가 있다. 그 이유는 직원들은 노동조합의 요구가 명분이 있고 합리적인 경우 기업이 수용할 수 있다는 공감대를 갖기 때문이다.

반면 노동조합은 기업의 고유한 권한인 인사경영권 등의 요구에 너무 집착하지 말아야 한다. 이를 계속 요구하면 정작 조합원들의 관심 사안인 임금과 근로조건 개선 요구 등에 소홀해져 소탐대실 할 가능성이 높게 된다. 이는 직원들과 조합원들에게 명분이나 합리성 측면에서 공감과 지지를 받을 수 없는 사안이기 때문이다.

넷째, 땅도 쟁탈해서는 안 되는 땅이 있다(지유소부쟁, 地有所不爭)는 것이다. 이는 피해를 감수하면서 이익이 적은 땅을 얻으려 할 필요는 없고 상대의 땅을 그대로 두는 것이 오히려 이득이 된다는 것이다. 즉, 사소한 것에 목숨 걸지 말라는 것이다.

노사관계에서 기업과 노동조합은 서로 조직의 발전을 위하여 지켜야 할 영역이 존재한다. 노동조합은 기업의 인사경영권을 존중해야 하고 기업은 노동조합의 정당한 활동을 보장해야 하는 기본원칙 준수 등이 그것이다. 이런 부분이 준수될 경우 상생의 노사관계 구축이 가능하다고 할 수 있다. 또한 노사는 어떠한 갈등이 발생해도 기업이 유지되게 하기 위하여 필수유지 업무는 운영되도록 단체협약을 맺기도 한다.

예를 들어 기업의 경우 전체 노사관계 흐름과 관계없이 노동조합 간부의 사소한 실수에 대해 징계를 시도하다 노동조합의 반발을 유발하여 갈등을 키울 필요는 없다는 것이다. 반면에 노동조합의 경우 쟁의행위를 할때 기업이나 기업 관계자에 대한 인신모독이나 가족 등에 대한 공격을 해 노사간 감정을 손상할 필요가 없다는 것이다.

다섯째. 군주의 명령도 지키지 못할 때가 있다(군명유소불수, 君命有所不受)는 것이다. 장수는 전투 상황에 따라 대응 전술이 달라지기 때문에 전투에 나서기 전 받은 군주의 명령이나 군주의 새로운 지시가 있어도 전투 상황에 맞지 않으면 수행하지 못할 경우도 있게 된다.

현실에서 이것은 참으로 어려운 부분이다. 제2편(작전)의 승리를 알 수 있는 5가지(지승유오, 知勝有五) 중 군주는 간섭하지 말아야 한다고 설명했다.

이론적으로 현장의 리더는 최고경영자가 상황과 역량, 현장의 사정을 구체적으로 잘 모르면서 전략적 의사결정과는 다른 명령을 내리게 되는 경우 이 지시를 따르지 않을 수도 있다.

그러나 현실에서는 어떠한가? 기업의 임원이나 간부들이 최고경영자의 지시를 준수하지 않을 경우 짐을 싸서 집으로 가야하는 경우가 대부분일 것이다. 참 고민되는 부분이다. 특히 노사관계를 책임을 지는 임원이 노사 현실과는 다른 지시를 새롭게 받는 경우 그 실행 여부에 대해서는 냉정하게 판단해야 한다. 동시에 변화하는 기업 내외부 환경 요인을 고려한 능동적이고 합리적인 대응 방안을 제시하여 최고경영자를 설득하는 것도 필요한 방법 중 하나이다.

항상 양면성을 고려하여 긍정의 힘을 길러라

손자는 주어진 과제를 해결할 때 한 측면만 보지 말고 조건과 상황에 따른 양면성 즉, 유리한 점과 불리한 점 모두를 고려하고 이를 활용하는 것(필잡어리해, 必雜於利害)이 필요하다고 지적한다.

기업은 조직구조를 개선하여 경쟁력을 높이기 위한 방안으로 구조조정을 한다. 이러한 기업 구조조정의 목적은 사업구조 재편과 재무구조를 개선, 강화하여 기업의 핵심역량을 유지 발전시키고 경쟁력을 높이는 것이라고 할 수 있다.

기업은 이 과정에서 조직 효율성과 생산성을 높여 경쟁력을 향상시키기 위하여 기업의 인력 규모, 비용, 업무과정 등에 변화를 가져오는 의도적인 인력 감축 방안을 사용하기도 한다.

이러한 기업의 인력 구조조정은 양면성을 갖는다. 기업의 인력 구조조정은 단기적으로는 비용 절감 등을 통한 재무구조 개선으로 기업의 경쟁력을 유지 강화하는 등의 긍정적 측면이 존재한다. 그러나 장기적으로는 그 효과성에 대해 부정적 측면도 존재하는 등 찬반 의견이 분분하다.

한편, 기업의 인력 구조조정이 있으면 남아 있는 직원들은 '나도 언제가는 구조조정 대상이 될 수 있다'는 잠재적인 인식을 갖게 된다. 이러한 인식을 가지며 남아 있는 직원들은 기업에 대한 헌신과 충성도 등이 낮아지게 된다. 이를 노사관계에서는 독일 극작가 브레히트의 시를 인용하여 '살아남은 자의 슬픔(The sorrow of the survivors)'이라고 표현하기도 한다.

살아남은 자의 슬픔(The sorrow of the survivors)[62]

-베르톨트 브레히트-

물론 나는 알고 있다. 오직 운이 좋았던 덕택에

나는 그 많은 친구들보다 오래 살아남았다.

그러나 지난 밤 꿈속에서

이 친구들이 나에 대하여 이야기하는 소리가 들려왔다.

"강한 자는 살아남는다."

그러자 나는 자신이 미워졌다.

결국 이러한 기업의 분위기는 직원들의 업무에 대한 동기부여, 직무만족 등을 감소시켜 생산성이 하락하고 결국 이익이 감소하는 결과를 초래하는 등 부정적 측면이 존재한다.

기업이 인력 구조조정을 할 때 재무관련 조직의 리더는 비용 절감을 통한 경쟁력 강화가 목적일 수 있다. 그러나 노사관계 담당 조직 리더는 떠나는 사람에 대한 치유와 보상만이 아니라 오히려 경쟁력 강화를 위해 남아 있는 핵심인력과 직원들을 고려한 부작용을 최소화하는 방안을 마련하는 것이 중요하다. 그 이유는 사람이 경쟁의 원천이고 한번 깨진 신뢰는 회복하기 어렵기 때문이다.

Ⅰ 기업이 사업부를 매각하려고 할 때 이야기이다.

통상 기업에서 사업부 매각 또는 분사할 경우 두 가지 문제가 발생한다. 그 하나는 심리적 적대감이다. 직원들은 원 소속사를 떠나 다른 기업으로 이적하게 되니 섭섭함은 이루 말할 수가 없게 된다. 기업에 대한 배신감

---

62. 베르톨트 브레히트, 김광규 역, 살아남은 자의 슬픔, (한마당, 2014)

과 실망감이 심화된다. 다른 하나는 재무적 보상 기대감에 따른 위로금에 대한 입장 차이이다. 문제는 기업과 직원들 사이에 정보비대칭이 존재하여 오해가 발생하고 이를 해결하기가 무척 어렵다는 것이다.

그러나 이 기업의 임원은 비록 떠나가는 직원들이지만 기업의 상황을 공유하고 제시한 보상 방안이 최선이었다는 점을 끝까지 설명하면서 설득하였다.

처음에는 직원들이 반신반의했지만 밤새워 설명하는 것을 보고 이것이 직원에 대한 애정이고 자신들이 피해를 보지 않게 하려는 그 임원의 진심임을 알았다. 그리고 마침내 기업안을 수용하였다.

중요한 것은 이 과정을 지켜본 남아있는 직원들이 기업과 임원이 진심으로 직원을 존중하고 배려한다고 판단한 것이다. 이는 기업의 무형 자산이고 경쟁력의 원천이 된다. 진심은 항상 어디서나 통하게 된다. 단지 시간의 차이만 있을 뿐이다.

결국 노사관계 담당 조직의 리더는 조건과 상황에 대한 양면성을 고려하고 기업의 경쟁력 유지 강화를 위한 역할과 방안이 무엇인지를 판단해야 한다.

나는 어떤 성정을 갖고 있는가
장수가 경계해야 할 5가지 성정(性情)

손자는 장수가 경계해야 할 5가지 결정적 위험요인(장유오위, 將有五危, five dangerous faults which may affect a general)을 지적한다. 이 5가지 성정을 잘 관리하지 못하면 장수가 죽을 수도 있지만 최악의 경우에는 군대가 무너지고(복군살장, 覆軍殺將) 궁극적으로 전쟁에서 패배하여 나라를 잃을 수도 있게 된다.

장수가 경계해야 할 5가지 성정은 다음과 같다.

첫째, 장수의 무모함이다. 반드시 죽고자 하면 진짜로 죽을 수 있다(필사가살, 必死可殺, recklessness).

우리는 조직에서 과업을 해결하기에는 열악한 조건임에도 불구하고 저돌적으로 난관을 돌파하면서 과업을 해결하는 사람에게 추진력이 좋다고 말한다. 그러나 추진력과 무모함은 다르다는 것을 잊어서는 안 된다.

무모함은 조직의 리더가 자신의 경험과 능력을 과신하거나 능력이 없음에도 주어진 조건과 상황에 대한 분석과 전술적 대안도 없이 추진하여 일을 그릇치는 것이다.

둘째는 장수의 비겁함이다. 살려고 발버둥치면 적에게 포로가 된다(필생가로, 必生可虜, cowardice).

조직의 리더는 책임감이 있어야 한다. 이 책임감은 조직 구성원들에 대한 무한 책임이고 조직 구성원들이 최대한 능력을 발휘하여 일하는 분위기를 만들어 주는 원천이다. 반면 조직의 리더가 일에 대한 책임을 지지 않으려고 하고 부하 직원들에게 그것을 떠넘기려 하면 조직은 더 이상 작동되지 않는다. 이런 유형은 현실에 많이 존재한다.

셋째는 장수의 조급함이다. 욱하면서 급하고 화를 잘 내면 상대방에게 쉽게 기만을 당하게 된다(분속가모, 忿速可侮, a hasty temper).

조직의 리더는 주어진 조건과 상황에 따라 때로는 전광석화처럼 일을 처리해야 할 때가 있다. 이러한 일 처리 방식은 조건과 상황에 대한 신중하고 철저한 분석으로 신속성이 요구된다고 판단될 때 주저없이 일을 처리하는 것이다.

그러나 조직의 리더가 우물에서 숭늉 찾는 식으로 분석과 판단을 하면서 빠른 성과 도출만을 요구하면 그 조직은 경쟁에서 이길 수가 없다. 이런 유형의 경우에는 상대방의 의도와 실체를 명확히 파악하는 타초경사(打草驚蛇)가 필요하다.

넷째는 장수의 명예 집착이다. 깨끗함이 지나치면 모욕을 당한다(렴결가욕, 廉潔可辱, a delicacy of honor).

조직의 리더가 청렴하고 결백하면 조직은 매우 건강하고 자부심이 강하다. 그러나 조직의 리더가 지나치게 청렴 결백에 집착하게 되면 조직 구성원들이 피곤하게 된다. 또한 조직의 리더가 자그마한 것이라도 도덕적 공격을 받으면 명예가 더럽혀졌다고 생각하여 쉽게 흥분하고 판단력이 흐려지게 된다. 모든 것은 과유불급(過猶不及)이다.

다섯째는 장수의 노파심이다. 병사들에 대한 분별없는 지나친 사랑은 모두를 죽게 한다(애민가번, 愛民可煩, over-solicitude for his men).

조직 구성원 입장에서 이러한 유형의 사람 좋고 인자한 조직 리더를 만나는 것은 행운이다. 리더는 공적 업무, 사적 고민 등을 진심을 가지고 챙겨주고 해결해주는 가족보다 더 귀한 존재이다. 이러한 조직의 리더를 위하여 조직 구성원들은 헌신하고 조직의 성과는 높다.

그러나 조직 리더 입장에서 보면 모든 것을 직접 챙겨야 하는 등 조직 구성원에 대한 염려와 걱정이 태산이다. 조직 구성원에 대한 애정이 높아 모든 것을 배려해야 하니 성과에 따라 보상하고 책임에 따른 징계를 하지 못한다. 또한 조직 전체의 흐름과 이해관계를 살피지 못하게 되어 전체 조직에는 오히려 해가 될 수 있다. 결국 사람이 좋다고 조직 활동과 조직적 성과를 잘 내는 것은 아니다.

〈원문 읽기〉

孫子曰(손자왈) : 凡(범) 用兵之法(용병지법), 將受命於君(장수명어군), 合軍聚衆(합군취중) ; 圮地無舍(비지무사), 衢地合交(구지합교), 絕地無留(절지무류), 圍地則謀(위지즉모), 死地則戰(사지즉전),

손자가 다음과 같이 말하였다.

일반적으로 전쟁을 수행하는 방법은 장수가 군주의 명령을 받아 장정을 징집하여 군대를 편성한다. 장수가 군대를 이끌고 싸우러 나가서는 산림, 험하고 막히고 끊긴 지형, 늪과 연못으로 둘러싸인 지형 등 행군하기 어려운 곳(비지, 圮地)에서는 숙영하지 말아야 한다. 적국 및 제3국과 국경을 맞대고 있어 먼저 차지하는 쪽이 대세를 장악할 수 있는 곳(구지, 衢地)에서는 외교관계를 잘 맺어야 한다. 앞이 끊어져 고립된 곳(절지, 絕地)에서는 오래 머무르지 말아야 한다. 들어가는 길은 좁고 나오는 길은 멀리 돌아야 하며 소수의 적군이 다수의 아군을 공격할 수 있는 곳(위지, 圍地)에서는 계책을 세워 빠져나와야 한다. 신속히 전투를 끝내면 살 수 있으나 신속히 전투를 끝내지 못하면 죽는 곳(사지, 死地)에서는 죽기 살기로 싸워야 한다.

途有所不由(도유소불유), 軍有所不擊(군유소불격), 城有所不攻(성유소불공), 地有所不爭(지유소부쟁), 君命有所不受(군명유소불수)。故(고) 將通於九變之利者(장통어구변지리자), 知用兵矣(지용병의)。將不通於九變之利者(장불통어구변지리자), 雖知地形(수지지형), 不能得地之利矣(불능득지지리의)。治兵不知九變之術(치병부지구변지술), 雖知五利(수지오리), 不能得人之用矣(불능득인지용의)。

길에도 가서는 안 되는 길이 있다. 군대도 공격해서는 안 되는 군대가 있다. 성도 공격해서는 안 되는 성이 있다. 땅도 쟁탈해서는 안 되는 땅이 있다. 군주의 명령도 받아들이지 않아야 하는 명령이 있다. 따라서 장수가 구변의 이로움을 통달하고 있으면 용병술을 알게 된다. 장수가 구변의 이로움을 통달하지 못하면 비록 지형을 알고 있더라도 지형의 이로움을 얻지 못할 것이다. 군대를 통솔함에 있어 상황과 조건에 맞는 다양한 전술 활용방안을 알지 못하면 비록 다섯 가지 이로움을 알고 있다 하더라도 최상의 군대 운용을 하지 못할 것이다.

是故(시고) 智者之慮(지자지려), 必雜於利害(필잡어리해), 雜於利而務可信也(잡어리이무가신야), 雜於害而患可解也(잡어해이환가해야)。是故(시고) 屈諸侯者(굴제후자) 以害(이해), 役諸侯者(역제후자) 以業(이업), 趨諸侯者(추제후자) 以利(이리)。

따라서 지혜롭고 사려깊은 장수는 반드시 이로움과 해로움을 함께 고려하여 판단한다. 어려운 상황에서도 이로움을 생각하면 하는 일에 믿음을 가질 수 있고, 유리한 상황에서도 해로움을 생각하면 근심을 해결할 수 있을 것이다. 그래서 적국을 굴복시키려면 해로움으로 하고, 적을 쉬지 못하게 하려면 일을 하도록 만들어주고, 적을 유인하려면 이로움을 보여주는 것이다.

故(고) 用兵之法(용병지법), 無恃其不來(무시기불래), 恃吾有以待也(시오유이대야) ; 無恃其不攻(무시기불공), 恃吾有所不可攻也(시오유소불가공야)。

그러므로 전쟁을 수행하는 방법은 적이 가까이 오지 않으리라는 것을 믿지 말고, 내가 대적할 수 있는 대비를 해야 한다. 적이 가까이 와서도 공격하지 않으리라는 것을 믿지 말고, 적이 공격하지 못하도록 모든 방어태세를 갖추어야 한다.

故(고) 將有五危(장유오위) : 必死可殺(필사가살), 必生可虜(필생가로), 忿速可侮(분속가모), 廉潔可辱(렴결가욕), 愛民可煩也(애민가번야) ; 凡此五者(범차오자), 將之過也(장지과야), 用兵之災也(용병지재야)。覆軍殺將(복군살장), 必以五危(필이오위), 不可不察也(불가불찰야)。

장수에게 다섯 가지 위험요인이 있다. 첫째, 죽음을 각오하고 싸우는 사람은 적의 유인책에 빠져 죽을 수 있다(무모함). 둘째, 기어이 살려고 하는 사람은 포로가 될 수 있다(비겁함). 셋째, 화를 잘 내고 성미가 급한 사람은 적에게 기만을 당하기 쉽다(경솔함). 넷째, 청렴하고 결백하고자 하는 사람은 모욕을 당할 수 있다(명예욕). 다섯째, 병사에 대한 분별없는 지나친 사랑은 모두를 죽게 한다(노파심). 이 다섯 가지는 장수의 과오이고, 전쟁에서 재앙이다. 군을 멸망시키고 장수를 죽게 하는 것이 이 다섯 가지 위험요인에서 비롯하는 것이니 반드시 주의하여야 한다.

제9편

행 군

(行軍, The Army on the March)

모든 사물은 그 자체로
존재의 의미가 있는 것이다

行軍

제9편 행군(行軍, The Army on the March)

모든 사물은 그 자체로 존재의 의미가 있는 것이다

□ **핵심 사항**

○ 사소한 징후라도 놓치지 말고 의미를 분석하고 대응하라

○ 교육 훈련은 승리하는 조직을 만드는 지름길(첩경, 捷徑)이다

□ **주요 내용**

○ 사군지리(四軍之利, the four useful branches of military knowledge): 주어진 조건을 분석, 판단하고 유불리에 따른 맞춤형 전술로 대응하라

 - 처산지군(處山之軍, mountain warfare): 산에서 전투하는 방법

 - 처수상지군(處水上之軍, river warfare): 강에서 전투하는 방법

 - 처척택지군(處斥澤之軍, operations in salt-marches):소택지에서 전투하는 방법

 - 처평륙지군(處平陸之軍, campaigning in flat country): 평지에서 전투하는 방법

○ 위험한 지형은 신속히 통과하고 가까이 가서는 안 된다(필극거지물근, 必亟去之 勿近)

 - 6가지 위험한 지형:

   ▷ 절벽 사이의 깊은 골짜기(절간, 絕澗)

▷ 사방이 높고 움푹 들어간 분지 지형(천정, 天井)

▷ 험준하여 들어가면 나올 곳이 없는 지형(천뢰, 天牢)

▷ 밀림 같은 지형(천라, 天羅)

▷ 지세가 낮고 늪지대처럼 쉽게 빠지는 지형(천함, 天陷)

▷ 장애가 많은 좁은 골짜기(천극, 天隙)

○ 상대방의 상태를 알 수 있는 33가지 방법

  - 상대방 주변의 자연 변화로 파악하는 11가지 방법

  - 상대방의 형태나 움직임을 보고 판단하는 22가지 방법

○ 승리하는 군대를 만드는 방법(필취, 必取, a certain road to victory)

  - 장수가 예와 덕으로 명령을 내리고, 법령에 따라 기강을 세워야 한다(령지
    이문, 令之以文 humanity, 제지이무, 齊之以武, iron discipline)

  - 철저한 교육 훈련만이 승리하는 조직을 만든다(령소행이교기민, 令素行以
    教其民): 장수의 명령이 평소에 잘 이행되면서 예와 덕으로 병사들에게 교
    육 훈련시킨다

손자는 이 편에서 군대가 전투를 하기 위하여 이동할 때 처한 조건에 따른 전술적 대응 방안, 상대방의 상태를 파악하는 방안, 승리하는 군대를 만드는 방안을 제시한다.

첫째는 4가지 지형 조건에 따른 전술적 대응 방안이다. 특히, 6가지 지형을 예를 들어 불리한 조건을 극복하는 방법을 설명한다.

둘째는 상황에 맞는 전술 대응을 위해 상대방의 상태를 알 수 있는 33가지 징후 파악 방법이다. 손자는 이를 상대방 주변의 자연 변화로 파악하는 11가지 방법, 상대방의 형태나 움직임을 보고 판단하는 22가지 방법으로 구분한다.

셋째는 전투에서 승리하는 군대를 만들기 위한 방안으로 명령과 기강을 세우고, 이를 위해 병사들의 반복된 교육 훈련의 중요성을 강조한다.

주어진 조건에 따라 맞춤형 전술 대응을 하라

손자는 사군지리(四軍之利)를 설명하면서 산악지형, 강, 소택지, 평지 등 객관적으로 주어진 조건에 따른 유리한 점과 불리한 점을 판단하고 이에 맞는 전술 대응의 중요성을 강조하였다.

우리는 조직 생활을 하면서 무수히 많은 문제에 직면하고 이를 헤쳐 나간다. 또한, 우리는 직면한 문제를 해결하는 방법이 하나의 방식만 존재하지 않는다는 것을 잘 알고 있다. 그것은 제기되는 문제마다 발생 이유와 조건이 다르기 때문이다.

여기서 중요한 것은 문제마다 발생의 원인과 조건이 다르다는 점이다. 따라서 문제를 해결하기 위해서는 그 원인과 조건에 맞는 맞춤형 대응이 필요한 것이다.

노사의 교섭력(bargaining power)은 노사를 둘러싼 주어진 조건과 상황, 역량에 따라 결정되고 이 교섭력에 따라 노사의 교섭에 임하는 전략과 전술은 다르게 나타난다.

노사관계에서 교섭력(bargaining power)은 교섭 시 상대방에게 나의 요구를 관철시키는 능력과 상대방의 요구를 거부할 수 있는 능력이라고 할 수 있다. 이를 위해서 노사는 상대방의 약한 고리를 찾아 낼 능력이 있어야 하고 나의 약한 고리를 강한 고리로 만들 수 있는 능력이 있어야 한다.

노사 교섭에서 교섭력을 결정하는 요인은 무엇일까?
첫째, 외부 환경요인으로 노동관련 법 제도 변화가 노사에게 주는 영향 정도(예: 노동관련 법 제·개정, 노동관련 법원 판례의 흐름 등)이다.

둘째, 기업 경영에 영향을 주는 파업 위협 및 실행 능력과 파업 대응능력 여부 등을 들 수 있다.

노동조합은 파업 위협과 실행을 지렛대(leverage)로 하여 교섭력을 높일 수 있고, 기업은 파업 위협과 실행에 대응할 수 있는 능력 여부에 따라 교섭력을 높일 수 있다. 기업의 경영활동이 파업이 실행되어도 정상적으로 운영되면 노동조합의 교섭력은 약하고 기업의 교섭력이 높은 것이고, 기업 경영에 큰 타격을 초래한다면 그 반대의 경우가 되는 것이다.

이러한 파업 위협 및 실행 여부를 결정하는 요인으로 기업이 생산하는 제품의 특성과 생산하는 방식을 들 수 있다.

예를 들어 기업의 생산방식이 일관작업체계, 수직계열화, 적시생산방식(just-in-time)인 경우에는 파업에 취약한 구조로 기업의 교섭력이 약하다고 할 수 있다. 또한 노동집약적 산업일 경우 파업 참가율이 높으면 기업의 교섭력이 약하다. 반면 자본집약적 산업일 경우에는 노동조합의 교섭력이 약하게 된다. 이는 자동화율이 높아서 파업 참가율이 높아도 기업이 정상 경영을 유지할 수 있기 때문이다.

셋째, 노동조합과 기업의 조직력과 단결력 차이 여부와 노동조합의 투쟁 전술 여부, 파업에 대한 국민의 여론과 정부의 성향과 태도 등을 들 수 있다.

따라서 노사의 교섭력은 어느 하나의 요인에 의해 결정되는 것도 아니고 고정불변의 상태로 유지되는 것은 아니다. 노사가 어느 조건과 상황에 처해 있는가에 따라 노사의 교섭력이 다르므로 이에 맞는 교섭 전술이 필요한 것이다.

노사는 시대 상황과 조건의 변화에 따라 기존 관행과는 다른 교섭 전술의 필요성을 인식해야 한다

은행 등 금융산업의 경우 인터넷을 활용한 인터넷 뱅킹, 자동화 기기의 확장 등으로 창구업무에 종사하는 인력이 급속히 줄어들고 있다. 또한 노사가 단체협약으로 전산업무 종사자들은 파업 시 필수유지업무 대상자로 정하여 파업을 하더라도 전산업무는 지속된다. 금융산업의 경우 이러한 상황을 고려할 때 노동조합의 교섭력은 약화되는 추세라고 할 수 있다. 따라서 노사교섭은 양보와 협력 전술을 기본으로 하여 노사가 이익 공유, 이익 충족 등을 추구하는 것이 바람직할 것이다.

서비스업의 경우 코로나19 팬데믹으로 인한 피해가 막대하여 적자 경영이 심화되고 그에 따른 고용불안이 커지고 있다. 기업은 지불능력이 없고 노동조합은 고용불안에 직면해 있다. 이런 경우 노사 모두 교섭력이 약화되어 있는 상태이다. 따라서 노사교섭은 노사가 당면한 경제적 위기를 극복하기 위한 방안을 마련하는데 집중해야 한다. 노사는 기존 주장이나 입장을 바꾸어 기업은 고용보장, 노동조합은 임금 동결 등의 양보교섭(concession bargaining) 전술을 고려할 필요가 있는 것이다.

자동차 산업의 경우 테슬라로 대표되는 새로운 생산 플랫폼의 변화를 겪고 있다. 이러한 생산 패러다임 변화 속에서 노사는 협력하고 함께 노력할 경우 미래 먹거리를 창출할 수 있는 자원을 마련할 수 있다는 인식과 미래비전을 공유해야 한다. 따라서 노사는 상호 신뢰를 바탕으로 기존 방식의 교섭 전술보다는 노사의 이익을 모두 충족하는 대안을 모색하는 협력 방식의 교섭 전술을 고려하는 것이 필요하다.

모든 일은 전조(前兆)가 있다. 그 징후를 놓치지 말아라

노동조합은 고유한 기능과 역할을 한다. 노동조합은 직원들의 고충과 불만을 해소하고 고용을 보장하며 임금 불평등 등을 해소하는데 기여하면서 건전한 사회적 감시자 역할을 한다.

일반적으로 기업의 직원들이 노동조합을 만들고 가입하는 이유는 무엇일까?

이유는 다양하지만 기본적으로는 기업이 직원들이 느끼는 고충과 불만을 해결해 주지 않기 때문이다.

직원들이 느끼는 고충과 불만은 낮은 임금, 생산성 대비 성과급 미흡, 정리해고 등 고용불안, 승진 불만, 오너 가족의 경영전횡, 산업재해 빈발과 방지대책 미비 등 기업 내부적 요인을 들 수 있다. 직원들은 기업이 이러한 고충과 불만을 해결해주지 않으면 이를 해결하고자 노동조합을 결성한다.

또 다른 노동조합 결성 이유는 기업 외부의 목적 의식적인 노력이다. 우리나라 양대 노총의 노동조합 조직화 전략에 따른 노동조합 결성을 들 수 있다(1편 시계 참조).

손자는 전투에 임하는 상대방의 상태에서 나타나는 33가지 징후를 분석하고 대응해야 하는 점을 강조하였다.

노동조합이 없는 기업에서 노동조합이 결성되는 징후는 파악할 수 없는 것인가?

기업에서 노동조합을 결성하기 위한 징후는 여러 가지로 나타나는데 일반적으로 보면 다음과 같다.

절대적이거나 상대적으로 열악한 근로조건, 빈발하는 산업재해에 대한 기업의 무방비 및 무책임, 고용불안, 일방적인 경영 관행으로 인한 노사 간 의사소통 부재, 교육 훈련없이 기술 향상과 생산성 증대 압박, 공정한 성과 기준에 따른 인사가 아닌 무원칙한 인사 시행, 동종업종 대비 낮은 복리후생 등의 요인이 복합되거나 지속될 때 직원들은 노동조합을 결성하려고 한다.

한편, 노동조합이 존재하는 경우 파업 발생 가능성을 예상할 수 있는 방안은 무엇인가? 정해진 답은 없다.

그러나 노동조합에서 나타나는 징후를 파악하면 파업 발생 가능성 예측은 가능하다. 예를 들어 노동조합이 특별기금을 걷기로 결정하는 경우, 근무 시간 후 조합원들이 교육 훈련에 적극 참여하고 발언 등이 질서정연하는 경우, 교섭 준비 시기에 노동조합 간부 중심의 회의가 자주 열리는 경우, 회의에서 기업의 문제점을 체계적으로 지적하면서 해결 방안을 요구하는 경우 등 다양한 징후가 있다.

중요한 것은 나타나는 현상을 파악하고 의미를 분석하고 대응 방안을 마련하는 것이다. 그러나 현실에서는 그 징후가 파악도 안 되는 경우가 있고 설령 그 징후를 파악한다 하더라도 그 의미가 무엇인지 모르는 경우가 많이 있다.

일상적이고 지속적인 교육과 훈련만이 문제 해결의 지름길이다

기업의 교육 훈련 방법은 사내 교육훈련으로 현장 교육훈련, 기업내 선임 경력자의 경험을 전수하는 멘토링과 코칭, 집합 강의, 인터넷 활용 학습, 업무 가이드 또는 업무 매뉴얼을 통한 교육 훈련 등의 방법이 있다.

사내 교육훈련이 어려운 조건일 경우에는 사외 교육훈련을 적극 활용하는 것도 필요하다. 현재 정부나 공공기관이 시행하는 사외 교육훈련도 매우 내용이 충실하고 유익하니 이를 활용하는 것도 좋을 것이다.

노사관계 측면에서 보면 노동조합도 노사공동 교육에 적극 참여하는 것이 필요하다. 노동조합의 자주적 활동을 유지하기 위한 고유한 노동조합 교육은 독자적으로 시행해야 한다. 다만, 노사공동 이익 추구나 원만한 노사관계 유지를 위한 노사공동 교육은 노사발전재단 등 정부 기관을 통해 노사가 함께 하는 방안 등을 고려해 보는 것도 필요하다.

한편, 일반적 인식과는 달리 일상적이고 지속적으로 직원들에 대한 교육과 훈련을 활성화하고 투자하는 기업은 의외로 적다. 매우 안타깝지만 설령 기업에서 교육과 훈련을 실시한다고 해도 법률에서 정한 의무 교육(산재예방교육, 성희롱 예방교육 등)이외에는 다른 내용이 없는 것이 현실이기도 하다.

이러한 이유는 무엇일까? 다양한 이유가 존재하지만 여기서는 기업 최고경영자의 교육 훈련에 대한 인식을 지적하고자 한다. 이러한 교육 훈련의 중요성에 대한 낮은 인식은 직원들의 교육 훈련에 대한 투자를 통하여 생산성 향상, 경쟁력 강화 등을 유발하는 것이 그다지 효과적이지 않다는 판단에 기인하는 것으로 보인다. 특히 중소기업의 경우는 산업 구조의 특성에 따른 직원들 직무의 단순성으로 인하여 교육 훈련의 필요성을 느끼지 못하는 경우가 많다고 할 수 있다.

반면, 노사관계가 안정적인 기업들은 직원들에 대한 교육 훈련 투자를 주저하지 않는다. 직원들에 대한 교육 훈련 투자는 반드시 기업에게 다양한 이익의 형태로 되돌아오게 된다. 예를 들어 교육 훈련을 받은 직원들이 신기술을 개발하여 미래 먹거리를 창출하기도 하고, 기업이 어려울 때 위기극복을 위해 솔선수범하여 동참하기도 한다. 따라서 안정적이고 협력적인 노사관계를 유지하기 위해서는 교육 훈련에 대한 인식을 전환하여 보다 적극적으로 나서는 것이 필요하다.

〈원문 읽기〉

孫子曰(손자왈) : 凡(범) 處軍相敵(처군상적) : 絶山依谷(절산의곡), 視生處高(시생처고), 戰隆無登(전륭무등), 此(차) 處山之軍也(처산지군야).

손자가 다음과 같이 말하였다.

전쟁터에서 군대가 행군, 숙영, 진을 칠 때는 적의 형세를 잘 파악해야 한다. 산에서 행군할 때는 계곡을 이용해야 한다. 산에서 진을 칠 때는 높고 전망이 좋은 자리를 차지해야 한다. 산에서는 높은 곳에 있는 적과 싸우려 올라가지 말아야 한다. 이것이 산에서 전투하는 방법이다.

絶水必遠水(절수필원수), 客絶水而來(객절수이래), 勿迎之於水內(물영지어수내), 令半濟而擊之利(령반제이격지리). 欲戰者(욕전자), 無附於水而迎客(무부어수이영객), 視生處高(시생처고), 無迎水流(무영수류), 此(차) 處水上之軍也(처수상지군야).

강을 건너면 반드시 강에서 멀리 떨어져야 한다. 적이 강을 건너오고 있으면 강물 속에서 싸우지 말고 적이 반쯤 건너온 후 적을 공격하는 것이 유리하다. 전투를 하고자 할 경우에는 강가에서 적과 싸우지 말고 전망이 좋은 높은 곳에 자리잡고 싸워야 하며 강을 거슬러 올라가 적과 싸우지 마라. 이것이 강에서 전투하는 방법이다.

絶斥澤(절척택), 惟亟去無留(유극거무류), 若交軍於斥澤之中(약교군어척택지중), 必依水草(필의수초), 而背衆樹(이배중수), 此(차) 處斥澤之軍也(처척택지군야).

소택지를 지날 때는 가급적 빨리 지나가고 머물지 마라. 부득이 소택지에서 싸울 때에는 반드시 수초에 의지하고 숲을 등지며 싸워야 한다. 이것이 소택지에서 전투하는 방법이다.

平陸處易(평륙처이), 而右背高(이우배고), 前死後生(전사후생), 此(차) 處平陸之軍也(처평륙지군야). 凡此(범차) 四軍之利(사군지리), 黃帝之所以勝四帝也(황제지소이승사제야).

평지에서는 이동하기 쉬운 평탄한 곳에 주둔하고, 오른쪽 뒤가 높은 곳을 배후에 두고, 위험하고 불리한 지형을 앞에 두고 퇴로가 보장되고 보급이 쉬운 유리한 지형을 뒤에 두어야 한다. 이것이 평지에서 전투하는 방법이다. 이러한 지형에 따른 네 가지 전투방법은 황제가 여러 나라의 왕들과 싸워 이긴 방법이다.

凡(범) 軍好高而惡下(군호고이오하), 貴陽而賤陰(귀양이천음), 養生而處實(양생이처실), 軍無百疾(군무백질), 是謂(시위) 必勝(필승). 邱陵隄防(구릉제방), 必處其陽(필처기양), 而右背之(이우배지), 此(차) 兵之利(병지리), 地之助也(지지조야). 上雨水沫至(상우수말지), 欲涉者(욕섭자), 待其定也(대기정야).

군이 주둔할 때는 높은 곳이 좋고 낮은 곳은 나쁘다. 양지를 택하고 음지는 피한다. 병사들이 생활하기 편리하고 자연 조건이 좋은 곳에 주둔하면 병사들이 질병에 걸리지 않고 전력이 상승될 것이다. 이것을 필승의 태세라고 한다. 언덕이나 둑에서는 반드시 양지쪽에 자리잡고, 언덕과 둑을 오른쪽 뒤에 두어야 한다. 이것이 싸우는데 유리하고 지형을 이용하는 방법이다. 상류에 비가 와서 물거품이 내려오면 그곳을 건너려는 사람은 물살이 잠잠해 질때까지 기다려야 한다.

凡(범) 地有(지유) 絕澗(절간), 天井(천정), 天牢(천뢰), 天羅(천라), 天陷(천함), 天隙(천극), 必亟去之(필극거지), 勿近也(물근야) ; 吾遠之(오원지), 敵近之(적근지) ; 吾迎之(오영지), 敵背之(적배지). 軍旁有險阻(군방유험조), 潢井(황정), 蒹葭(겸가), 林木(림목), 翳薈者(예회자), 必謹覆索之(필근복색지), 此(차) 伏姦之所也(복간지소야).

지형에는 절벽 사이의 깊은 골짜기(절간), 사방이 높고 움푹 들어간 분지 지형(천정), 험준하여 들어가면 나올 곳이 없는 지형(천뢰), 밀림 같은 지형 (천라), 지세가 낮고 늪지대처럼 쉽게 빠지는 지형(천함), 장애가 많은 좁은 골짜기 (천극)등이 있다. 이처럼 위험한 곳은 빨리 통과하며 가까이 가서는 안 된다. 아군은 그곳을 멀리하고 적은 가까이하게 하며, 아군은 그곳을 바라보고, 적은 그곳을 등지게 해야 한다. 군 주둔지 주변의 험준한 산악이나 골짜기, 수초가 우거진 웅덩이, 갈대가 우거진 곳, 울창한 숲, 풀이 많은 들판은 반드시 반복 수색해야 한다. 그런 곳에는 반드시 적의 매복이나 정보원이 숨어있기 때문이다.

敵近而靜者(적근이정자), 恃其險也(시기험야)。遠而挑戰者(원이도전자), 欲人之進也(욕인지진야)。其所居易者(기소거이자), 利也(리야)。衆樹動者(중수동자), 來也(래야)。衆草多障者(중초다장자), 疑也(의야)。鳥起者(조기자), 伏也(복야)。獸駭者(수해자),覆也(복야)。塵高而銳者(진고이예자),車來也(거래야) ; 卑而廣者(비이광자),徒來也(도래야) ; 散而條達者(산이조달자),樵採也(초채야) ; 少而往來者(소이왕래자),營軍也(영군야)。

적이 가까이 있는 데도 조용한 것은 지형의 험함을 믿기 때문이다. 적이 멀리 있는데도 싸움을 걸어오는 것은 아군의 공격을 유도하기 위함이다. 적이 주둔한 곳이 평지이면 무언가 이로움이 있기 때문이다. 많은 나무가 움직이는 것은 적이 오고 있는 것이다. 풀 숲에 많은 장애물이 있으면 아군을 헛갈리게 하려는 것이다. 새들이 날아오르는 것은 복병이 있다는 것이다. 짐승들이 놀라 달아나는 것은 기습 부대가 움직이기 때문이다. 먼지가 높이 치솟으면 전차 부대가 오는 것이다. 먼지가 낮고 넓게 깔리면 보병이 오는 것이다. 먼지가 흩어지면서 가늘게 나는 것은 땔나무를 찾는 것이다. 먼지가 조금씩 일어났다 없어지는 것은 진영을 설치하는 것이다.

辭卑而益備者(사비이익비자), 進也(진야)。辭強而進驅者(사강이진구자), 退也(퇴야)。輕車先出居其側者(경거선출거기측자), 陣也(진야)。無約而請和者(무약이청화자), 謀也(모야)。奔走而陳兵車者(분주이진병거자), 期也(기야)。半進半退者(반진반퇴자), 誘也(유야)。倚仗而立者(의장이립자), 飢也(기야)。汲而先飲者(급이선음자), 渴也(갈야)。見利而不進者(견리이부진자), 勞也(로야)。鳥集者(조집자), 虛也(허야)。夜呼者(야호자), 恐也(공야)。軍擾者(군요자), 將不重也(장부중야)。旌旗動者(정기동자), 亂也(란야)。吏怒者(리노자), 倦也(권야)。殺馬肉食者(살마육식자), 軍無糧也(군무량야)。懸瓿不返其舍者(현부불반기사자), 窮寇也(궁구야)。諄諄翕翕(순순흡흡), 徐與人言者(서여인언자), 失衆也(실중야)。屢賞者(루상자), 窘也(군야)。數罰者(삭벌자), 困也(곤야)。先暴而後畏其衆者(선폭이후외기중자), 不精之至也(부정지지야)。來委謝者(래위사자), 欲休息也(욕휴식야)。兵怒而相迎(병노이상영), 久而不合(구이불합), 又不相去(우불상거), 必謹察之(필근찰지)。

말하는 것이 겸손하지만 전투태세에 더욱 집중하는 것은 진격하려는 것이다. 말하는 것이 강경하면서 진격하려는 전투태세를 하는 것은 후퇴하려는 것이다. 경전차가 앞으로 나와 측면에 배치되면 진을 치려는 것이다. 어떠한 약속없이 강화를 요청하는 것은 모략이 있는 것이다. 적이 분주하게 뛰어다니며 병력과 전차를 배치하고 있는 것은 싸움을 시작하려는 것이다. 적이 전진과 후퇴를 반복하는 것은 아군을 유인하려는 것이다. 적의 병사가 무기에 기대어 있는 것은 굶주리고 있다는 것이다. 적의 병사가 우물물을 길러와서 급하게 마시는 것은 물이 부족해 목말라 있다는 것이다. 적에게 이로움을 보여주어도 진격해 오지 않는 것은 적이 피로하다는 것이다. 새들이 모여 있다는 것은 철수하여 적의 진영이 비어 있다는 것이다. 적 진영에서 밤중에 놀라 외치는 소리가 들리는 것은 적이 겁에 질려 있기 때문이다. 전 진영이 어수선한 것은 적장이 위엄이 없다는 것이다. 적 진영의 깃발이 함부로 휘날리는 것은 적이 혼란에 빠져 있다는 것이다. 적의 지휘관이 화를 내는 것은 병사들이 지쳐서 힘들기 때문이다. 적이 말을 잡아먹는 것은 군량이 떨어졌기 때문이다. 적병이 취사도구를 걸어 그대로 두고 막사로 돌아가는 것은 적이 궁지에 몰린 상황이기 때문이다. 적병이 웅성거리고 있는데 적장이 어눌하게 말하는 것은 신망을 잃었기 때문이다. 적장이 자주 상을 주는 것은 적이 곤경에 처해 있기 때문이다. 적장이 자주 벌을 주는 것은 적이 곤궁하기 때문이다. 적장이 적병들을 난폭하게 다루고 두려워하는 것은 무능하다는 것이다. 적이 사신을 보내 사과하는 것은 휴식을 원하는 것이다. 적병이 화를 내면서 대치하고 있음에도 불구하고 오래도록 싸우지도 않고 철수도 하지 않으면 반드시 주의하여 관찰하고 대비하여야 한다.

兵非貴益多(병비귀익다), 惟無武進(유무무진), 足以併力料敵(족이병력료적) 取人而已(취인이이). 夫(부) 惟無慮而易敵者(유무려이이적자), 必擒於人(필금어인).

병사가 많다고 전투에서 이로운 것만은 아니다. 병사가 적고 전투력이 다소 부족하더라도 아군의 전력을 최대한 집중시키고 적의 상황을 분석 판단한 후 모든 병사가 하나되어 싸우면 적을 이길 수 있다. 어떠한 대책도 없이 적을 쉽게 여기는 장수는 반드시 사로잡힐 것이다.

卒未親附而罰之(졸미친부이벌지), 則(즉) 不服(불복), 不服則難用(불복즉난용). 卒已親附而罰不行(졸이친부이벌불행), 則(즉) 不可用(불가용). 故(고) 令之以文(령지이문), 齊之以武(제지이무), 是謂(시위) 必取(필취). 令素行(령소행) 以敎其民(이교기민), 則(즉) 民服(민복) ; 令不素行(령불소행) 以敎其民(이교기민), 則(즉) 民不服(민불복) ; 令素行(령소행), 與衆相得也(여중상득야).

병사들과 신뢰가 형성되기 전에 벌을 내리면 복종하지 않을 것이고, 병사들이 복종하지 않으면 전투하기가 어렵다. 반대로 병사들과 신뢰가 형성되었는데도 벌을 내리지 않으면 기강이 해이해져 역시 전투하기가 어렵다. 따라서 장수가 예와 덕으로 명령을 내리고, 법령에 따라 기강을 세워야 한다. 이것이 전투를 하면 반드시 승리하는 군대를 만드는 방법인 것이다. 장수의 명령이 평소에 잘 이행되면서 예와 덕으로 병사들에게 교육 훈련시킨다면 병사들은 마음으로 복종한다. 그러나 평소에 장수의 명령이 이행되지도 않을 뿐 아니라 병사들을 교육 훈련시키지도 않으면 병사들은 마음으로 복종하지 않는다. 평소에 예와 덕, 법령에 따라 기강을 세워 병사들의 마음을 얻으면 병사들은 장수와 함께 목숨을 걸고 싸울 것이다.

지 형
(地形, Terrain)

진정한 리더는
무엇을 하는가

제10편 지형(地形, Terrain)

진정한 리더는 무엇을 하는가

□ **핵심 사항**

　○ 리더의 지휘 통솔력, 분석 판단 능력은 조직의 명운을 좌우한다

　○ 진정한 리더는 조직을 위해 묵묵히 헌신하며 모든 책임을 진다

□ **주요 내용**

　○ 육자 지지도(六者 地之道, six principles connected with Earth): 6가지 지형 조건 활용 방안

　　– 통(通 accessible ground): 상호 쉽게 오고 갈수 있는 지형

　　– 괘(挂 entangling ground): 진격하기는 쉬우나 퇴각하기 어려운 지형

　　– 지(支 temporizing ground): 상호 진격하면 불리한 지형

　　– 애(隘 narrow passes): 길이 협소하여 통행이 불편한 지형

　　– 험(險 precipitous heights): 높고 험준한 지형

　　– 원(遠 positions at a great distance from the enemy): 상호 멀리 떨어진 지형

　○ 육자 패지도(六者 敗之道, six ways of courting defeat): 패배하는 6가지 법칙

　　– 주(走, flight): 하나의 힘으로 열을 공격하여(이일격십, 以一擊十) 전투력의 열세로 달아나는 것. 리더의 판단력 미흡, 무모함으로 인한 역량 손실로 망해

가는 조직

- 이(弛, insubordination): 병사들은 강한데 장수는 겁이 많고 약한 것. 리더의 지휘명령에 대한 조직 구성원의 명령 불복종으로 인한 통제불능 상태의 조직.

- 함(陷, collapse): 장수들은 강한 반면 병사들은 나약한 것. 조직 구성원의 역량이 부족하여 리더의 지시를 따르지 못해 무너지는 조직

- 붕(崩, ruin): 장교들이 장수의 명령에 불복종하고 명령과 통제를 따르지 않고 상대를 만나면 제멋대로 싸우는 것. 리더가 중간 간부들의 능력을 파악하지 못해 지휘통솔이 되지 않아 와해되는 조직

- 란(亂, disorganization): 장수가 위엄이 없고 교육 훈련은 불분명하고 간부와 병사간 질서가 없는 것. 오합지졸 중구난방인 상태인 조직

- 배(北, rout): 장수가 상대방을 모르고 적은 병력으로 상대방을 공격하고 약한 병력으로 강한 적을 공격하며 선봉에 설 정예부대가 없어 궤멸적 패배를 당하는 것. 리더가 역량판단, 전략전술이 부재하고 핵심인력이 없어 치명적 타격을 당하는 조직

○ 진정한 리더는 누구인가

- 진불구명 퇴불피죄(進不求名 退不避罪), 유민시보 이리어주(唯民是保 而利於主) : 진정한 리더는 명예를 추구하지 않고 모든 책임을 지는 것을 두려워하지 않는다. 다만 조직을 보호하고 발전시키기 위하여 모든 것을 거는 사람이다.

이 편의 제목은 지형이다.

손자는 이 편에서

첫째, 6가지 지형에 대한 특성 파악과 대응 능력이 장수의 중요 임무라는 점을 지적한다.

둘째, 군대가 패배하는 6가지 유형을 제시하면서 이 또한 장수의 능력 때문이라는 점을 강조한다.

셋째, 장수의 덕목으로 조직에 대한 헌신성과 무한 책임성을 강조한다.

얼핏 보아서는 지형 조건에 대한 설명으로 오해할 수 있다.

이 편은 장수 즉 리더의 임무와 역할 그리고 덕목에 대한 내용이 주된 것이라고 할 수 있다. 따라서 제목이 다음과 같이 바뀌어야 하지 않을 까 생각한다.

'진정한 리더는 무엇을 하는가'

주어진 조건은 보조 수단이지 모든 것을 결정하지 못한다

손자는 지형은 병사운용의 보조 조건(지형자 병지조, 地形者, 兵之助)이라고 지적한다.

지(地)는 1편에서 언급했듯이 이미 주어진 객관적 조건이다. 객관적 조건은 주체의 능력 여부에 따라 극복할 수도 있고 못할 수도 있다. 주어진 조건이 좋다고 목표를 달성할 수 있는 것도 아니고 조건이 나쁘다고 목표를 달성하지 못하는 것도 아닌 것이다.

즉, 주어진 조건은 보조 수단으로 객관적인 것이지 목표를 달성하는 것을 결정짓는 핵심요인인 주체적 조건은 아니라는 것이다.

중요한 것은 어떠한 조건이든 그 주어진 조건을 활용하는 리더의 역량이라고 할 수 있다. 그 이유는 객관적 조건이 나쁘더라도 주체의 노력 여하에 따라 문제를 해결할 수 있기 때문이다.

좋은 리더는 주어진 조건을 탓하는 것이 아니라 주어진 조건과 상황에 대한 분석과 판단하는 능력을 키워 목표 달성을 위한 최적의 상태를 만들어 나간다.

노사 교섭에서 주의해야 할 것들

손자가 말한 6가지 지형 활용방안을 노사 교섭 상황에서 응용해보면 유의미한 시사점을 얻을 수 있다.

일반적으로 노사 교섭에서 노사가 상호 제시하는 요구안은 그것을 100% 얻기 위하여 제시하는 것은 아니다.

통상 노사 요구안을 분석해보면 이번 교섭시기에 반드시 얻어야 할 것, 이번 교섭에서 얻으면 좋으나 얻지 못할 경우 차기에는 반드시 얻어야 할 것, 버리는 것, 명분을 선점하기 위한 것, 못 얻어도 무방한 것 등 다양한 수준과 차원에서 요구안을 전략적으로 제시한다.

첫째, 노사가 제시한 요구 안 중 이번 교섭시기에서 상호 수용 가능한 안이 존재하는 경우다. 이것은 손자가 말한 '상호 쉽게 오고 갈수 있는 지형인 통(通 accessible ground)형'과 같다고 볼 수 있다.

이런 경우에는 노든 사든 어느 일방이 이슈를 선점하면 교섭을 유리하게 이끌 수 있다. 어차피 수용 가능한 안이라면 상대방의 명분을 없애고 나의 명분을 세우는 차원에서 주도권을 가지고 먼저 수용하면 교섭에서 우위에 설 수 있는 것이다.

둘째, 노사 교섭 시 어느 일방이 안을 제시하면 상대방이 이를 철회하지 못하게 '기정사실화'하는 방안을 자주 사용한다. 이는 손자가 말한 '진격하기는 쉬우나 퇴각하기 어려운 지형'인 괘(挂 entangling ground)형과 유사하다.

노사간 교섭 시 쉽게 범하는 실수 중 하나가 상대 요구안을 쉽게 수용하거나 내가 제시하는 대안을 쉽게 노출하는 것이다. 이런 경우 상대방은 이를 기정사실화하고 이것에 더하여 새로운 요구를 하여 상대방을 곤란하게 만든다.

일상 생활에서 자주 쓰는 일수불퇴(一手不退), 낙장불입(落張不入)이라는 말이 있다. 한 번 보여준 교섭카드는 이미 상대방의 몫이 된 것이다. 항상 고민하고 전체 교섭 맥락속에서 지혜롭게 제시해야 그 교섭 카드의 효과성이 높아진다.

셋째, 노사 교섭에서 노사가 명분상 제시한 요구안에 대해서는 굳이 대안을 제시할 필요가 없다. 어차피 이러한 요구안은 상대방이 수용하지 못할 것이고 지속적으로 상대방의 수용을 압박하지도 않고 단지 명분에서 우위를 차지하려는 의도이기 때문이다. 이는 손자가 말한 '상호 진격하면 불리한 지(支 temporizing ground)'형에 해당한다.

예를 들면 노동조합에서 '총고용유지' '연대임금(solidarity wage)확보' 등을 요구안에 제시한 경우이다. 이는 어차피 노동운동의 대의에 따른 명분을 위해 제시한 안이므로 이 요구안에 대해 기업에서 굳이 대안을 제시할 필요는 없다는 것이다. 중요한 것은 그 정신을 이해하고 경영하는데 반영되도록 노력하면 되는 것이다. 같은 맥락에서 기업에서 '노사협력선언'을 채택하자고 할 때이다. 이것 또한 마찬가지이다.

넷째, 노사 교섭에서 기업은 경영상황이 좋지 않아 기업의 지불능력의 여력이 없거나 어려워졌을 때 임금 삭감, 동결 또는 미세한 인상안을 제시한다. 이 경우 기업은 진솔하게 경영상 어려움을 설명하면서 기업안을 제시하고 노동조합에서 여러 공격을 하더라도 노동조합과 직원을 설득하여 기업안을 관철시키는 경우가 있다. 이것이 손자가 말한 '내가 선점할 경우 방어를 충실하게 하고, 공격을 대비해야 하는 길이 협소하여 통행이 불편한 지형'인 애(隘 narrow passes)형 이라고 할 수 있다.

다섯째, 노사 교섭에서 기업은 경영상황이 어렵지만 노동조합의 요구안 중에서 일부를 수용해야 하는 경우가 있다. 이런 경우 기업은 노동조합의 요구안 중 일부를 수용하고 나머지 요구안은 철회하게 하는 교섭전술을 사용할 수 있다. 기업은 어려운 상황에서도 노동조합 안을 수용했다는 것을 부각하면서 교섭을 마무리하려는 전술을 일관되게 사용한다.

반대로 노동조합이 기업 경영의 어려움을 이해하고 10개 요구안 중 9개를 철회하고 나머지 1개를 수용하라고 요구하는 경우가 있다. 이는 노동조합의 지혜롭고 명분 있는 교섭전술이다. 이런 경우 기업은 진퇴양난에 빠지게 된다. 이러한 교섭 상황 등이 바로 손자가 말한 '내가 선점하면 높고 양지 바른 곳을 차지해야 하고 상대방이 선점하면 물러나야 하는 높고 험준한 지형'인 힘(險 precipitous heights)형인 것이다.

여섯째, 노사교섭에서 먼저 움직여도 이득이 없는 경우가 있다. 상대방의 움직임을 보고 대응 방안을 마련하면 되는 데 굳이 먼저 움직여서 나의 의도를 상대방에게 보여줄 필요는 없는 것이다. 이런 전술을 '기다리면서 지켜보기(wait & see)'라고 한다. 이것이 손자가 말한 '이해득실이 같으므로 먼저 움직여도 실익이 없으니 기다리며 지켜봐야 하는 지형'인 원(遠 positions at a great distance from the enemy)형 이라고 할 수 있다.

노사교섭에서 '기다리면서 지켜보기(wait & see)' 전술은 주어진 상황에 대한 정확한 분석과 역량 등을 고려하여 시행하는 현실에서는 어려운 전술 중 하나이다.

망하는 6가지 리더의 유형

손자는 이미 정해진 객관적 조건 때문이 아니라 주체적 요인인 장수의 잘못으로 전투에서 패배하는 6가지 요인을 지적한다.

첫째, 장수의 무모함이다.

손자는 하나의 힘으로 열을 공격하는 무모함(이일격십, 以一擊十)인 주(走, flight)을 지적한다. 이는 역량 계산 없이 불만 보면 무작정 달려드는 부나방과 같은 유형의 리더이다. 이러한 판단력 미흡과 무모함을 갖는 리더가 이끄는 조직은 심각한 역량 손실로 망가지게 된다.

둘째, 장수의 나약함이다.

손자는 조직 구성원들은 강함에도 리더인 장수가 겁이 많고 유약하여 조직을 통제하지 못하는 경우인 이(弛, insubordination)를 지적한다.

이러한 사례는 2차대전을 배경으로 한 전쟁영화인 '밴드 오브 브라더스(Band of Brothers)'중 '한계점(the breaking point)'편의 중대장 다이크 대위와 립튼 상사의 역할을 다룬 일화에서 극명하게 나타난다. 이 일화는 무능한 중대장과 유능한 상사의 모습을 보여주면서 진정한 리더는 무엇을 해야 하는지 많은 것을 생각하게 한다.

셋째, 장수의 독단적이고 독선적인 나 홀로 리더십 문제이다.

손자는 장수는 강한 반면 병사들은 나약하여 명령을 따르지 못해 조직이 무너지는 경우인 함(陷, collapse)을 지적한다.

장수가 병사 전체의 능력을 높이고 강하게 만들려는 노력없이 자신의 모습만을 생각하면서 "나를 따르라"라는 식의 주입식 강요를 통하여 조직을 그릇치는 경우이다.

넷째, 장수의 무능한 사람 판단 능력과 그에 따른 조직 장악력 미흡이다.

손자는 장수가 중간 간부인 장교들의 성향과 능력을 파악하는 것의 필요성을 지적한다. 장교들이 장수의 명령과 통제에 따르지 않고 불복종하면서 적을 만나면 제멋대로 싸우는 등 장수의 조직 장악력 미흡으로 인해 조직이 와해되는 형태인 붕(崩, ruin)을 지적한다.

다섯째, 장수의 자포자기이다.

손자는 장수가 나약하고 위엄이 없고 교육 훈련을 시키지 않아 간부와 병사간 규율과 질서가 없고 조직의 상태가 엉망인 오합지졸의 상태인 란(亂, disorganization)을 지적한다.

마지막으로 장수의 정세분석 능력 부재, 전략전술 부재이다.

손자는 장수가 적정을 파악할 수 있는 능력도 없고, 적은 병사로 많은 적과 싸우고, 약한 병사들로 강한 적을 공격하고, 선봉에 설 정예병이 없어 궤멸적 패배를 당해 조직이 치명적 타격을 받게 되는 형태인 배(北, rout)를 지적한다.

손자의 지적처럼 리더가 이기는 조직을 만들고 이끌기 위해서는 능력 향상을 위해 부단히 연구하고 학습하는 등 노력을 기울여야 한다. 즉, 리더는 주어진 객관적 조건에 대한 분석과 대응 능력도 중요하지만 리더의 개별 능력 향상과 체계적이고 과학적인 조직관리를 위한 리더십 능력 배양에도 힘을 기울여야 할 것이다.

리더의 임무는 힘들고 어렵지만 그 역할은 조직의 운명을 결정지을 만큼 중요하기 때문이다.

진정한 리더는 무엇을 하는가

손자는 주어진 객관적 조건인 지형에 대한 활용 방안을 말하면서도 가장 중요한 것은 리더인 장수의 역량과 관점이라고 강조하였다.

이는 주어진 조건이 아무리 좋아도 그것을 판단하고 그에 맞는 대응 방안을 수립하여 자기 의도대로 조건을 활용하는 사람의 중요성을 강조한 것이라고 할 수 있다. 즉, 외부 환경요인인 객관적 조건이 무엇이든지 어떤 일이든지 문제가 발생할 경우 근본적이고 핵심적인 요인은 사람의 문제라는 것이다.

손자는 리더는 개인적 명예보다는 조직을 생각하고 어떤 상황이 발생해도 책임을 피하지 않는다고 설명한다. 이는 말이나 글로는 매우 쉬운 것이고 누구든지 할 수 있고 해낼 능력이 있다고 생각할 수 있다.

그러나 현실은 전혀 다르다. 냉정하게 현실에서 손자가 말한 이러한 참된 리더를 찾는 것은 '모래 밭에서 바늘 찾기'와 같이 어렵다.

한 가지 강조하고 싶은 것은 리더는 본인의 자질도 중요하지만 기업의 경우는 최고경영자가 일관된 신뢰를 보여주어야 리더가 역량을 발휘하고 성장할 수 있다는 것이다. 최고경영자가 우유부단하고 책임을 회피하기만 하면 손자가 말한 이러한 유형의 리더는 책 속에만 존재하게 된다.

반면 노동조합의 경우에는 노동조합 집행부에 대한 조합원들의 일관된 지지와 신뢰가 필요하다. 이는 노동조합에서 능력 있는 리더로 성장하는 과정이 어렵고 그 시간 또한 오래 걸리기 때문이다.

결국 노사 모두에게 능력 있는 리더는 원만한 노사관계 구축의 지름길이다.

〈원문 읽기〉

孫子曰(손자왈) : 地形(지형) 有通者(유통자), 有挂者(유괘자), 有支者(유지자), 有隘者(유애자), 有險者(유험자), 有遠者(유원자)。

손자가 다음과 같이 말하였다.

지형에는 접근하기 쉬운 지형(통, 通), 진격하기는 쉬우나 퇴각하기 어려운 지형(괘, 挂), 아군과 적이 서로 불편한 지형(지, 支), 길이 협소하여 불편한 지형(애, 隘), 높고 험준한 지형(험, 險), 아군과 적군이 멀리 떨어져 있는 지형(원, 遠)이 있다.

我可以往(아가이왕), 彼可以來(피가이래),曰通(왈통) ; 通形者(통형자), 先居高陽(선거고양), 利糧道以戰(리량도이전), 則利(즉리)。可以往(가이왕), 難以返(난이반), 曰挂(왈괘) ; 挂形者(괘형자), 敵無備(적무비), 出而勝之(출이승지), 敵若有備(적약유비), 出而不勝(출이불승), 難以返(난이반), 不利(불리)。我出而不利(아출이불리), 彼出而不利(피출이불리), 曰支(왈지) ; 支形者(지형자), 敵雖利我(적수리아), 我無出也(아무출야), 引而去之(인이거지), 令敵半出而擊之(령적반출이격지),利(리)。隘形者(애형자), 我先居之(아선거지), 必盈以待敵(필영이대적) ; 若敵先居之(약적선거지), 盈而勿從(영이물종), 不盈而從之(불영이종지)。險形者(험형자),我先居之(아선거지), 必居高陽以待敵(필거고양이대적) ; 若敵先居之(약적선거지), 引而去之(인이거지), 勿從也(물종야)。遠形者(원형자), 勢均也(세균야), 難以挑戰(난이도전), 戰而不利(전이불리)。凡此六者(범차육자), 地之道也(지지도야), 將之至任(장지지임), 不可不察也(불가불찰야)。

아군이 갈 수 있고 적군이 올 수도 있는 지형을 통형이라 한다. 통형에서는 먼저 높고 양지바른 곳에 자리잡아 군량 보급로를 확보하고 싸우면 유리하다. 진격하기는 쉬우나 퇴각하기는 어려운 지형을 괘형이라 한다. 괘형은 적의 대비가 없으면 진격해서 승리할 수 있다. 만약 적이 대비하고 있다면 진격해도 승리할 수 없고, 퇴각하기도 어려운 불리한 지형이다. 아군이 진격해도 불리하고 적이 진격해도 불리한 곳을 지형이라고 한다. 지형에서는 아군에게 이득이 되도 진격하지 말고 오히려 적을 유인하여 반쯤 쫓아오게 한 다음 공격하면 유리하다. 길이 협소하여 통행이 불편한 지형인 애형은 아군이 선점하면 반드시 병사를 배치하여 적의 공격에 대비해야 한다. 만약 적이 선점하여 대비가 충실하면 공격하지 말고 대비가 충실치 못하는 경우에만 공격한다. 높고 험준한 지형인 험형은 아군이 선점했으면 반드시 높고 양지바른 곳에 머물면서 적의 공격을 대비해야 한다. 만약 적이 선점한 경우에는 공격하지 말고 철수해야 한다. 아군과 적군이 멀리 떨어져 있는 원형에서는 전력이 비슷할 때는 공격하지 말아야 하고 공격해도 불리하다. 무릇 이런 여섯 가지는 지형의 특성에 따라 대응하는 방법으로 장수의 주요 임무이니 자세히 살펴야 한다.

故(고) 兵(병) 有走者(유주자), 有弛者(유이자), 有陷者(유함자), 有崩者(유붕자), 有亂者(유란자), 有北者(유배자) ; 凡此六者(범차육자), 非天地災(비천지재), 將之過也(장지과야)。

군대에는 전력이 열세여서 달아나는 주병(走), 병사들의 명령 불복종으로 통제불능 상태인 이병(弛), 병사들이 따르지 못해 무너지는 함병(陷), 군대조직이 무너지는 붕병(崩), 오합지졸 상태인 란병(亂), 궤멸적 패배를 당하는 배병(北)이 있다. 일반적으로 이 여섯 가지는 하늘과 땅의 재난이 아니라 장수의 잘못으로 일어난다.

夫(부) 勢均(세균), 以一擊十(이일격십), 曰走(왈주)。卒強吏弱(졸강리약), 曰弛(왈이)。吏強卒弱(리강졸약),曰陷(왈함)。大吏怒而不服(대리노이불복), 遇敵懟而自戰(우적대이자전), 將不知其能(장부지기능), 曰崩(왈붕)。將弱不嚴(장약불엄), 教道不明(교도불명), 吏卒無常(리졸무상), 陳兵縱橫(진병종횡), 曰亂(왈란)。將不能料敵(장불능료적), 以少合衆(이소합중), 以弱擊強(이약격강), 兵無選鋒(병무선

봉), 日北(왈배). 凡此六者(범차육자), 敗之道也(패지도야). 將之至任(장지지임), 不可不察也(불가불찰야).

전투력이 비슷한데 하나로 열을 공격하면 전력이 열세여서 패배하게 된다. 이때 달아나는 군대를 주병이라 한다. 병사들은 강한데 장교가 약해 군기가 무너져 통제불능 상태인 군대를 이병이라고 한다. 장교는 강한데 병사들이 약해 장수 명령을 따르지 못해 무너지는 군대를 함병이라고 한다. 고위 장교가 불만을 나타내며 장수의 명령과 통제를 따르지 않고, 적을 만나면 명령과 통제를 무시하고 제멋대로 싸우고 있는데도 장수가 고위 장교들의 그러한 능력을 알지 못해 조직이 와해되는 군대를 붕병이라고 한다. 장수가 나약하고 위엄이 없어 군사훈련도 제대로 시키지 않아 장교와 병사들 간의 규율이 없고 병력배치가 전체적으로 무질서한 오합지졸 상태의 군대를 란병이라고 한다. 장수가 적정을 파악할 수 있는 능력도 없고, 적은 병사로 많은 적과 싸우고, 약한 병사들로 강한 적을 공격하고, 선봉에 설 정예병이 없어 궤멸적 패배를 당하는 군대를 배병이라고 한다. 이 여섯 가지는 패배의 길이니 장수의 가장 중요한 임무로 이를 신중히 살펴야 한다.

夫(부) 地形者(지형자), 兵之助也(병지조야). 料敵制勝(료적제승), 計險阨遠近(계험액원근), 上將之道也(상장지도야). 知此而用戰者(지차이용전자), 必勝(필승) ; 不知此而用戰者(부지차이용전자) 必敗(필패). 故(고) 戰道必勝(전도필승) ; 主曰(주왈) 無戰(무전), 必戰可也(필전가야). 戰道不勝(전도불승), 主曰(주왈) 必戰(필전), 無戰可也(무전가야). 故(고) 進不求名(진불구명), 退不避罪(퇴불피죄), 唯民是保(유민시보), 而利於主(이리어주), 國之寶也(국지보야).

지형은 전투에 도움이 된다. 적정을 파악하고 이기는 태세를 만들어 가기 위해 지형의 험난함과 위험성, 멀고 가까움을 계산하는 것이 최고 장수의 역할이다. 이것을 알고 활용하여 싸우는 사람은 반드시 승리하고, 이것을 모르고 활용하지 못하면 싸움에 패배하는 것이다. 그러므로 전쟁에서 반드시 이길 수 있다는 판단이 섰으면 군주가 싸우지 말라고 하더라도 반드시 싸워야 되는 경우가 있다. 전쟁에서 이길 수 없다는 판단이 섰으면 군주가 싸우라 하더라도 반드시 싸우지 말아야 되는 경우가 있다. 그러므로 장수가 자신의 판단으로 싸우더라도 승리의 명예를 원하지 않고, 자신의 판단으로 물러서더라도 패배에 따른 처벌을 피하지 않는다. 장수는 오로지 백성을 보호하고 군주의 이익과 일치하기를 바랄 뿐이다. 이러한 장수는 나라의 보배이다.

視卒如嬰兒(시졸여영아), 故(고) 可與之赴深谿(가여지부심계), 視卒如愛子(시졸여애자), 故(고) 可與之俱死(가여지구사)。厚而不能使(후이불능사), 愛而不能令(애이불능령), 亂而不能治(란이불능치),譬如驕子(비여교자), 不可用也(불가용야)。

병사 돌보기를 어린 아기처럼 돌보아야 한다. 그러면 병사들이 아무리 위험한 곳이라도 함께 들어갈 것이다. 병사 사랑하기를 자식처럼 사랑해야 한다. 그러면 병사들이 생사를 함께 할 것이다. 그러나 병사들을 후하게만 대하면 일을 시킬 수 없고, 총애만 하면 명령을 내리지 못하고, 어지러워도 다스리지 못하면 마치 버릇없는 자식 같아서 전투에 아무 쓸모 없게 된다.

知吾卒之可以擊(지오졸지가이격), 而不知敵之不可擊(이부지적지불가격), 勝之半也(승지반야) ; 知敵之可擊(지적지가격), 而不知吾卒之不可擊(이부지오졸지불가격), 勝之半也(승지반야)。知敵之可擊(지적지가격), 知吾卒之可以擊(지오졸지가이격), 而不知地形之不可以戰(이부지지형지불가이전), 勝之半也(승지반야)。故(고) 知兵者(지병자), 動而不迷(동이불미), 擧而不窮(거이불궁)。故曰(고왈) : 知彼知己(지피지기), 勝乃不殆(승내불태) ; 知天知地(지천지지), 勝乃可全(승내가전)。

아군이 공격할 수 있는 능력이 있다는 것 만을 알고, 아군이 공격하지 못하게 상대방이 방비했음을 알지 못하면 승리를 예측할 수 없다. 적을 공격해도 무방함을 알고 있으나, 아군이 공격할 수 있는 능력이 없다는 것을 모르면 승리를 예측할 수 없다. 적을 공격해도 무방하다는 것을 알고, 아군이 공격할 수 있는 능력이 있다는 것을 알아도 지형상 싸울 수 없다는 것을 알지 못하면 승리를 예측할 수 없다. 따라서 전쟁의 원리를 아는 사람은 군사를 동원해도 우왕좌왕하지 않고 나아가 싸워도 막힘이 없다. 그러므로 나를 알고 적을 알면 승리는 위태롭지 않으며 더욱이 자연의 이치와 지형까지 알고 있으면 승리는 온전하게 된다.

구 지
(九地, The Nine Situations)

심리적 요인을 극대화하는
전술적 유연성을 발휘하라

九

地

제11편 구지(九地, The Nine Situations)

심리적 요인을 극대화하는
전술적 유연성을 발휘하라

□ 핵심 사항

○ 상황에 따라 병사들의 심리적 태세를 파악하고 이를 활용하는 전술을 개발하라

○ 리더는 심리적 요인을 활용하여 살아 움직이는 조직을 만들어라

□ 주요 내용

○ 지형적 상황에 따라 병사들의 심리상태를 고려한 맞춤형 대응 전술

- 산지(散地, dispersive ground): 자기 영토에서 싸우는 것으로 병사들이 고향이 가까워 상황에 따라 쉽게 흩어지거나 고향으로 도망칠 수 있다고 생각하는 등 심리적으로 해이해져 전투력이 떨어진다. 이곳에서 전투할 경우 패배 가능성이 높으므로 전투를 하지 말아야 한다. 따라서 장수는 병사들의 사기를 높이고 기강을 세우는데 주력해야 한다

- 경지(輕地 facile ground): 상대방의 영토에 진입은 했으나 깊게 들어가지 않은 곳으로 본국이 가까워 병사들이 싸우다가 쉽게 후퇴할 수 있다고 생각하여 심리적으로 이완되어 전투력이 떨어진다. 이곳에서는 병사의 이탈 가능성이 존재하므로 머무르거나 행군을 멈추지 말아야 한다. 장수는 군이 상호 연락과 확인이 되도록 해야 한다

- 쟁지(爭地, contentious ground): 아군이 점령해도 유리하고 상대방이 점령해도 역시 유리한 곳으로 군사적 요충지이다. 이 곳을 상대방이 먼저 점령

한 경우 맹목적으로 공격하면 불리하다. 이런 경우 장수는 우회하여 상대방의 후방을 공격하는 것이 좋다

- 교지(交地, open ground): 사방이 뚫려 있어 오고 가기가 좋은 곳으로 아군이 노출되기 쉽고 상대방과 조우하기 쉬운 곳이다. 이곳에서는 전방부대와 후방부대의 연락이 원활해야 한다. 장수는 항상 전투에 대비하는 것이 필요하다

- 구지(衢地, ground of intersecting highways): 상대국 및 제3국과 국경을 맞대고 있어 먼저 차지하는 쪽이 대세를 장악할 수 있는 사통팔달 하는 곳으로 무역, 외교, 군사의 중심이 되는 곳이다. 이곳에서는 우호 동맹 구축을 위한 외교관계를 맺어야 한다. 장수는 반드시 주변국과 전략적인 외교적 결속을 공고히 하는데 집중해야 한다

- 중지(重地, serious ground): 상대방의 영토로 깊숙이 진격하여 상대방의 많은 성읍을 뒤에 두고 있어 부담스럽고 퇴각하기 어렵고 군대 보급물자 조달이 안되는 곳이다. 이곳에서는 군량과 보급품을 현지 조달해야 한다. 장수는 지속적인 보급품 조달에 문제가 없도록 집중해야 한다

- 비지(圮地, difficult ground): 산림, 험하고 막히고 끊긴 지형, 늪과 연못으로 둘러싸인 지형 등 행군하기 어려운 곳이다. 이곳은 숙영하기가 어렵고 병사들이 다치거나 병에 걸리기 쉬우며 상대방의 공격을 방어하기 어려운 곳이다. 이곳에서는 머무르지 말고 신속히 통과해야 한다

- 위지(圍地, hemmed-in ground): 들어가는 길은 좁고 나오는 길은 멀리 돌아야 하며 소수의 상대방군이 다수의 아군을 공격할 수 있는 사방이 둘러싸인 곳이다. 이곳에서는 계책을 세워 상대방의 포위망을 벗어나야 한다. 특히 이곳에서는 질서있는 조직적 퇴각이 필요하다

- 사지(死地, desperate ground): 신속히 전력을 다해 싸우면 생존할 수 있으나 그렇지 않으면 죽을 곳으로 진퇴양난의 장소이다. 이곳에서는 모든 전

력을 다해 죽기를 각오하고 싸워야 한다

○ 전투 시 전제조건
- 상대방을 흔들어 혼란스럽게 하라. 이후 유리하면 공격하고 불리하면 멈추어라(합어리이동 불합어리이지, 合於利而動 不合於利而止).
- 주도권을 확보하라. 먼저 상대방이 가장 소중하다고 여기는 것을 빼앗아라 (선탈기소애, 先奪其所愛)

○ 장수가 조직을 하나로 움직이게 하는 통솔 원리: 공정성과 적재적소 인력배치
- 전군을 용감하게 하나로 만들기 위해서는 공정하고 일관된 지휘 통솔이 필요하다(제용약일 정지도, 齊勇若一 政之道).
- 용감한 병사나 유약한 병사들이 힘을 발휘하여 싸우게 하는 것은 지형에 따라 적재적소에 배치하기 때문이다(강유개득 지지리, 剛柔皆得 地之理)

○ 장수의 기본 역량: 상황과 심리 변화에 대한 대응 능력(굴신지리 屈伸之利, 인정지리 人情之理)
- 장수는 다양한 조건의 변화와 상황(구지지변, 九地之變)에 따라 유연하고 창의적인 공격과 방어, 진격과 퇴각의 이해득실(굴신지리, 屈伸之利)을 치밀하게 고려해야 한다
- 또한 다양한 조건의 변화와 상황에 따른 병사들의 심리적 변화와 상태를 활용한 대응(인정지리, 人情之理)을 해야 한다

○ 전력 극대화 방법
- 사기를 진작하라: 포상 규정에 없는 파격적인 상을 주고(시무법지상, 施無

法之賞),군령에 없는 특별명령을 내리면(현무정지령, 懸無政之令) 전군을 움직이는 것(범삼군지중, 犯三軍之衆)이 마치 한 사람을 움직이는 것(약사일인, 若使一人)처럼 할 수 있다

- 오로지 주어진 임무에 집중하게 하라: 병사에게는 임무를 부여할 때(범지이사, 犯之以事) 그 이유나 의도를 알려주지 말아라(물고이언, 勿告以言). 그리고 부여된 임무의 유리한 점(범지이리, 犯之以利)은 알려주고 불리한 점(물고이해, 勿告以害)은 알려줄 필요가 없다.

손자는 이 편에서 병사들이 처한 지형적 상황에 따른 심리적 상태와 그에 맞는 대응의 중요성을 강조한다. 또한 장수가 전투력 극대화를 위해 가져야 할 역량과 능력에 대해 설명한다.

첫째, 장수는 지형적 상황에 따른 병사들의 심리 상태 활용하고 그에 맞는 전술적 대응 능력이 있어야 함을 강조한다.

둘째, 장수가 상황을 타개하고 변화시키는 능력을 갖춰야 하는 점을 지적한다.

셋째, 장수는 일사분란 한 조직을 만들기 위해 지휘 통솔의 공정성과 일관성, 심리상태를 고려한 조직운영 능력이 있어야 함을 강조한다.

넷째, 전력 극대화 방안으로 심리적 요인을 활용하는 방안을 설명한다.

다양한 쟁의 전술 유형과 상황에 대비해야 한다

일반적으로 노사관계에서 노동조합이 쟁의행위에 돌입했다는 것은 노사 간의 갈등이 원만하게 해결되지 않고 있다는 표징이다.

기업차원의 노사관계에서 쟁의행위 돌입은 노사 모두가 힘을 소모하는 과정이면서 한편으로는 노사 모두가 제기된 문제를 해결하는 과정이다.

따라서 노사는 쟁의행위 이후 원만한 노사관계 유지, 발전시키기 위하여 쟁의행위 기간 중 상대를 존중하고 상호 지켜야 할 것은 지키는 지혜가 필요하다.

이는 노사 모두 리더들이 숙지해야 할 기본 사항이고 조직 구성원들에게 반드시 주지시켜야 할 내용이다.

쟁의행위는 '파업, 태업, 직장폐쇄 기타 노사관계 당사자가 그 주장을 관철할 목적으로 하는 행위와 이에 대항하는 행위로서 업무의 정상적인 운영을 저해하는 행위'이라고 노동조합 및 노동관계조정법에 명시되어 있다.

쟁의행위는 노동쟁의가 발생한 상태에서 그 주장을 관철하기 위한 행위로 업무의 정상적인 운영을 저해하는 모든 행위이다.

쟁의행위의 수단에는 파업, 준법투쟁, 태업, 생산관리, 보이콧, 보조적 쟁의 수단으로 피켓팅(picketing), 직장점거, 리본패용, 투쟁 조끼 입고 근무하기, 몸 벽보 부착하고 다니기, 현수막 부착, 머리띠 착용, 대자보 부착, 조화 설치 등 무수히 많다. 여기서는 실제 현장에서 빈번하게 발생하는 파업과 준법투쟁, 보조적 쟁의 수단을 중심으로 살펴볼 것이다.

파업(strike)은 노동조합이 사용자에게 근로조건의 유지 개선을 위한 자신의 주장을 관철시키거나 특정한 정치적 목적을 달성하기 위해 집단적이고 조직적으로 노동 제공을 거부하는 행위를 말한다.

파업 유형에는 첫째, 참가 범위와 수에 따라 총파업(general strike)[63], 전면파업, 부분파업, 순환파업[64], 지명파업[65] 등으로 구분할 수 있다.

둘째, 기간에 의한 구분에 따라 무기한 파업, 시한부파업, 파상파업[66] 등으로 구분할 수 있다.

준법투쟁(work-to-rule) 방식은 집단휴가, 연장 또는 휴일 근로 거부, 집단조퇴, 근무시간 중 화장실 가기, 평상복 입고 근무하기, 사내식당 동시에 이용하기, 안전보건수칙 준수하기 등 매우 다양하다.

그 이유는 준법투쟁이 법령, 단체협약, 취업규칙, 근로계약을 평소보다 엄격히 지키거나 권리를 일제히 행사하여 업무의 정상적 운영을 저해하는 집단행동이기 때문이다.[67] 따라서 준법투쟁은 각 기업별로 생산, 영업 등의 방식과 시설 조건이 다르므로 노동조합은 자신이 처한 방식과 조건을 이용하여 매우 창의적이고 기발한 방식을 새롭게 개발하고 진행한다.

보조적 쟁의 수단은 준법투쟁 방식 이상으로 매우 다양하다.

피켓팅(picketing)은 일반적으로 사업장 출입구에서 파업 동참 호소, 파업 이탈 방지, 파업 지지 유도 등을 목적으로 요구 내용을 담은 플래카드(현수막, placard) 들기, 문서 배포 등의 방식으로 진행한다.

직장점거는 파업을 하면서 사용자의 의사에 반하여 기업 내에서 퇴거하지 않고 사업장에 체류하는 행위이다. 이는 조합원의 단결을 도모하거나 기업의 대표 등에게 요구사항을 알리기 위한 행위로 기업건물 로비 등에서 진

---

63. 전국적으로 모든 산업이 파업을 벌이는 것을 말한다. 실제 발생 가능성은 낮다.
64. 부서별 또는 공정별로 돌아가면서 하는 파업
65. 특정 인원만 정해서 하는 파업
66. 시한부 파업을 반복해서 하는 파업(시간을 1시간, 2시간 ,3시간으로 늘리면서 하는 파업)
67. 하갑래, 집단적노동관계법, (㈜중앙경제, 2020)

행하는 경우가 많다.

리본 패용, 투쟁 조끼 입고 근무하기, 몸 벽보 부착하고 다니기, 머리띠 착용, 대자보 부착, 조화 설치, 플래카드(현수막, placard) 부착 등은 주로 낮은 단계의 부담 없는 투쟁으로 기업에 대한 항의 표시, 조합원의 단결력을 높이기 위한 방안으로 하는 행위이면서 기업 측의 대응 준비정도 등을 파악하기 위한 방법으로 사용하기도 한다.

기업 차원의 노사관계에서 쟁의행위가 발생하면 노동조합의 요구사항 관철과는 별개로 쟁의행위 과정에서 기업과 노동조합, 파업 참가자와 미참가자, 기업 내 생산 영업 부서와 노사문제 담당 부서 간의 심리적 갈등이 발생할 가능성이 높다.

따라서 사전에 이러한 심리적 갈등 발생을 방지해야 하고, 만약 심리적 갈등이 발생될 경우 지혜롭게 문제를 해결하는 것이 필요하다.

첫째, 기업과 노동조합 간의 심리적 갈등이 발생하는 경우이다.

일반적으로 노사가 교섭을 할 때는 교섭의 원활한 진행과 상호 오해를 방지하기 위해 대화 창구를 마련한다. 노동조합이 쟁의행위에 들어가면 노사는 예기치 못한 돌발적인 상황 등을 방지하고 원만한 교섭 마무리를 위해 노사 대화 창구를 통해 긴밀히 소통을 하는 것이 필요하다.

노동조합은 대화 창구를 통해 준법투쟁을 한다고 통보했다가 상황 변화에 따라 기업을 압박하기 위하여 부분파업으로 전술을 변경(물론 노동조합이 기업에 사전 통보를 한다) 하기도 한다. 이런 경우 기업은 노동조합이 애초의 약속을 어겼다고 생각하면서 대화 창구를 통한 진솔한 대화가 진행되지 못하는 일이 발생하기도 한다.

그러나 문제의 핵심은 노동조합의 쟁의행위는 자신의 주장을 관철하기 위하여 정상적인 업무를 저해하는 것이 목적이라는 사실이다. 따라서 기업은 이런 유형으로 인해 노동조합에 대한 신뢰를 고민하지 말고 쟁의행위 유형별 비상계획(contingency plan)수립하여 대응하는 것이 필요하다.

한편, 노동조합이 파업 시 사용하는 전술 중에 기업 측 실무자들을 어렵게 만드는 방법 중 하나는 기업 대표 집 앞 시위 또는 농성, 그림자 투쟁[68]과 같은 투쟁 방식이다. 이러한 노동조합의 투쟁 방식은 기업 대표의 피로도를 높여 기업 실무자들을 곤혹스럽게 만들며 노사간 심리적 갈등이 극대화될 가능성이 높게 된다.

이런 경우 기업과 노동조합의 리더는 다양한 돌발적인 상황에 대한 예상과 유연한 소통으로 심리적 갈등을 최소화하는 노력이 필요하다. 다만, 노동조합이 이러한 전술을 사용하는 이유는 제기된 문제가 해결되지 않거나 기업에 대한 강한 압박을 높여 문제를 해결하기 위함이다.

둘째, 파업 참가자와 미참가자 사이의 갈등이다.

파업의 방식은 전면 무기한 파업, 전면 시한부 파업, 무기한 부분파업, 시한부 부분파업, 무기한 순환파업, 시한부 순환파업, 일부 지명파업, 다수 지명파업 등 다양하다.

이러한 파업 방식의 결정은 노동조합의 조직력에 의해 결정된다. 노동조합은 다수의 직원이 파업에 참여하면 교섭력이 높아진다. 따라서 노동조합은 다수의 직원이 참여하기를 희망한다.

그러나 직원들 또는 부서마다 상황과 조건이 상이하여 파업 참여에 대한 입장이 달라지게 되고 결과적으로 파업 참가자와 미참가자 간의 갈등이 발생하게 된다.

이때 기업은 미참가자 또는 미참여 부서에 대한 별도의 관리방안을 마련하여야 한다. 그리고 파업 종료 후에는 기업과 노동조합이 기업 경쟁력을 유지하기 위하여 전체 직원 또는 부서별 차원에서 갈등 치유를 위한 방안을 마련하는 것이 필요하다.

---

68. 그림자 투쟁은 기업 대표의 동선을 따라 노동조합이 하루 종일 붙어 다니면서 시위하는 것이다.

셋째, 기업내 생산 영업 부서와 노사문제 담당 부서 간의 심리적 갈등이다.

예를 들어 특정 부서가 참여하는 부분 파업이 발생하여 생산과 영업에 차질이 발생할 경우 그 부서의 책임자는 성과목표 달성이 어려워지게 되고 조직관리에도 어려움을 겪게 된다. 따라서 이 부서의 책임자는 노사담당 부서의 책임자에게 고충을 호소하고 대책을 마련할 것을 요구한다. 이런 경우 사전에 비상상황에 대한 대응 방안과 역할 분담 등 전사적 대응 방안이 마련되지 않았을 경우에는 부서 책임자와 노사 담당 책임자 사이에 오해와 갈등이 발생할 가능성이 높다. 따라서 전사적인 차원의 대응 방안 등 비상계획(contingency plan)을 마련하고 대비해야 한다.

조직을 하나로 이끄는 방법

손자는 장수가 조직을 강하게 하고 하나로 움직이기 위해서는 장수의 일관된 지휘 통솔의 공정성(제용약일 정지도, 齊勇若一 政之道)이 필요하다고 지적한다. 또한 장수는 조직력을 높이기 위해서는 주어진 상황에 맞게 병사들을 적재적소에 배치하는 능력(강유개득 지지리, 剛柔皆得 地之理)이 있어야 한다고 강조한다.

이는 조직 관리 및 운용에서 동기부여(motivation)의 중요성을 강조한 것이라고 할 수 있다. 동기부여는 조직을 구성하는 개인의 목표 지향적 행위에 영향을 미치는 심리적 과정을 적절히 이해하고 관리하는 것이라고 할 수 있다. 즉, 동기부여는 조직 구성원들의 행위를 유발하고 목표를 지향하고 이를 지속시키는 심리적 내용과 과정이라고 할 수 있다.[69]

---

69. 백기복, 전게서

조직 구성원들은 자신이 처한 환경, 자신의 능력, 다른 조직 구성원 등에 대해 알고 있는 것을 종합하여 비교대상(자기와 비슷한 사람 또는 자기보다 잘하거나 못하는 사람)과 비교하면서 조직에 공정성(equity)이 있는지 여부를 판단하고 행동한다.

또한, 조직 구성원들은 조직이 조직에 기여한 만큼, 능력과 역할에 따라 대우를 하는 지 여부를 중요하게 생각한다.

조직 구성원들은 조직이 공정성이 있다고 판단하면 동기유발이 되어 조직에 헌신하게 된다. 반면에 조직이 공정성이 없다고 판단하면 동기유발이 안되어 소극적이거나 조직에서 벗어나려고 하게 된다. 이런 행위는 타 부서 이동, 결근, 이직, 노동조합 탈퇴[70] 등으로 나타난다. 따라서 조직의 리더는 조직 구성원들이 수용 가능한 명확한 기준에 근거하여 조직 구성원을 평가하고 그에 합당한 보상을 실시해야 한다.

조직 구성원들은 이러한 성과 보상의 공정성이 일관되게 유지되어야 동기부여가 되고 조직에 헌신하게 된다.

---

70. 백기복, 전게서

〈원문 읽기〉

孫子曰(손자왈) : 用兵之法(용병지법), 有散地(유산지), 有輕地(유경지),有爭地(유쟁지), 有交地(유교지), 有衢地(유구지), 有重地(유중지), 有圮地(유비지),有圍地(유위지), 有死地(유사지)。

손자가 다음과 같이 말하였다.

전투 방법에는 산지(散地, dispersive ground), 경지(輕地, facile ground), 쟁지(爭地, contentious ground), 교지(交地, open ground), 구지(衢地, ground of intersecting highways), 중지(重地, serious ground), 비지(圮地, difficult ground), 위지(圍地, hemmed-in ground), 사지(死地, desperate ground)가 있다.

諸侯(제후) 自戰其地者(자전기지자), 為散地(위산지)。入人之地(입인지지) 而不深者(이불심자), 為輕地(위경지)。我得則利(아득즉리), 彼得亦利者(피득역리자), 為爭地(위쟁지)。我可以往(아가이왕), 彼可以來者(피가이래자), 為交地(위교지)。諸侯之地三屬(제후지지삼속), 先至而得天下之衆者(선지이득천하지중자), 為衢地(위구지)。入人之地深(입인지지심), 背城邑多者(배성읍다자), 為重地(위중지)。山林(산림), 險阻(험조), 沮澤(저택), 凡難行之道者(범난행지도자), 為圮地(위비지)。所由入者(소유입자) 隘(애), 所從歸者(소종귀자) 迂(우), 彼寡(피과) 可以擊吾之衆者(가이격오지중자), 為圍地(위위지)。疾戰則存(질전즉존), 不疾戰則亡者(부질전즉망자), 為死地(위사지)。

제후들이 자신의 땅에서 적과 싸우는 곳(병사들이 고향이 가까워 상황에 따라 흩어져서 쉽게 고향으로 도망칠 수 있다고 생각하는 등 심리적으로 해이해져 전투력이 떨어짐)을 산지(散地)라고 한다. 적의 영토에 들어갔으나 깊이 들어가지 않은 곳(본국이 가까워 병사들이 싸우다가 쉽게 후퇴할 수 있다고 생각하여 심리적으로 이완되어 전투력이 떨어짐)을 경지(輕地)라고 한다. 아군이 차지해도 유리하고 적이 차지해도 유리한 곳(군사적 요충지)을 쟁지

(爭地)라고 한다. 사방이 뚫려 있어 오고 가기가 좋은 곳(아군이 노출되기 쉽고 적과 조우하기 쉬운 곳)을 교지(交地)라고 한다. 제후국이 적국 및 제3국과 국경을 맞대고 있어 먼저 차지하는 쪽이 대세를 장악할 수 있는 곳(무역, 외교, 군사의 중심이 되는 곳)을 구지(衢地)라고 한다. 적의 영토로 깊숙이 진격하여 적의 많은 성읍으로 등지고 있어 부담스럽고 퇴각하기 어려운 곳(군대 보급물자 조달이 안되는 곳)을 중지(重地)라고 한다. 산림, 험하고 막히고 끊긴 지형, 늪과 연못으로 둘러싸인 지형 등 행군하기 어려운 곳(숙영하기가 어렵고 병사들이 다치거나 병에 걸리기 쉬우며 적의 공격을 방어하기 어려운 곳)을 비지(圮地)라고 한다. 들어가는 길은 좁고 나오는 길은 멀리 돌아야 하며 소수의 적군이 다수의 아군을 공격할 수 있는 곳(사방이 둘러싸인 곳)을 위지(圍地)라고 한다. 신속히 전력을 다해 싸우면 생존할 수 있으나 그렇지 않으면 죽을 곳(진퇴양난의 장소)을 사지(死地)라고 한다.

是故(시고) 散地則無戰(산지즉무전), 輕地則無止(경지즉무지), 爭地則無攻(쟁지즉무공), 交地則無絕(교지즉무절), 衢地則合交(구지즉합교), 重地則掠(중지즉략), 圮地則行(비지즉행), 圍地則謀(위지즉모), 死地則戰(사지즉전).

따라서 산지에서는 싸우지 말아야 한다. 경지에서는 머무르거나 멈추지 말아야 한다. 쟁지에서는 맹목적으로 공격하지 말아야 한다. 교지에서는 전방부대와 후방부대의 연락이 원활해야 한다. 구지에서는 우호 동맹 구축을 위한 외교관계를 맺어야 한다. 중지에서는 군량과 보급품을 현지에서 조달해야 한다. 비지에서는 신속히 통과해야 한다. 위지에서는 계책을 세워 적의 포위망을 벗어나야 한다. 사지에서는 모든 전력을 다해 죽기를 각오하고 싸워야 한다.

所謂(소위) 古之善用兵者(고지선용병자), 能使敵人(능사적인) 前後不相及(전후불상급), 衆寡不相恃(중과불상시), 貴賤不相救(귀천불상구), 上下不相扶(상하불상부), 卒離而不集(졸리이부집), 兵合而不齊(병합이부제)。合於利而動(합어리이동), 不合於利而止(불합어리이지)。

옛날부터 전쟁을 잘하는 유능한 장수는 적의 전후방 부대가 서로 연락하지 못하게 하고, 본대와 소부대가 서로 의지하고 협력하지 못하게 하고, 장교와 병사가 서로 지원하지 못하게 하고, 상급부대와 하급부대가 서로 협조하지 못하게 하고, 병사가 흩어지면 다시 모이지 못하게 하고, 병사가 다시 모여도 질서정연하지 못하도록 하였다. 이렇게 아군에게 유리하면 공격하고 불리하면 멈추는 것이다.

敢問(감문) : 「敵衆整而將來(적중정이장래), 待之若何(대지약하)？」曰(왈) : 「先奪其所愛(선탈기소애), 則聽矣(즉청의) ; 兵之情主速(병지정주속), 乘人之不及(승인지불급), 由不虞之道(유불우지도), 攻其所不戒也(공기소불계야)。」

"만일 적이 질서정연한 대군으로 공격해 온다면 어떻게 적을 대처할 것인가"라고 묻는다면 나는"먼저 적이 가장 소중하다고 여기는 것을 빼앗아라. 그러면 주도권을 빼앗긴 적은 아군의 말을 듣게 된다."고 답을 할 것이다. 전투의 핵심은 속도이다. 적이 따라오지 못하는 틈을 이용하여, 적이 미처 생각하지 못한 길로 돌아가, 적이 경계하지 않는 곳을 공격해야 한다.

凡(범) 爲客之道(위객지도), 深入則專(심입즉전), 主人不克(주인불극), 掠於饒野(략어요야), 三軍足食(삼군족식), 謹養而勿勞(근양이물로), 倂氣積力(병기적력), 運兵計謀(운병계모), 爲不可測(위불가측), 投之無所往(투지무소왕), 死且不北(사차불배), 死焉不得(사언부득), 士人盡力(사인진력)。

적지로 원정에 나서 전투하는 방법이다. 적국에 깊숙이 들어가 싸움을 하면 아군의 단결력이 높아져 적이 대항할 수 없다. 적국의 풍요로운 논 밭에서 양곡을 획득하여 전부대를 충분히 먹일 수 있다. 병사들을 잘 먹이고 피로하지 않게 하면 사기가 높아지고 전력을 축적할 수 있다. 싸울 때는 계략을 세워 적이 아군을 예측할 수 없게 해야 한다. 병사들이 돌아올 수 없는 곳에 투입되면 죽음을 무릅쓰고 달아나지는 않을 것이고 죽을 힘을 다해 싸울 것이다.

兵士甚陷則不懼(병사심함즉불구), 無所往則固(무소왕즉고), 深入則拘(심입즉구), 不得已則鬪(부득이즉투)。是故(시고), 其兵(기병) 不修而戒(불수이계), 不求而得(불구이득), 不約而親(불약이친), 不令而信(불령이신), 禁祥去疑(금상거의), 至死無所之(지사무소지)。

병사들이 극한상황에 처하면 오히려 두려워하지 않고, 빠져나갈 길이 없으면 견고해지고, 적국에 깊이 들어가면 다른 방법이 없어 어쩔 수 없이 싸우게 된다. 이런 이유 때문에 병사들은 훈련을 하지 않아도 스스로 경계하고, 요구하지 않아도 열심히 싸우며, 약속하지 않아도 자연스럽게 긴밀하게 협조하고, 명령하지 않아도 믿는다. 미신을 금지하고 의심을 없애면 죽을 때까지 자리를 지킬 것이다.

吾士(오사) 無餘財(무여재), 非惡貨也(비오화야) ; 無餘命(무여명), 非惡壽也(비오수야)。令發之日(령발지일), 士卒坐者(사졸좌자) 涕霑襟(체점금), 偃臥者(언와자) 涕交頤(체교이), 投之無所往(투지무소왕), 則(즉) 諸劌[71]之勇也(제귀지용야)。

병사들이 재물이 없는 것은 재화를 싫어하기 때문이 아니고, 목숨을 아끼지 않는 것은 오래 사는 것이 싫기 때문이 아니다. 명령이 내려지는 날이 되면 앉아 있는 병사는 눈물로 옷깃을 적시고, 누워있는 병사는 눈물이 턱을 적시게 되지만, 이러한 병사들을 돌아올 수 없는 곳으로 투입하면 전제와 조귀처럼 용감하게 싸운다.

---

71. 전제(專諸)는 춘추시대기 오나라 사람. BC515년 오나라 왕 합려가 조카인 오나라 왕 료(僚)를 죽이고 왕위를 빼앗을 때 비수를 고기 뱃속에 숨기고 오왕 료(僚)를 잔치에 초대해 죽이고 자신도 죽은 자객. 조귀(曹劌)는 춘추시대 노나라의 대부. BC684년 제나라 환공이 노나라를 공격했을 때 산골에 은거하다가 노나라군을 지휘하여 제나라군을 대파한 전략가(출처: https://blog.naver.com/sohoja/50185906895)

故(고) 善用兵者(선용병자), 譬如率然(비여솔연) ; 率然者(솔연자), 常山之蛇也(상산지사야), 擊其首(격기수), 則尾至(즉미지), 擊其尾(격기미), 則首至(즉수지), 擊其中(격기중), 則首尾俱至(즉수미구지). 敢問(감문) : 「兵可使如率然乎(병가사여솔연호)?」曰(왈) : 「可(가)。」

전투에 능숙한 장수는 솔연(率然)[72]처럼 부대를 지휘 통솔한다. 솔연은 상산에 있는 뱀이다. 머리를 공격하면 바로 꼬리가 달려들고, 꼬리를 공격하면 바로 머리가 달려든다, 그 중간을 공격하면 머리와 꼬리가 함께 달려든다. "군대가 솔연같이 움직이는 것이 가능하게 할 수 있는가?"라고 묻는다면 "가능하다."고 답할 것이다.

夫(부) 吳人與越人(오인여월인) 相惡也(상오야), 當其同舟而濟(당기동주이제) 遇風(우풍), 其相救也(기상구야) 如左右手(여좌우수). 是故(시고), 方馬埋輪(방마매륜), 未足恃也(미족시야),

오나라와 월나라 사람은 서로 싫어하는 사이지만, 같은 배로 강을 건너다가 폭풍을 만나면 단결하여 서로를 도우려는 것이 왼손과 오른손이 협력하는 것과 같다[73]. 따라서 병사들의 도망을 막기 위해 말을 매어 두고 수레바퀴를 땅에 묻는 방법에만 의존해서는 안 된다.

齊勇若一(제용약일), 政之道也(정지도야) ; 剛柔皆得(강유개득), 地之理也(지지리야). 故(고) 善用兵者(선용병자), 攜手若使一人(휴수약사일인), 不得已也(부득이야).

전군을 용감하게 하나로 만들기 위해서는 공정하고 일관된 지휘 통솔이 필요하다. 용감한 병사나 유약한 병사들이 힘을 발휘하여 싸우게 하는 것은 지

---

72. 상산(常山)은 오악의 하나로 북악인 항산(恒山)의 다른 이름. 산서성 대동시 남동쪽에 있는 산이다. 솔연은 항산에 사는 전설상의 뱀 이름
73. 사자성어 오월동주(吳越同舟)의 기원

형의 이치를 활용하는 것이다. 그러므로 전투에 능숙한 장수가 전군을 마치 한 사람의 손을 잡아 이끄는 것처럼 하는 것은 병사들을 그렇게 움직이도록 만들었기 때문이다.

將軍之事(장군지사), 靜以幽(정이유), 正以治(정이치), 能愚士卒之耳目(능우사졸지이목), 使之無知(사지무지)。易其事(역기사), 革其謀(혁기모), 使人無識(사인무식), 易其居(역기거), 迂其途(우기도), 使人不得慮(사인부득려)。

군대를 지휘하는 것은 차분하고 치밀해야 하며 엄정하고 공정해야 질서가 유지된다. 병사들의 이목을 다른 것으로 쏠리게 하여 병사들이 작전 계획을 전혀 알지 못하게 해야 하며 수시로 전투태세를 바꾸고 작전 계획을 변경하여 전체 전술 계획을 알지 못하게 해야 한다. 주둔지를 바꾸고 행군 시 길을 돌아가서 병사들이 예측할 수 없게 해야 한다.

帥與之期(수여지기), 如登高而去其梯(여등고이거기제), 帥與之深(수여지심), 入諸侯之地(입제후지지)。而發其機(이발기기) 焚舟破釜(분주파부) 若驅群羊(약구군양),驅而往(구이왕), 驅而來(구이래), 莫知所之(막지소지)。聚三軍之衆(취삼군지중), 投之於險(투지어험), 此(차) 將軍之事也(장군지사야)。九地之變(구지지변), 屈伸之利(굴신지리), 人情之理(인정지리), 不可不察也(불가불찰야)。

장수가 병사들을 이끌어 결전하고자 할 때에는 마치 사람을 높은 곳에 오르게 하고 사다리를 치워버리는 것처럼 한다. 적국에 깊숙이 진군할 때는 쇠뇌(쇠로된 발사 장치가 달린 활)를 발사하듯이 신속하게 행군하고, 진입해서는 배를 태우고 솥을 깨뜨려 결사의 의지를 보여야 한다. 적지에서 병사들을 양떼를 몰아치듯이 이리 저리 이동시키는 것은 아군의 공격 목표를 모르게 하기 위함이다. 이후 전군을 집결시켜 위험한 상황 속에 투입하여 전투를 하는 것이 장수가 해야 할 일이다. 장수는 다양한 조건의 변화와 상황에 따라 유연한 공격과 방어, 진격과 퇴각의 이해득실을 치밀하게 고려해야 한다. 또한 다양한 조건과 상황에 따른 병사들의 심리적 변화를 세심히 살펴야 한다.

凡(범) 為客之道(위객지도), 深則專(심즉전), 淺則散(천즉산), 去國越境而師者(거국월경이사자), 絕地也(절지야) ; 四達者(사달자), 衢地也(구지야) ; 入深者(입심자), 重地也(중지야) ; 入淺者(입천자), 輕地也(경지야) ; 背固前隘者(배고전애자), 圍地也(위지야) ; 無所往者(무소왕자), 死地也(사지야)。

적지로 원정에 나서 전투하는 방법이다. 적지에 깊숙이 들어가면 병사들이 단결하고, 얕게 들어가면 병사들이 심리적으로 이완되어 산만해지고 힘이 분산된다. 자기 나라를 떠나 국경을 넘어 작전하는 곳을 절지, 사방으로 길이 트인 교통의 요충지를 구지, 적지 깊숙이 들어간 곳은 중지, 적지에서 국경이 가까운 지역에 들어간 곳은 경지, 뒤가 견고한 지형으로 막히고 앞이 좁은 곳이 위지, 나갈 곳이 없는 곳을 사지라고 한다.

是故(시고) 散地(산지) 吾將一其志(오장일기지), 輕地(경지) 吾將使之屬(오장사지속), 爭地(쟁지) 吾將趨其後(오장추기후), 交地(교지) 吾將謹其守(오장근기수), 衢地(구지) 吾將固其結(오장고기결), 重地(중지) 吾將繼其食(오장계기식), 圮地(비지) 吾將進其途(오장진기도), 圍地(위지) 吾將塞其闕(오장색기궐), 死地(사지) 吾將示之以不活(오장시지이불활)。故(고) 兵之情(병지정), 圍則禦(위즉어), 不得已則鬪(부득이즉투), 逼則從(핍즉종)。

산지(병사들이 고향이 가까워 상황에 따라 흩어져서 쉽게 고향으로 도망칠 수 있다고 생각하는 등 심리적으로 해이해져 전투력이 떨어짐)에서는 병사들의 마음을 하나로 단결시켜야 한다. 경지(본국이 가까워 병사들이 싸우다가 쉽게 후퇴할 수 있다고 생각하여 심리적으로 이완되어 전투력이 떨어짐)에서는 병사들이 흩어지지 않도록 아군 부대 간의 결속을 긴밀히 해야 한다. 쟁지(군사적 요충지)에서는 아군이 적군의 후방을 공격해야 한다. 교지(아군이 노출되기 쉽고 적과 조우하기 쉬운 곳)에서는 아군은 방어를 신중히 해야 한다. 구지(무역, 외교, 군사의 중심이 되는 곳)에서는 외교관계를 공고히 유지 강화해야 한다. 중지(군대 보급물자 조달이 안되는 곳)에서는 현지에서 지속적으로 군량과 보급품을 확보해야 한다. 비지(숙영하기가 어렵고 병사들이 다치거나 병에 걸리기 쉬우며 적의 공격을 방어하기 어려운 곳)에서는 신속히 통과해야 한다. 위지(사방이 둘러싸인 곳)에서는 아군의 탈출구를 막아 용감히 싸우게 해야 한다. 사지(진퇴양난의 장소)에서는 살아갈 수 없음을 보여주어 결사항전으로 승리할 수 있게 해야 한다. 그러므로 병사들의 마음은 포위를 당하면 방어하고, 어쩔 수 없으면 용감히 싸우고, 심각한 위험에 처하면 장수의 지휘를 따르게 된다.

是故(시고) 不知諸侯之謀者(부지제후지모자), 不能豫交(불능예교), 不知山林險阻沮澤之形者(부지산림험조저택지형자), 不能行軍(불능행군), 不用鄕導者(불용향도자), 不能得地利(불능득지리), 此(차) 四五者(사오자), 不知一(부지일), 非霸王之兵也(비패왕지병야).

그러므로 주변국 제후의 책략을 모르고 함부로 미리 외교관계를 맺을 수 없다. 또한 산림, 험준한 지형, 소택지 등 지형을 알지 못하면 행군할 수 없고, 그 지역 안내인(향도)을 쓰지 않으면 지리적 이로움을 얻을 수 없다. 구지(산지, 경지, 쟁지, 교지, 구지, 중지, 비지, 위지, 사지) 중에 하나만 몰라도 패왕의 군대가 될 수 없다.

夫(부) 霸王之兵(패왕지병), 伐大國則其衆不得聚(벌대국즉기중부득취), 威加於敵(위가어적), 則其交不得合(즉기교부득합). 是故(시고) 不爭天下之交(부쟁천하지교), 不養天下之權(불양천하지권), 信己之私(신기지사), 威加於敵(위가어적), 故(고) 其城可拔(기성가발), 其國可隳(기국가휴).

이른바 패왕 군대의 전투 방법은 큰 적국을 공격할 때 적국이 미처 군대를 집결시키지 못하게 조치한다. 그리고 이러한 압도적인 위세로 적국을 압박하여 적국이 외교를 통하여 동맹국의 지원을 받을 수 없게 만든다. 따라서 주변국과 외교관계로 다툴 필요가 없고, 굳이 패권을 잡으려고 외교로 동맹세력을 키울 필요가 없다. 패왕의 독자적인 힘만으로 자신의 위세를 떨쳐 적국의 성을 뺏았을 수 있고, 적국을 무너뜨릴 수도 있다.

施無法之賞(시무법지상), 懸無政之令(현무정지령), 犯三軍之衆(범삼군지중), 若使一人(약사일인).

포상 규정에 없는 파격적인 상을 주고 군령에 없는 특별명령을 내리면 마치 한 사람을 부리는 것처럼 전군을 움직이게 할 수 있다.

犯之以事(범지이사),勿告以言(물고이언) ; 犯之以利(범지이리), 勿告以害(물고이해) ; 投之亡地(투지망지) 然後(연후) 存(존), 陷之死地(함지사지) 然後(연후) 生(생). 夫(부) 衆陷於害(중함어해), 然後(연후) 能爲勝敗(능위승패),

병사에게는 임무를 부여할 때 그 이유나 의도를 알려줘서는 안 되며, 그 임무의 유리한 점은 알려주고 불리한 점은 알려줄 필요가 없다. 병사들은 매우 위험하고 절박한 상황에 직면해야 결사의 각오로 싸워 패배를 면할 수 있고, 죽을 곳에 빠져야 살아날 수 있다. 따라서 병사들이 위험하고 절박한 상황에 처해야 비로소 싸움에서 승리할 수 있는 것이다.

故(고) 爲兵之事(위병지사), 在於順詳敵之意(재어순상적지의), 倂力一向(병력일향), 千里殺將(천리살장), 是謂(시위) 巧能成事(교능성사).

전쟁을 하는 것은 적의 의도를 상세히 파악하고 분석하여 대응하는 것이다. 이후 기회가 오면 모든 전력을 한 곳(적의 약한 고리)으로 집중하여 천리나 되는 곳으로 진격하더라도 적 장수를 죽일 수 있는 것이다. 이러한 것을 교묘한 책략으로 승리하는 것이라고 한다.

은 故(시고) 政擧之日(정거지일), 夷關折符(이관절부), 無通其使(무통기사), 屬於廟廊之上(려어랑묘지상), 以誅其事(이주기사), 敵人開闔(적인개합), 必亟入之(필극입지)。 先其所愛(선기소애), 微與之期(미여지기), 賤墨隨敵(천묵수적), 以決戰事(이결전사)。 是故(시고) 始如處女(시여처녀), 敵人開戶(적인개호), 後如脫兔(후여탈토), 敵不及拒(적불급거)。

전쟁 개시가 결정되면 보안 유지를 위해 국경 관문을 봉쇄하고 통행증을 폐기하고, 사신의 통행을 금지시키며, 조정에서는 오직 전쟁과 관련한 문제에만 몰두한다. 적이 허점을 보이면 신속히 진격하여 곧바로 요충지를 점령한다. 적 대응 상태에 따라 유연하게 대응하다가 기회가 오면 일거에 승부를 결정짓는 것이다. 그래서 처음에는 처녀처럼 행동하여 적이 방심하게 하고, 전투가 시작되면 마치 달아나는 토끼처럼 민첩하게 공격하여 적이 저항할 수 없게 해야 한다.

화 공

(火攻, The Attack by Fire)

특수한 조건에 맞는 맞춤형 해결 방법이 있다

제12편 화공(火攻, The Attack by Fire)

특수한 조건에 맞는
맞춤형 해결 방법이 있다

☐ **핵심 사항**

○ 특수한 조건과 상황에서는 그에 맞는 해결방안을 모색하라

○ 일이 마무리되면 단계별로 공정한 성과 평가에 근거하여 포상하라

☐ **주요 내용**

○ 5가지 화공 유형(화공유오, 火攻有五)

– 화인(火人, to burn soldiers in their camp): 사람에 대한 공격

– 화적(火積, to burn stores): 비축된 군량 등 군수품을 태우는 것

– 화치(火輜, to burn baggage trains): 보급품 운반 수레를 태우는 것

– 화고(火庫, to burn arsenals and magazines): 무기창고를 태우는 것

– 화대(火隊, to hurl dropping fire amongst the enemy): 대오를 공격하는 것

○ 5가지 상황별 화공 방법(오화지변, 五火之變)

○ 불이 상대방 진영 내부에서 일어나면 즉시 밖에서 호응하여 공격한다(화발어내 즉조응지어외, 火發於內 則早應之於外).

– 불이 났는 데도 상대방 병사들이 조용하면 기다리면서 공격하지 말고 상황

을 판단해야 한다(화발이기병정자 대이물공, 火發而其兵靜者 待而勿攻)

- 불길이 치솟을 때는 공격할 수 있으면 하고 아니면 중지해야 한다 (극기화
  력 가종이종지 불가종이지, 極其火力,可從而從之 不可從而止)

- 상대방 진영 밖에서 불을 지를 수 있으면 상대방 진영 안에서 불이 나기를
  기다리지 말고 적절한 때를 봐서 불을 질러야 한다 (화가발어외 무대어내 이
  시발지, 火可發於外 無待於內 以時發之)

- 불은 바람이 위로 불 때(바람을 등지고) 지르고, 바람이 아래로 불 때는(바
  람을 안고) 지르지 말아야 한다(화발상풍 무공화풍, 火發上風 無攻下風).

○ 신상필벌의 중요성: 성과 있는 곳에 보상 있다.

- 현명한 군주는 전공에 따라 상 주는 일에 사려가 깊고, 훌륭한 장수는 전공
  이 있는 곳에 반드시 상을 준다(명주려지 량장수지, 明主慮之,良將修之):

- 성과가 있음에도 아무런 보상이 없을 경우 조직에 도움이 안 된다. 헛되이
  군사력만 낭비(비류, 費留)해서는 안 된다.

○ 군사 운용에 대한 3가지 기본원칙

- (나라에) 유리하지 않으면 움직이지 않고(비리부동 非利不動), (나라가) 승
  리할 것 같지 않으면 군대를 움직이지 않고(비득불용 非得不用), (나라가) 위
  태롭지 않으면 싸우지 않는다(비위부전 非危不戰).

○ 나라를 편안하게 하고 군대를 온전하게 하는 방법

- 군주는 노여움으로 군사를 일으켜서는 안되며(주불가이노이흥사, 主不可以
  怒而興師), 장수는 분노로 전투를 해서는 안된다(장불가이온이치전. 將不可
  以慍而致戰).

- 나라의 이익에 맞으면 움직이고(합어리이동, 合於利而動) 이익에 맞지 않으면 멈춰야 한다(불합어리이지 不合於利而止).
- 현명한 군주는 전쟁에 신중하고(명군신지, 明君愼之),훌륭한 장수는 전쟁을 경계하는 것이다(량장경지, 良將警之).

이 편의 제목은 화공이다. 그러나 제목인 화공에 집중하면 손자가 이 편에서 강조하는 리더의 조직 운용 원리와 방법, 리더가 갖추어야 할 자질의 중요성을 놓치게 된다.

손자는 이 편에서 화공을 설명하면서 동시에 군주와 장수의 성과에 따른 보상의 중요성, 군사운용의 3가지 원칙, 나라의 이익을 우선하는 전쟁 개시의 냉정함과 신중함을 강조한다.

첫째, 화공의 5가지 유형(화공유오, 火攻有五)을 설명한다. 이 중 상대방의 군량 등 군수품과 무기고를 공격하는 것은 상대방의 핵심을 마비시키는 것으로 화공이 결정적 승기를 잡는데 유효한 방법임을 알려준다.

둘째, 화공을 하는 5가지 상황과 조건(오화지변, 五火之變)에 대하여 설명한다. 이는 장수의 자연 조건 파악과 활용 능력이 있어야 가능한 것으로 장수의 지혜와 상황 판단 능력의 중요성을 강조한다.

셋째, 군주와 장수는 성과 있는 곳에 보상 있다는 원칙에 따라 보상을 명확히 실행해야 한다는 점을 지적한다. 성과가 있음에도 아무런 보상이 없으면 병사들이 사기가 떨어지고 나라에 헌신하지 않게 되면서 결국은 전쟁에서 패배하는 위험에 처하게 된다. 손자는 이를 헛되이 군사력만 낭비하는 것(비류, 費留)이라면서 절대 해서는 안 되는 것이라고 강조한다.

넷째, 군사운용에 대한 3가지 원칙을 설명한다. 군사를 움직이는 것은 반드시 유리할 때이고, 군사가 움직이면 승리해야 하고, 위태롭지 않으면 움직이지 않는다는 것이다.

다섯째, 군주와 장수는 개인적 노여움과 분노로 인해 판단하거나 행동하지 말고 주객관적인 조건과 상황을 파악한 후 신중하게 의사결정을 해야 한다는 점을 강조한다.

손자가 말하는 화공 방법을 노사관계에 적용하면 노사가 극한의 대립적 갈등을 빚게 된다. 이는 노사 갈등의 합리적 해결보다는 문제를 더욱 어렵게 만드는 우를 범하게 될 가능성이 높다. 노사관계에서 화공 방법의 적용은 노사 어느 일방 또는 쌍방이 치명적 타격을 받게 되고 합리적 노사관계 구축은 어렵게 된다. 따라서 기업이나 노동조합은 합리적인 노사관계를 위해 화공 방법을 활용하는 것을 지양하는 것이 필요하다.

손자가 말하는 화공방법은 전투의 보조적인 방법으로 특수한 조건과 상황에서 사용 가능한 방법이라고 판단한다. 따라서 화공방법은 노사관계에서 기업과 노동조합이 직원들의 지지와 동의를 얻기 위한 노사간 소통방법의 하나라고 볼 수 있다.

한편, 노사관계 측면에서 볼 때 이 편에서 놓치지 말아야 할 것은 군주와 장수의 조직운용 원리와 방법, 객관적이고 합리적인 판단력 등 리더십의 중요성이다.

일상적으로 공유하고 공감대를 형성하라

일반적으로 기업은 자사 제품을 구매하는 외부 고객인 소비자에게는 매우 친절하다. 기업은 많은 광고 비용 등을 들여 다양한 방식으로 고객들에게 자사 제품을 알리고 판매를 촉진하기 위하여 엄청난 시간과 힘을 집중한다. 이는 기업의 사활적 문제이기 때문이다.

반면에 기업의 내부 고객인 노동조합과 직원들에 대한 태도와 접근 방식은 상대적으로 소극적이다. 기업은 제품의 생산 판매를 높이기 위하여 직원들의 생산성 향상, 기술력 향상 등에 집중하지만 기업의 정책과 경영방침 공유, 직원의 복리후생 개선, 고충 해결 등을 위한 직원과의 소통(communication)은 상대적으로 미흡한 편이다. 소통이 부족하면 노동조합과 직원들은 기업에 대한 오해와 불신이 생길 수 있고 이는 기업의 경쟁력을 저해하는 요인이 된다.

따라서 기업이 보다 나은 경쟁력을 지속적으로 유지하기 위해서는 적극적인 소통을 통하여 내부 고객인 노동조합과 직원들이 소속감과 자부심을 가지고 일할 수 있는 분위기를 조성해야 한다. 이 또한 기업의 사활적 문제이기 때문이다.

노사관계에서 노동조합과 기업 중에서 어느 쪽이 직원들의 공감과 지지를 얻고 있는지 여부는 매우 중요한 문제이다. 그 이유는 다수 직원들의 공감과 지지 여부는 기업 차원의 노사관계에서 주도성을 발휘할 수 있는 힘의 원천이 되기 때문이다.

이를 위한 방안은 무엇일가?

그것은 직원들과 소통을 통해 기업과 노동조합의 입장에 대한 명확한 정보 전달과 직원들의 불만, 개선사항 등을 수렴하는 것에서 시작된다. 즉, 기업이 내부 고객인 노동조합과 직원들에게 기업 경영방침, 정책 등에 대한 긍정적 인식이나 이해 또는 신뢰감을 높이고 노동조합과 직원들의 참여를 유도하면서 공감과 지지를 얻어내는 것이라고 할 수 있다.

노동조합과 직원들이 일상적으로 기업의 정책과 방침에 대해 설명을 듣고 공감하고, 기업이 자신의 고충과 불만을 수렴하여 해결하면 기업에 대한 신뢰도가 높아지게 된다. 그러면 노사는 조직 구성원들의 공감과 지지를 받으면서 협력적 노사관계를 구축할 수 있게 된다.

기업이 내부 고객인 노동조합 및 직원과 소통을 통하여 일상적으로 홍보를 잘하면 노사관계에서 주도성을 발휘할 수 있는 것이다.

반면에 노동조합은 조합원들의 고충처리, 고용보장, 복리후생 향상, 작업환경 개선 등을 적극적으로 해결하고 개선하면서 다수 직원들의 공감과 지지를 얻어 나가면 노사관계에서 주도권을 가질 수 있다.

결국 공감과 지지는 노사 어느 쪽이 직원들과 문제를 솔직히 공유하면서 보다 더 합리적인 방법으로 현안을 해결하거나 미래비전을 보여주느냐 여부라고 할 수 있다.

노사 교섭시기에서도 적극적인 소통을 통한 홍보가 필요하다.

우선 노동조합은 임금 인상과 근로조건을 향상하기 위하여 정당한 근거에 기반한 요구안을 제시한다. 노동조합 주장이 설득력이 있으면 다수의 직원들이 동조하고 사회적 여론도 우호적으로 된다. 반면에 노동조합의 요구가 정당한 명분이 없고 조직 이기주의적인 주장으로 비춰지면 내부 동조가 적고 사회적 여론도 등을 돌리게 된다.

마찬가지로 기업에서도 무작정 노동조합의 요구를 거부하거나 무시하면 사회적으로 비판에 몰리게 되고 직원들의 기업에 대한 공감과 지지가 떨어지게 된다. 중요한 것은 노사 모두 합리적이고 정당한 근거를 상대방에게 제시하고 설득하며 조직 내부적으로 공감대를 얻는 것이라고 할 수 있다.

기업은 법으로 보장된 노동조합의 권한은 보장하되 동시에 법으로 보장된 기업의 언론권에 기초하여 노동조합 요구안에 대한 입장, 경영 상황 등을 직원들과 공유하는 것이 좋을 것이다.

노동조합도 홍보와 선전의 중요성을 강조한다. 노동조합은 홍보선전은 사상전이고 조직활동이 되어야 한다고 강조한다. 이는 기업 측의 사상공세에 대항하여 조합원들이 투철한 노동자 의식으로 무장하고, 단결 투쟁을 강화하여 조합원을 확대하는 것이라고 강조한다. 노동조합의 힘의 원천은 조합원이다. 조합원이 많아지면 그 만큼 힘이 세지는 것이고 이것이 홍보선전의 목적이다.

결국 노사 교섭은 직원들이 노사 어느 쪽의 요구와 주장이 합리성과 타당성을 갖는지 여부에 따라 그 결과가 결정된다. 그 이유는 노사 교섭에서 성패는 누가 직원들의 공감과 지지를 얻느냐 여부에 달려있기 때문이다.

따라서 노사 교섭에서 주도권을 쥐고 자신의 입장을 관철시키는 방법은 다양하지만 이를 촉진시키는 결정적 요인은 직원들의 공감과 지지를 얻어내는 소통을 통한 홍보라고 할 수 있다.

〈원문 읽기〉

孫子曰(손자왈) : 凡(범) 火攻有五(화공유오) : 一曰火人(일왈화인), 二曰火積(이왈화적),三曰火輜(삼왈화치),四曰火庫(사왈화고), 五曰火隊(오왈화대)。行火必有因(행화필유인), 煙火必素具(연화필소구)。發火有時(발화유시), 起火有日(기화유일)。時者(시자), 天之燥也(천지조야)。日者(일자),月在(월재) 箕壁翼軫也(기벽익진야)。凡(범) 此四宿者(차사숙자), 風起之日也(풍기지일야)。

손자가 다음과 같이 말하였다.

화공 방법에는 다섯 가지가 있다. 첫째, 막사에 있는 병사를 불태우는 것, 둘째 비축한 보급물자를 불태우는 것, 셋째 보급품 수송수단인 수레(치중)을 불태우는 것, 넷째 무기창고를 불태우는 것, 다섯째 군의 편성된 대열을 불로 공격하는 것이다. 화공을 하는 경우에는 반드시 조건이 있다. 불을 붙이는 도구가 필요하고, 불을 놓는 시기가 있고, 불이 잘 타오르는 날이 있다. 불을 붙일 적절한 시기는 기후가 건조한 때이고, 적절한 날자는 달이 기, 벽, 익, 진 별자리[74]에 있는 날이다. 일반적으로 달이 네 별자리에 있는 날은 바람이 일어난다.

凡(범) 火攻(범화공),必因五火之變(필인오화지변) 而應之(이응지), 火發於內(화발어내), 則早應之於外(즉조응지어외)。火發而其兵(화발이기병) 靜者(정자), 待而勿攻(대이물공)。極其火力(극기화력), 可從而從之(가종이종지), 不可從而止(불가종이지)。火可發於外(화가발어외), 無待於內(무대어내), 以時發之(이시발지)。火發上風(화발상풍), 無攻下風(무공화풍), 晝風久(주풍구), 夜風止(야풍지)。凡(범) 軍必知五火之變(군필지오화지변), 以數守之(이수수지)。

화공을 할 때는 반드시 다섯 가지 상황변화에 따라 대처해야 한다. 첫째,

---

74. 기벽익진(箕·壁·翼·軫)은 28수 별자리의 이름으로 기(箕)는 동북쪽의 별자리(궁수자리), 벽(壁)은 북서쪽 하늘의 별자리(페가수스자리), 익(翼)은 술잔자리, 진(軫)은 까마귀자리로 남동쪽 하늘의 별자리를 말한다. (출처: https://blog.naver.com/sohoja/50186340045)

불이 적진의 내부에서 일어나면 즉시 밖에서 호응하여 공격한다. 둘째, 불이 났는 데도 적병들이 조용하면 기다리면서 공격하지 말고 상황을 판단해야 한다. 셋째, 불길이 치솟을 때는 공격할 수 있으면 하고 아니면 중지해야 한다. 넷째, 적진 밖에서 불을 지를 수 있으면 적진 안에서 불이 나기를 기다리지 말고 적절한 때를 봐서 불을 질러야 한다. 다섯째, 불은 바람이 위로 불 때(바람을 등지고) 지르고 바람이 아래로 불 때는(바람을 안고) 지르지 말아야 한다. 낮에는 바람이 지속되지만 밤에는 바람이 잦아든다. 군대는 화공을 할 때 반드시 다섯 가지 변화의 이치를 알고 이를 헤아려 작전을 수행해야 한다.

故(고) 以火佐攻者(이화좌공자) 明(명), 以水佐攻者(이수좌공자) 强(강), 水可以絶(수가이절), 不可以奪(불가이탈)。

따라서 불을 공격 수단으로 사용하는 사람은 지혜롭고 명석해야 한다. 물을 공격 수단으로 사용하는 사람은 강한 힘을 활용해야 한다. 수공은 적을 끊어 놓을 수 있으나 화공처럼 적에게 결정적 타격을 주어 승리를 얻을 수 없다.

夫(부) 戰勝攻取(전승공취), 而不修其攻者(이불수기공자) 凶(흉), 命曰(명왈) 費留(비류)。故曰(고왈) : 明主慮之(명주려지), 良將修之(량장수지)

무릇 전투에서 승리하고 공격에 성공하더라도 그 공적을 포상하지 않으면 불행한 것이다. 이를 '비류(쓸데없이 군사력을 낭비하는 것)'라고 한다. 그러므로 현명한 군주는 전공에 따라 상을 주는 일에 사려가 깊고, 훌륭한 장수는 공이 있으면 반드시 상을 준다.

非利不動(비리부동), 非得不用(비득불용), 非危不戰(비위부전)。

(나라에) 유리하지 않으면 움직이지 않고, (나라가) 승리할 것 같지 않으면 군대를 움직이지 않고, (나라가) 위태롭지 않으면 싸우지 않는다.

主不可以怒而興師(주불가이노이흥사), 將不可以慍而致戰(장불가이온이치전) ; 合於利而動(합어리이동), 不合於利而止(불합어리이지)。

군주는 노여움으로 군사를 일으켜서는 안 되며, 장수는 분노로 전투를 해서는 안 된다. 나라의 이익에 맞으면 움직이고 이익에 맞지 않으면 멈춰야 한다.

怒可以復喜(노가이부희), 慍可以復悅(온가이부열), 亡國不可以復存(망국불가이부존), 死者不可以復生(사자불가이부생)。

노여움은 다시 기쁨으로 바뀔 수 있고, 분노는 다시 즐거움으로 바뀔 수 있다. 그러나 나라가 망하면 다시 세울 수가 없고 죽은 사람은 다시 살릴 수가 없다.

故(고)明君愼之(명군신지), 良將警之(량장경지), 此(차) 安國全軍之道也(안국전군지도야)

그러므로 현명한 군주는 전쟁에 신중하고, 훌륭한 장수는 전쟁을 경계하는 것이다. 이것이 나라를 편안하게 하고 군대를 온전하게 하는 방법이다.

용 간

(用間, The Use of Spies)

리더의 정보 활용능력이
모든 것을 결정한다

用
間

제13편 용간(用間, The Use of Spies)
리더의 정보 활용능력이
모든 것을 결정한다

□ **핵심 사항**

　○ 리더는 정보를 파악하는 능력, 올바른 의사결정을 위한 정보 분석 능력을 갖추
　　어야 한다

　○ 정확한 정보 취득을 위해서는 비용을 아끼지 말고 과감하게 투자하라

□ **주요 내용**

　○ 사람이 정보의 본질이고 핵심(필취어인 지적지정자, 必取於人, 知敵之情者)

　　- 오로지 사람을 통해서 상대방의 내부 사정을 알아내는 것이다

　○ 정보원의 5가지 유형

　　- 향간(鄕間: local spies): 상대방의 주민을 고정 정보원으로 활용

　　- 내간(內間: inward spies): 상대방의 관리를 정보원으로 포섭하여 활용하
　　　는 것

　　- 반간(反間: converted spies): 상대방의 정보원을 매수하여 이용하거나 역
　　　이용하는 것(이중 스파이)

　　- 사간(死間: doomed spies): 허위정보를 우리 정보원에게 주고 이를 의도
　　　적으로 상대방의 정보원에게 전달하는 것(진상이 밝혀지면 아군의 정보원은

죽게 되어 사간이라 함)

- 생간(生間: surviving spies): 상대국에 잠입하여 정보활동을 한 후 돌아와
  보고하는 정보원

○ 장수의 정보 활용 능력

- 정보원 이용 능력: 뛰어나고 총명한 지혜(성지. 聖智, a certain intuitive
  sagacity)

- 정보원 활용 능력: 인자함과 의로움(인의, 仁義, benevolence and
  straightforwardness)

- 정보 분석 능력: 정밀하고 치밀함(미묘, 微妙, subtle ingenuity of mind)

○ 보안의 중요성

- 어디에나 정보원이 존재한다(무소불용간, 無所不用間: Use your spies
  for every kind of business). 항상 주의하라

- 정보활동이 시작되기도 전에 정보가 누설되면 정보원과 그 정보를 알려준
  자 모두 죽여야 한다(간사 미발이선문자 間事 未發而先聞者,간여소고자 개
  사 間與所告者皆死)

○ 정확한 정보의 중요성

- 5가지 유형의 정보원 활동 중 핵심적 관건은 반간의 활용이다. 반간은 후하
  게 대우해야 한다(오간지사 五間之事, 지지필재어반간 知之必在於反間,반
  간불가불후 反間不可不厚)

- 정보원은 군사활동의 핵심 요소이다(병지요, 兵之要, Spies are a most
  important element in war)

손자는 이 편에서 상대방을 파악하기(지피, 知彼) 위한 방안으로 정보원의 중요성을 강조한다.

첫째, 정보원의 유형을 5가지로 구분한다.

둘째, 장수는 정보원을 이용하고, 활용하는 능력을 갖추고 있어야 하며 특히 수집된 정보에 대한 판단과 분석 능력이 중요함을 강조한다.

셋째, 보안의 중요성을 지적한다.

넷째, 반간((反間, converted spies)의 중요성을 설명하며 반간 확보를 위한 과감한 투자의 필요성을 역설한다.

이 편은 현대적 개념으로 보면 조직의 경쟁우위의 원천인 정보 확보와 활용에 대한 설명이라고 할 수 있다. 이를 염두에 두고 읽으면 많은 시사점을 얻을 수 있을 것이다.

전략 수립의 필수 요인 중 하나는 정보이다

손자는 전쟁에서 이기기 위한 기본 요인 중 하나로 장수가 나와 상대방의 역량을 파악하고 그 장단점을 비교 분석한 후 대응전략을 수립하고 실행하는 것을 지적한다(1편 시계 참조). 즉, 전략 수립을 위해서는 상대방의 정확한 역량 파악에 따라 이에 대응하는 나의 역량 배치와 활용이 달라지게 때문에 상대방에 대한 정보가 필수적이라는 것이다.

또한 손자는 조직의 리더는 전략 수립을 위해 정보를 취득하는 것도 중요하지만 정보에 대한 명확한 판단과 분석 능력이 있어야 한다는 점을 강조한다.

결국 조직의 리더가 객관적인 외부 상황과 상대방에 대한 정보수집 → 분석 → 전략 수립을 하는 과정의 출발점이 바로 정보라는 것이다.

손자는 상대방을 파악하는(지피, 知彼) 방법으로 단순 정보 수집, 공세적 정보 수집, 직접 확인하는 방법으로 구분한다.

첫째, 단순 정보 수집 방법으로 상대방에 대한 정보를 상대국의 일반 주민을 활용하여 그들의 입장과 관점에서 보는 정보를 취득하는 향간(鄉間, local spies)과 상대국의 일반 주민이 아닌 관료 등 지도세력을 활용하여 지도 세력의 상황과 그들의 관점에서 바라보는 정보를 취득하는 내간(內間, inward spies)이다.

노동조합의 경우 단체교섭 전략을 수립하기 위해서는 기업 내 다양한 계층을 접촉하여 어떤 상태인지를 파악하는 것이 필요하다.

일반적으로 기업에서 임직원을 고위관리자, 중간관리자, 일반 직원으로 구분한다. 임직원들의 기업 상황에 대한 판단은 각자가 처한 위치와 조건에 따라 다양하게 나타난다. 따라서 노동조합은 일반 직원, 중간관리자, 고위관리자들의 입장에서 느끼는 기업에 대한 의견, 고충, 불만 등을 파악하고 이를 수렴하는 것은 중요한 일이다.

이렇게 노동조합이 관리자와 일반 직원을 구분하여 파악하는 것은 항상 관리자와 일반 직원의 이해와 요구가 일치하는 것은 아니기 때문이다. 관리자 관점에서 고충과 문제 해결 방안에 대한 의견을 수렴하면 일반 직원을 이끄는 관리자들의 의도가 무엇인지 알 수 있고 이에 근거하여 대응 전략을 세울 수 있기 때문이다.

마찬가지로 기업의 경우도 노동조합의 상태를 정확히 아는 것이 중요하다. 노동조합 집행부 만 아니라 일반 조합원의 이해와 요구도 존재한다. 이는 노동조합 집행부와 같을 수도 있고 아닐 수도 있다. 노동조합 집행부는 일반 조합원의 이익을 위해 노력하지만 집행부만의 고유한 고민이 존재할 수도 있다.

따라서 손자의 분류대로 일반 조합원의 진실한 상태와 집행부의 상태를 각각 별도로 파악하고 이를 종합하여 대응 전략을 수립하는 것이 필요하다.

둘째, 상대방의 전략을 흔들기 위한 공세적 정보 수집 방법으로 상대방의 정보원을 역으로 이용하는 반간(反間, converted spies)과 성동격서(聲東擊西) 방식으로 거짓 정보를 흘려서 상대방의 정보원이 본국에 보고하게 하는 사간(死間, doomed spies) 이다. 이 두 가지는 상대방의 전략과 전술 변경 여부를 타진하기 위한 방법인 것이다.

셋째, 직접 확인하는 방법으로 반드시 정보원이 살아 돌아와 직접 보고하게 하는 것으로 생간(生間, surviving spies) 이다. 9편(행군, 行軍)에서 상대방의 상태를 파악하는 33가지 징후 파악 방법을 살펴보았다. 그러나 징후만 보아서는 정확한 판단을 할 수 없고 최종 확인은 사람이 해야 한다는 것이다. 이는 상대방의 상황을 정황만 보고 판단하는 것이 아니라 직접 확인한 정보원에게 직접 듣고 확인하여 최종 의사결정을 하기 위한 것이다.

한편, 현대의 정보 수집은 손자가 살았던 시대처럼 오로지 사람만을 통하는 것은 아니다. 현재는 인공위성을 통한 정보 파악, 인터넷을 통한 각종 데이터 수집, 빅 데이터 활용, 홈페이지 활용, SNS 활용 등 다양한 형태의 비대면 방식으로 가능하다.

이는 노사관계에서도 동일하다. 기업과 노동조합은 정부, 국회, 경영자단체, 기업 사내 게시판, 기업 내 온라인 대화방, 노동조합의 홈페이지와 각종 정책 자료, SNS 등을 보면 대략적인 정보 수집이 가능하다. 또한 공식적인 노사 대화 창구를 통해 상대방의 입장을 확인할 수 있다.

따라서 노사관계에서는 시대에 맞는 다양한 합법적 방법으로 정보를 수집하는 것이 필요하다.

정보의 중요성

노사관계에서 정보는 무엇인가?

노사관계에서 정보는 바로 주체적 요인인 직원(또는 조합원)들의 고충이 무엇이고 그 원인이 무엇인지를 파악하는 것이다. 또한 객관적 요인으로 기업 노사관계에 영향을 주는 외부 요인은 무엇인지를 파악하고 분석하는 것이다.

이를 위해 기업과 노동조합은 다양한 차원에서 소통하고 분석하는 것이 필요하다.

손자는 장수가 "사람을 알아보는 총명한 지혜가 있는 사람이 아니면 정보원을 이용하지 못할 것이며(비성지불능용간, 非聖智不能用間), 인자함과 정의감이 없으면 정보원을 활용하지 못할 것이며(비인의불능사간, 非仁義不能使間), 정밀하고 치밀한 능력이 없으면 정보의 진실을 파악하지 못한다(비미묘불능득간지실, 非微妙不能得間之實)"고 하였다. 이는 정보 파악을 위한 조직 리더의 능력과 안목의 중요성을 강조한 것이다.

노사관계 측면에서 기업이나 노동조합의 리더는 사람에 대한 안목을 가지고 선발하는 능력이 있어야 한다. 많은 기업과 노동조합에서 사람에 대한 문제로 어려움을 겪는 사례를 반면교사로 삼아야 한다.

기업에서 노사관계를 담당하는 사람들은 '사람에 대한 존중과 애정을 갖는 성품'을 가져야 한다. 또한 '조직에 대한 헌신성과 충성도(loyalty)'가 높아야 한다. 그리고 담당 업무에 대한 '이해 수준과 판단 능력'이 높아야 한다.

이는 노사관계 담당자들의 정보 취득 능력만이 아니라 보안을 유지하기 위한 정보관리 측면에서도 필요한 요소인 것이다.

노동조합에서는 대의원 또는 소위원을 적극 활용한 일상 활동과 소모임 등을 통하여 직원(조합원)들의 고충을 파악하여야 한다. 노동조합은 파악된 고충의 근원이 무엇이고 이를 개선하기 위해서는 어떤 제도 개선이 필요한지를 분석하고 대안을 마련하는 것이 중요하다.

한편, 기업과 노동조합의 리더는 수집된 정보를 각 수준에 맞게 분석하고 판단할 능력을 가져야 한다. 조직 리더가 이러한 능력이 없으면 정보는 의미가 없는 단순한 조각에 불과한 것이다.

중요한 것은 올바른 정보 수집도 중요하지만, 수집된 정보를 제대로 분석하지 못하여 잘못된 전략을 수립하는 의사결정을 내리게 되면 모든 것이 한 방에 날아간다는 것을 명심해야 한다.

손자는 전략 수립을 위한 정보의 중요성을 강조하면서 정보 획득에도 비용을 아끼지 말라고 강조한다. 손자가 강조하는 것은 올바른 의사결정도 중요하지만 비용대비 효율에만 집중해서는 안 된다는 점이다. 1편 시계(始計)에서 나오는 오사(五事) 중 리더의 덕목인 장(將)을 잘 살펴보면 더욱 분명하다고 할 수 있다.

따라서 조직의 리더가 정보 수집에서 놓치지 말아야 할 것은 사람에 대한 무한한 신뢰, 명확한 보상, 무한한 투자이다.

기업은 일반적으로 비용 투자시 당장의 효과성, 가시적인 성과를 요구한다. 그러나 노사관계에서 전략 수립과 실행을 위한 다양한 수준의 정보 수집에 따른 효과는 더디고 비가시적으로 나타나는 경우가 많다.

정보 수집은 투자에 대응하여 성과가 산출되는 생산함수는 아니다. 따라서 조직의 리더가 명심해야 할 것은 통상 정보 수집 업무는 효율성을 가지고 판단할 수 없다는 점이라는 것이다. 정보 수집에 따른 기회비용을 고려해서는 안 된다.

〈원문 읽기〉

孫子曰(손자왈) : 凡(범) 興師十萬(흥사십만), 出征千里(출정천리), 百姓之費(백성지비), 公家之奉(공가지봉), 日費千金(일비천금), 內外騷動(내외소동),怠於道路(태어도로), 不得操事者(부득조사자), 七十萬家(칠십만가), 相守數年(상수수년),以爭一日之勝(이쟁일일지승), 而愛爵祿百金(이애작록백금), 不知敵之情者(부지적지정자), 不仁之至也(불인지지야), 非人之將也(비인지장야), 非主之佐也(비주지좌야), 非勝之主也(비승지주야)。

손자가 다음과 같이 말하였다.

군사 10만을 이끌고 1000리나 되는 먼 곳에 원정하게 되면, 백성의 부담과 나라 재정이 하루에 천 금이나 소모된다. 국내외가 소란스럽게 되고, 백성들은 물자 수송에 동원되어 생업에 종사하지 못하는 자가 70만 호가 될 것이다. 이런 상태로 적과 수 년간 대치하지만, 하루의 싸움으로 승리가 결정된다. 이런 상황에서 작위와 녹봉으로 지급하는 백금 정도의 비용이 아까워 적정을 알려고 하지 않는 사람은 어질지 못함이다. 이러한 사람은 병사들을 위한 장수라고 할 수 없고, 군주를 보좌하지 못하며, 승리의 주인이 될 수도 없다.

故(고) 明君賢將(명군현장), 所以動而勝人(소이동이승인), 成功出於衆者(성공출어중자), 先知也(선지야) ; 先知者(선지자), 不可取於鬼神(불가취어귀신), 不可象於事(불가상어사), 不可驗於度(불가험어도) ; 必取於人(필취어인), 知敵之情者也(지적지정자야)。

그러므로 현명한 군주나 훌륭한 장수가 움직이면 승리하고 남들보다 뛰어난 전공을 세우는 것은 적정을 먼저 알기 때문이다. 적에 대한 정보를 먼저 안다는 것은 귀신에게 의지하여 알 수도 업고, 사례나 상황을 유추하여 알 수도 없고, 하늘의 별자리 위치 변화를 보고 추정할 수도 없다. 오로지 사람을 통해서 적의 내부 사정을 알아내는 것이다.

故(고) 用間有五(용간유오) : 有鄕間(유향간)、有內間(유내간)、有反間(유반간)、有死間(유사간)、有生間(유생간)。五間俱起(오간구기), 莫知其道(막지기도), 是謂(시위) 神紀(신기), 人君之寶也(인군지보야)。鄕間者(향간자), 因其鄕人而用之(인기향인이용지)。內間者(내간자), 因其官人而用之(인기관인이용지)。反間者(반간자), 因其敵間而用之(인기적간이용지)。死間者(사간자), 為誑事於外(위광사어외), 令吾間知之(령오간지지), 而傳於敵(이전어적)。生間者(생간자), 反報也(반보야)。

정보원 유형은 향간(적의 주민을 고정 정보원으로 활용), 내간(적의 관리를 정보원으로 포섭하여 활용하는 것), 반간(매수 또는 역이용), 사간(허위정보를 우리 정보원에게 주고 이를 의도적으로 적의 정보원에게 전달하는 것), 생간(적국 잠입 후 살아 돌아와 보고하는 것) 등 다섯 가지다. 이 다섯 가지 유형을 모두 활용하면서도 적이 알지 못하게 하는데 이를 신기(신묘하고 불가사의한 경륜)라고 한다. 이는 군주의 보배이다. 향간은 적국의 주민을 활용하는 것이다. 내간은 적의 관리를 포섭하여 활용하는 것이다. 반간은 적의 정보원을 매수하여 이용하거나 역이용하는 것이다. 사간은 허위사실을 만들어 적국에 있는 우리 정보원에게 알리고 이를 의도적으로 적 정보원에게 알리게 하는 것이다. 생간은 적국에 잠입하여 정보활동을 한 후 돌아와 보고하는 것이다.

故(고) 三軍之事(삼군지사), 莫親於間(막친어간), 賞(상) 莫厚於間(막후어간), 事(사) 莫密於間(막밀어간), 非聖智(비성지) 不能用間(불능용간), 非仁義(비인의) 不能使間(불능사간), 非微妙(비미묘) 不能得間之實(불능득간지실)。微哉(미재), 微哉(미재), 無所不用間也(무소불용간야)。間事(간사) 未發而先聞者(미발이선문자), 間與所告者(간여소고자) 皆死(개사)。

전군의 일 중에서 정보원보다 더 친밀하게 지내야 할 사람은 없고, 정보원에게 주는 포상보다 더 후한 상이 있을 수 없으며, 정보원 활동만큼 비밀스러운 일이 없다.

뛰어나고 총명한 지혜가 없으면 정보원을 이용하지 못할 것이고, 인자함과

의로움이 없으면 정보원을 활용하지 못할 것이다. 또한 정밀하고 치밀한 분석 능력이 없으면 정보원에게 실질적인 정보를 얻을 수 없다.

미묘하고 미묘하다. 정보원을 이용하지 않는 곳은 없다. 정보활동이 시작되기도 전에 정보가 누설되면 정보원과 그 정보를 알려준 자 모두 죽여야 한다.

凡(범) 軍之所欲擊(군지소욕격), 城之所欲攻(성지소욕공), 人之所欲殺(인지소욕살) ; 必先知其(필선지기) 守將(수장), 左右(좌우), 謁者(알자), 門者(문자), 舍人之姓名(사인지성명), 令吾間必索知之(령오간필색지지)。

일반적으로 군대가 공격하려는 부대, 공격하려는 성, 제거하려는 적의 요인이 있다면 반드시 적장, 적장의 측근 인물, 부관, 연락병, 문지기, 호위병, 참모 등의 이름을 알아내야 한다. 그리고 우리 정보원이 반드시 그 사람들에 대한 정보를 수집하도록 시켜야 한다.

必索敵間之來間我者(필색적간지래간아자), 因而利之(인이리지), 導而舍之(도이사지), 故(고) 反間可得而用也(반간가득이용야)。因是而知之(인시이지지), 故(고) 鄕間內間(향간내간) 可得而使也(가득이사야) ; 因是而知之(인시이지지), 故(고) 死間爲誑事(사간위광사), 可使告敵(가사고적) ; 因是而知之(인시이지지), 故(고) 生間可使如期(생간가사여기)。五間之事(오간지사), 主必知之(주필지지), 知之必在於反間(지지필재어반간), 故(고) 反間不可不厚也(반간불가불후야)。

아군의 정보를 수집하려고 염탐하는 적국의 정보원은 반드시 색출한 후, 그에게 더 큰 이익을 주어 유인하여 포섭하면 반간(이중 스파이)으로 이용할 수 있다. 이 반간을 통해 적정을 알게 되면 향간, 내간을 포섭하여 활용할 수 있게 된다. 또 이 반간을 통해 적정을 알게 되면 사간을 통해 허위사실을 적에게 알릴 수 있게 된다. 또 이 반간을 통해 적정을 알게 되면 생간이 예정된 기일 내에 복귀할 수 있도록 활용할 수 있게 된다. 이 다섯 가지 정보원 활동은 군주가 반드시 알고 있어야 하는데 그 중에 핵심적 관건이 반간의 활용이다. 그러므로 반간은 후하게 대우해야 한다.

昔(석) 殷之興也(은지흥야), 伊摯在夏(이지재하)。周之興也(주지흥야), 呂牙在殷(려아재은)。故(고) 明君賢將(명군현장), 能以上智(능이상지) 為間者(위간자), 必成大功(필성대공), 此(차) 兵之要(병지요), 三軍之所恃而動也(삼군지소시이동야)。

옛날 은나라가 일어날 때에는 이지(伊摯)[75]가 정보원으로 하나라에 있었고, 주나라가 일어날 때에는 려아(呂牙, 강태공)[76]가 은나라에 있었다. 그러므로 현명한 군주와 훌륭한 장수만이 지략이 뛰어난 사람을 정보원으로 활용하여 큰 공을 이룰 수 있었다. 이러한 정보원은 군사활동의 핵심 요소이다. 이는 전군이 이를 믿고 의지하며 움직이기 때문이다.

---

75. 이지는 이윤(伊尹)을 말한다. 노예 출신으로 은(상)나라 탕왕에게 등용되었고 하나라 정벌을 주장하였다. 하나라로 수차례 가서 하의 실정을 살펴 탕왕에게 알리고 탕왕의 비였던 말희(末姬)를 포섭해 하나라 내부분열을 획책하여 탕왕이 걸왕(桀王)을 멸망시키도록 도왔다. (출처: https://blog.naver.com/sohoja/50186587440)

76. 려아는 강태공이라 부르는 주나라 건국 공신이다. 폭군 주왕(紂王)아래서 벼슬을 하다가 벼슬을 버리고 은거하다가 후에 은나라를 멸망시킬 때 무왕을 도와 주나라 건국에 크게 기여하였다. (출처: https://blog.naver.com/sohoja/50186587440)

〈참고 자료〉

고대사 원문자료모음, 손자 병법 직역, https://blog.naver.com/sohoja/50183845972

김동원, 이규용, 권순식, 《현대고용관계론》, 박영사, 2019

김병주, 《시크릿 손자병법》, 프래닛미디어,2019

김언수, 《TOP을 위한 전략경영5.0》, 박영사, 2018

김인수, 《거시조직이론》, 무역경영사, 2016

김창순, 《북한학 기초 상, 하》, 북한연구소,2007

배종석, 《인적자원론》, 홍문사, 2018

백기복, 《조직행동연구》, 창민사, 2021

베르톨트 브레히트, 《살아남은 자의 슬픔》, 한마당, 2014

신동준, 《무경십서》, 역사의 아침, 2012

신병호, 《초심으로 읽는 Global시대 손자병법해설》, 행복에너지,2021

신은종, 《공존을 위한 또 하나의 선택》, 가디언, 2011

이태규, 《군사용어사전》, 일월서각, 2012

임건순, 《동양의 첫번째 철학 손자병법》, 서해문집,2016

재레드 다이아몬드, 《총·균·쇠》, 문학사상사, 2013

제로에서 나인, 《군사학 손자병법》, 2020

조지 레이코프(유나영 옮김), 《코끼리는 생각하지 마》, 와이즈베리, 2018

하갑래,《집단적 노동관계법》, 2020

Lionel Giles, 《 The art of war》, https://www.gutenberg.org/ebooks/132,1910

pmg 지식엔진연구소-네이버 지식백과. terms.naver.com-〉list.nhn

https://ctext.org/art-of-war

손자병법
(孫子兵法)으로 보는
전략적 노사관계

초판 1쇄 **인쇄** | 2021년 7월 30일
초판 1쇄 **발행** | 2021년 8월 2일

저 자	공존과 미래 연구원
발행인	최영무
발행처	㈜명진씨앤피
등 록	2004년 4월 23일 제2004-000036호
주 소	서울시 영등포구 경인로 82길 3-4 616호
전 화	(02)2164-3005
팩 스	(02)2164-3020

ISBN 978-89-92561-51-8(03320)
값 20,000원